1주차

회차	영역	학습 내용	학습계획일	맞은 문제수
01회	속담	**목구멍이 포도청** '포도청'은 옛날에 죄인들을 잡아들이는 곳이었습니다. **'목구멍이 포도청'**이라는 말은 목구멍이 그 포도청만큼이나 무섭다는 말로, **'먹고 살기 위해서는 무슨 짓이든 하게 된다'**라는 뜻입니다.	월 일	독 해 6문제 중 ☐ 개 어법·어휘 8문제 중 ☐ 개
02회	관용어	**빛을 발하다** '발하다'는 '빛, 기운, 느낌 따위가 일어나다'라는 뜻의 낱말입니다. **'빛을 발하다'**라는 관용어에서 빛은 능력 혹은 값어치를 나타내는 말로 쓰입니다. 즉 '빛을 발하다'는 **'제 능력이나 값어치를 드러내다'**라는 뜻입니다.	월 일	독 해 6문제 중 ☐ 개 어법·어휘 4문제 중 ☐ 개
03회	고사성어	**대기만성(大器晩成)** 시작은 별 볼 일이 없더라도 자신의 꿈을 위해 꾸준히 노력한 사람은 큰사람이 됩니다. 그런 사람들에게 **'대기만성(大器晩成)'**이라는 표현을 씁니다. 이 말은 큰 그릇은 늦게 만들어진다는 뜻으로, **'크게 될 사람은 긴 시간과 노력이 필요하다'**라는 의미입니다.	월 일	독 해 6문제 중 ☐ 개 어법·어휘 6문제 중 ☐ 개
04회	속담	**낮말은 새가 듣고 밤말은 쥐가 듣는다** 낮에는 새가 주로 활동하고, 밤에는 쥐가 주로 활동 합니다. 그 둘이 우리가 하는 말을 모두 듣는다면 어떨까요? 아마 세상에 비밀이란 없을 겁니다. **'낮말은 새가 듣고 밤말은 쥐가 듣는다'**는 **'아무리 비밀스럽게 나눈 말이더라도 어떻게든 새어 나가기 마련이다'**라는 뜻입니다.	월 일	독 해 5문제 중 ☐ 개 어법·어휘 6문제 중 ☐ 개
05회	관용어	**바닥이 드러나다** 아이스크림을 다 비우고 그 바닥을 본 적이 있나요? **'바닥이 드러나다'**라는 관용어는 다 먹은 아이스크림 통처럼 **'어떠한 것을 남김없이 소비하여 그 끝이 보이다'**라는 뜻입니다.	월 일	독 해 6문제 중 ☐ 개 어법·어휘 6문제 중 ☐ 개

01회

목구멍이 포도청*

'포도청'은 옛날에 죄인들을 잡아들이는 곳이었습니다. '**목구멍이 포도청**'이라는 말은 목구멍이 그 포도청만큼이나 무섭다는 말로, '먹고 살기 위해서는 무슨 짓이든 하게 된다'라는 뜻입니다.

공부한 날 ☐ 월 ☐ 일　시작 시간 ☐ 시 ☐ 분

　　장 발장은 빵 하나를 훔친 죄로 19년 동안 감옥에 갇혀 있었습니다. 오랜 시간이 지나 드디어 감옥 밖으로 나온 장 발장이었지만, 그에게 남은 것은 아무것도 없었습니다. 허름한 차림으로 굶주림과 추위에 시달릴 때, 마침 장 발장의 눈에 어느 **성당**이 들어왔습니다. 따스한 불빛과 맛있는 냄새에 이끌린 장 발장은 홀린 듯이 성당에 발을 들여놓았습니다.

　　그 성당에는 미리엘이라는 이름의 **신부**②와 그를 돕는 **가사 도우미**③ 마글루아르 부인이 살고 있었습니다. 마글루아르 부인은 장 발장을 보자마자 깜짝 놀랐습니다. 그의 헝클어진 머리와 초라한 행색, 이글거리는 눈빛으로 그가 길거리의 **부랑자**④임을 한눈에 알아볼 수 있었기 때문이었습니다. 그러나 미리엘 신부는 장 발장을 보고도 **태연했습니다**⑤.

　　"배가 고파서 찾아오셨습니까? 어서 들어오시지요."

　　"저는 죄를 지어 얼마 전까지 감옥에 있었습니다. 그래도 괜찮으시겠습니까?"

　　"물론입니다. 마글루아르 부인, 식사를 1인분만 더 부탁드려도 되겠습니까?"

　　마글루아르 부인은 무서웠지만, 곧 **은식기**⑥에 음식을 담아왔습니다. 오랜만에 따뜻한 식사를 마친 장 발장은 은촛대를 든 미리엘 신부를 따라 하룻밤 묵을 방으로 갔습니다. 장 발장은 얼마만인지 모를 포근한 잠자리에 누웠지만 잠이 오지 않았습니다. 방금 전 보았던 은식기들이 자꾸 아른거렸기 때문이었습니다. 그 은식기만 팔면 당분간 먹고살 걱정을 하지 않아도 될 것 같았습니다.

　　장 발장은 망설였지만, **목구멍이 포도청***이었습니다. 결국 장 발장은 여섯 개의 은식기를 모두 훔쳐 달아났습니다. 그러나 장 발장은 얼마 가지 않아 그를 수상하다고 생각한 경찰들에게 붙잡혔고, 경찰들은 그를 데리고 미리엘 신부 앞으로 갔습니다.

　　"신부님, 이 부랑자가 신부님의 은식기를 훔쳐 달아나고 있더군요. 어떻게 할까요?"

　　장 발장은 이제 모두 끝났다고 생각해 고개를 떨어뜨렸습니다. 은혜를 베푼 이의 물건을 훔친 것이 부끄럽기도 했습니다. 그런데 그때, 미리엘 신부가 입을 열었습니다.

　　"그 은식기는 제가 그에게 선물로 준 것입니다. 함께 선물로 준 은촛대는 왜 가지고 가지 않았나 의문이었는데, 마침 잘되었군요. 경찰 여러분의 친절에 감사드립니다."

　　장 발장은 어안이 벙벙했습니다. 경찰들이 물러가자, 미리엘 신부는 그에게 은촛대를 건넸습니다.

　　"그 은식기는 진작부터 팔아 가난한 이들에게 나누어 주어야겠다고 생각하고 있었습니다. 그러니 그것은 당신의 것입니다. 그리고 이 은촛대는 당신의 마음을 사는 데 쓰겠습니다. 부디 이 귀중한 은촛대를 당신이 정직한 사람이 되는 데 써 주십시오."

　　장 발장은 미리엘 신부의 말에 눈물을 흘리며 용서를 구했습니다. 그 후, 장 발장은 신부의 말대로 정직한 사람이 되어 많은 사람을 도왔습니다.

　　– 빅토르 위고, 「레 미제라블」 중, 관련 교과: 도덕 6(2015 개정) '7. 크고 아름다운 사랑'

1 다음 중 이 이야기에 대한 설명으로 알맞은 것을 골라 보세요. ────────────── [   ]

① 장 발장은 은촛대를 훔쳤다.

② 마글루아르 부인은 장 발장을 환영했다.

③ 장 발장은 나중에 정직한 사람이 되어 사람들을 도왔다.

④ 장 발장은 죄 없이 감옥에 갇혔다 나온 사람이다.

⑤ 미리엘 신부는 장 발장이 훔친 물건을 도로 받아갔다.

2 미리엘 신부가 은식기를 돌려받지 않은 까닭에 ○표를 해 보세요.

[1] 장 발장이 자신의 사정을 말하면서 신부에게 은식기를 달라고 간곡하게 부탁했기 때문이다.

──────────────────────────── [   ]

[2] 장 발장이 훔쳐 가기 전에 이미 장 발장에게 그 물건을 선물하기로 마음먹었기 때문이다.

──────────────────────────── [   ]

[3] 은식기를 팔아 장 발장과 같이 어려운 사람들을 도와주기로 마음먹었기 때문이다.

──────────────────────────── [   ]

3 장 발장이 마지막 부분에서 눈물을 흘리며 용서를 구한 까닭에 대해 올바르게 짐작한 친구에 ○표를 해 보세요.

예성: 장발장은 미리엘 신부가 은혜를 베풀었음에도 괘씸하게 도둑질을 했는데, 미리엘 신부가 너그럽게 용서해 주니 고마우면서도 죄송스러워 눈물을 흘렸을 거야.	**경근**: 은식기를 훔쳐도 벌을 받지 않다니! 장발장은 앞으로도 물건을 훔칠 생각을 하고 있지만, 미리엘 신부에게 그 마음을 들킬까 봐 우는 척을 하고 있는 거야.	**우인**: 은식기 여섯 개만으로 충분히 만족스러운데, 미리엘 신부가 감사하다는 뜻으로 값비싼 은촛대까지 주니 신이 나서 기쁨의 눈물을 흘리고 있는 거야.
[ ]	[ ]	[ ]

어려운 낱말 풀이 ① **성당** 천주교의 종교 의식이 이루어지는 곳 聖성스러울 성 堂집 당 ② **신부** 천주교에서 신앙인들을 이끄는 역할을 맡은 사람 神신 신 父아비 부 ③ **가사 도우미** 돈을 받고 집안일을 해 주는 사람 家집 가 事일 사 - ④ **부랑자** 사는 곳과 하는 일 없이 떠돌아다니는 사람 浮뜰 부 浪물결 랑 者사람 자 ⑤ **태연했습니다** 머뭇거리거나 두려워할 만한 상황에서 태도나 기색이 아무렇지 않은 듯이 예사로웠습니다 泰클 태 然그럴 연 - ⑥ **은식기** 음식을 담는, 은으로 된 그릇 銀은 은 食먹을 식 器그릇 기

4 이 글에서 '목구멍이 포도청'이라는 말이 무슨 의미로 쓰였는지 알맞은 낱말을 골라 내용을 완성해 보세요.

장 발장은 물건을 훔치는 것이 내키지 않았지만, 가진 것이 { 있어 / 없어 }

당분간 { 먹고살기 / 굶어 죽기 } 위해서는 신부의 물건이라도 훔쳐야 했기 때문이다.

5 다음 중 '목구멍이 포도청'과 어울리는 신문기사에 ○표를 해 보세요.

- 뿌리일보 -	- 뿌리일보 -	- 뿌리일보 -
최근 한 초등학생의 선행이 알려져 잔잔한 감동을 주고 있다. 그 주인공은 뿌리초등학교에 다니고 있는 5학년 이상록 학생으로, 큰돈이 든 지갑의 주인을 찾아주었다. ……	얼마 전 체포된 한 대학생의 안타까운 사연이 알려졌다. 대학생 박 모 군은 돈이 없어 며칠 동안 식사를 하지 못했고, 배고픔을 견디다 못해 삼각김밥 하나를 훔쳤다. ……	아이들에게 사기를 쳐 큰돈을 모은 범죄자가 국민의 분노를 사고 있다. XX시의 이 모씨는 품질이 검증되지 않은 과자를 마치 국가 검증을 받은 것처럼 속여 팔았다. ……
[ ]	[ ]	[ ]

6 '목구멍이 포도청'과 [보기]의 말들이 가진 공통점이 <u>아닌</u> 것을 골라 보세요. ·················· [   ]

[보 기]

• **입에 풀칠하다**: 겨우겨우 끼니를 때우며 살아가다.
• **산 입에 거미줄 치랴**: 아무리 사정이 어려워도 어떻게든 먹고살 길은 있다.

① 먹고사는 문제에 대한 말이다.
② 미래에 대한 희망을 담은 말이다.
③ 형편이 어려울 때 주로 쓰는 말이다.

1단계

다음의 낱말과 뜻이 알맞도록 선으로 이어 보세요.

[1] 가사 도우미 •

[2] 부랑자 •

[3] 식기 •

• ㉠ 일정한 돈을 받고 집안일을 해주는 사람

• ㉡ 음식을 담는 그릇

• ㉢ 사는 곳과 하는 일 없이 떠돌아다니는 사람

2단계

[보기]를 보고, 밑줄 친 부분이 올바르지 않게 쓰인 문장에 ○표를 해 보세요.

> [보 기] **인분**: 사람 수를 기준으로 먹을 양을 세는 단위

[1] 삼겹살 1**인분**에 얼마죠? ··· [   ]

[2] 고기는 200g 정도가 1**인분**이 된다. ····································· [   ]

[3] 우리는 김치찌개 3**인분**을 추가해서 먹었다. ······················ [   ]

[4] 고양이 사료 1**인분**을 샀을 뿐인데도 지갑이 텅 비었다. ······ [   ]

3단계

[보기]의 낱말들과 비슷한 관계를 가진 낱말끼리 묶은 것에 ○표를 해 보세요.

> [보 기] 절 – 스님   교회 – 목사님

머리 – 어깨	개 – 강아지	성당 – 신부님
[ ]	[ ]	[ ]

시간 끝난 시간 [   ]시[   ]분

1회분 푸는 데 걸린 시간 [   ]분

채점 독해 6문제 중 [   ]개

어법·어휘 8문제 중 [   ]개

02회 빛을 발하다*

'발하다'는 '빛, 기운, 느낌 따위가 일어나다'라는 뜻을 가진 낱말입니다. '빛을 발하다'라는 관용어에서 빛은 능력 혹은 값어치를 나타내는 말로 쓰입니다. 즉 '빛을 발하다'는 '제 능력이나 값어치를 드러내다'라는 뜻입니다.

공부한 날 [ ] 월 [ ] 일   시작 시간 [ ] 시 [ ] 분

미국의 3M사 연구원 실버 스펜서는 강력 접착제를 개발하고 있었습니다. 그러던 중 그는 예상치도 못하게 잘 떨어지는 접착제를 ㉠만들어 냈습니다. 실버 스펜서는 정확하게 **용도**를①알 수는 없지만, 어딘가에 쓸모가 있을 거라고 생각했습니다. 실버 스펜서는 발표회를 열어 **사내**의②여러 사람들에게 이 접착제를 보여 주었습니다. 사람들은 이 이상한 접착제의 용도를 찾지 못하고 **외면**했습니다.③

"접착제인데, 잘 떨어지다니요? 그런 접착제를 어디다 씁니까?"

그 발표회에는 아서 프라이라는 연구원도 앉아 있었습니다. 아서 프라이는 그 접착제의 가능성을 느꼈지만, 이 물건을 어떻게 사용하면 좋을지 생각이 나지 않았습니다. 그렇게 몇 년이 흘렀습니다.

어느 날 교회에서 노래를 부르던 아서 프라이는 찬송가책에 끼워 놓은 책갈피가 계속 아래로 빠져 **곤혹**을④치르고 있었습니다. 그때 갑자기 몇 년 전에 보았던 이상한 접착제가 떠올랐습니다. 붙였다가 떼기가 자유롭고, 심지어 붙인 곳에 자국도 남지 않는 그 이상한 접착제의 용도를 찾아냈습니다. 간편하게 붙였다 뗐다 할 수 있는 종잇조각, 지금은 '포스트잇'이라 불리는 물건의 영감이 떠오른 것입니다.

아서 프라이는 아이디어를 실현하기 위해 실버 스펜서에게 접착제 **견본**을⑤받았습니다. 그리고 적당히 잘 붙고, 적당히 잘 떨어지는 정도를 찾기 위해 연구를 거듭했습니다. 몇 년의 연구 끝에 아서 프라이는 포스트잇을 시장에 내놓았습니다. 포스트잇은 단번에 사람들의 눈길을 사로잡았고, 이내 **불티나게**⑥팔리기 시작했습니다. 한 언론 매체는 20세기의 10대 히트 상품으로 포스트잇을 선정하기도 했습니다.

실버 스펜서가 만든 이상한 접착제가 아서 프라이의 아이디어를 만나 **빛을 발했습니다**.* 당장은 쓸모가 없어 보이는 발견도, 좋은 아이디어를 만나면 무척 유용한 발명품으로 거듭날 수 있다는 것을 포스트잇의 사례에서 우리는 알 수 있습니다.

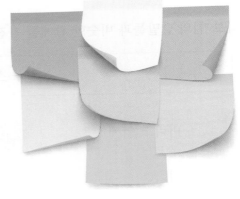

↑ 포스트잇

어려운 낱말 풀이 ┃ ① 용도 물건이나 돈이 쓰이는 곳 用쓸 용 途길 도   ② 사내 회사의 안 社모일 사 內안 내   ③ 외면 사실이나 형편 같은 것을 모르는 척 무시하는 것 外바깥 외 面얼굴 면   ④ 곤혹 곤란한 일을 당하여 어찌할 바를 모름 困곤할 곤 惑미혹할 혹   ⑤ 견본 질이나 모양 같은 것을 알 수 있게 본보기로 만든 물건 見볼 견 本근본 본 ⑥ 불티나게 물건 팔리는 빠르기가 불티가 튀듯이 빠르게

1 아서 프라이가 발명한 것은 무엇인지 본문에서 찾아 써 보세요.

→ ☐☐☐☐

2 다음 중 이 글의 내용으로 알맞지 <u>않은</u> 것끼리 이루어진 짝을 골라 보세요. ············· [   ]

> ㉠ 실버 스펜서는 강력 접착제를 개발하다, 우연히 잘 떼어지는 접착제를 만들었다.
> ㉡ 아서 프라이는 스펜서의 발표회를 보고 단번에 포스트잇 아이디어를 생각해 냈다.
> ㉢ 포스트잇은 떼더라도 자국이 남지 않는 접착제로 만들었다.
> ㉣ 포스트잇은 21세기가 되어서야 사람들에게 가치를 인정받고, 잘 팔리기 시작했다.

① ㉠, ㉡   ② ㉠, ㉢   ③ ㉡, ㉢
④ ㉡, ㉣   ⑤ ㉢, ㉣

3 다음 중 아서 프라이를 통해 빛을 발하게 된 것은 무엇인지 골라 보세요. ············· [   ]

① 강력 접착제
② 20세기 10대 히트 상품
③ 찬송가책에 끼워 놓은 책갈피
④ 발표회에 참석한 다른 연구원들
⑤ 스펜서가 만든 잘 떼어지는 접착제

4 다음 중 밑줄 친 ㉠과 바꿔 쓸 수 있는 표현을 골라 보세요. ············· [   ]

① 제정했습니다   ② 결성했습니다   ③ 개발했습니다
④ 공사했습니다   ⑤ 발행했습니다

다음 글을 읽고, 문제를 풀어 보세요.

> 임금과 더불어 나라를 다스리는 사람은 하늘이 준 일을 하는 것이니 **인재**①가 아니면 안 된다. 하늘이 인재를 내리는 것은 한 시대의 쓰임을 위해서이다. 그래서 하늘이 사람을 낼 때는 집안을 가리지 않는다. 옛날의 **어진**② 임금은 이런 것을 알고 사람을 뽑을 때, 더러 시골에서도 구하고, 항복한 적의 장수 중에서도 뽑았으며, 도둑 중에서도 끌어올리고, 창고지기를 **등용**③하기도 했다. ⓛ이들의 재능은 알맞은 자리에서 **빛을 발할 수 있었다.** 나라가 복을 받고, 잘되어 나가는 것은 이러한 방법을 썼기 때문이다. 우리나라는 땅덩이가 좁고 인재가 드물게 나서 옛날부터 걱정이 많았다. 더구나 조선 시대에 들어와서는 인재 등용의 길이 더 좁아졌다. 대대로 이름난 집의 자식이 아니면 좋은 **벼슬자리**④를 얻지 못한다. 바위 구멍과 풀로 된 지붕 밑에 사는 사람은 뛰어난 재능이 있다고 한들 억울하게도 등용이 되지 못한다.
>
> 옛날 어진 인재는 보잘것없는 집안에서 많이 나왔다. 그때에도 지금 우리나라와 같은 법을 썼다면, 역사에 이름을 남긴 **위인**⑤들은 세상에 나오지도 못했을 것이다.
>
> – 허균, 「유재론(인재를 버리는 것에 대하여)」 중

5 윗글에 제기된 문제는 무엇인지 골라 보세요. ⋯⋯⋯⋯⋯⋯⋯⋯⋯⋯⋯⋯⋯⋯⋯⋯ [   ]

① 길들이 좁아 사람들이 잘 지나다니지 못하는 것
② 항복한 적의 장수가 쉽게 우리 편이 되지 않는 것
③ 세상에 도둑들이 들끓어 창고지기들이 고생하는 것
④ 보잘것없는 집안의 사람들이 역사에 이름을 남기는 것
⑤ 재능이 아무리 뛰어나도 집안이 좋지 않다면 등용되지 못하는 것

6 밑줄 친 ⓛ이 의미하는 내용을 골라 보세요. ⋯⋯⋯⋯⋯⋯⋯⋯⋯⋯⋯⋯⋯⋯⋯⋯⋯ [   ]

① 등용된 사람들의 집안은 하나같이 훌륭했다.
② 이들의 재능은 하늘이 준 것이기 때문에 훌륭했다.
③ 등용된 사람들은 모두 보잘것없는 집안 출신이었다.
④ 우리나라는 땅덩이가 좁아 좋은 재능이 많이 나오지 못했다.
⑤ 출신에 상관없이 등용된 사람들은 각자가 가진 재능을 잘 발휘할 수 있었다.

어려운 낱말 풀이 ① **인재** 재능이 뛰어난 사람 人사람 인 才재주 재 ② **어진** 너그럽고 인정이 많은 ③ **등용** 뛰어난 재능을 가진 사람을 뽑아 쓰는 것 登오를 등 庸쓸 용 ④ **벼슬자리** 옛날에 나랏일을 맡아 보던 자리 ⑤ **위인** 뛰어나고 훌륭한 사람 偉훌륭할 위 人사람 인

1 단계 [보기] 속 빈칸에 들어갈 낱말이 <u>아닌</u> 것을 골라 보세요. ─────────────── [   ]

> [보 기]
>
> • 감독님은 한꺼번에 쏟아지는 질문에 하나하나 대답하느라 ☐☐ 을 치렀다.
>
> • 출신과 배경이 사람을 ☐☐ 하는 이유가 되어서는 안 된다.
>
> • 창고에 들어서자 ☐☐ 을(를) 알 수 없는 물건들이 가득했다.
>
> • 옛 ☐☐ 들의 성장 이야기를 들어보면 배울 점이 많다.

① 용도   ② 진술   ③ 곤혹   ④ 등용   ⑤ 위인

2 단계 다음 문장에 쓰인 밑줄 친 낱말과 뜻풀이를 선으로 이어 보세요.

| 그 사고는 직원들이 조심하지 않아 발생한 <u>인재</u>였다. | • | • ㉠ | **인재** 人사람 인 才재주 재
재능이 뛰어난 사람 |

| 좋은 <u>인재</u>를 많이 길러 내는 것은 나라의 미래를 위한 일이다. | • | • ㉡ | **인재** 人사람 인 災재앙 재
사람에 의하여 일어난 재난 |

3 단계 다음 설명을 읽고 아래 문장의 '명사'를 써 보세요.

> 음식도 한식, 중식, 일식 등 종류에 따라 나눌 수 있듯이 우리가 쓰는 낱말들도 나눌 수 있습니다. 이렇게 나눈 낱말의 갈래를 '품사'라고 합니다. 그 중 '명사'는 사람이나 사물의 이름을 나타내는 말입니다.
>
> 예를 들어 '철수가 학교에 간다.'라는 문장 속 명사는 '철수', '학교'입니다.

[1] 가을이 되어 사과가 잘 익었다. ➡ (,   )

[2] 철수는 길을 건너면서 손을 높이 들었다. ➡ (,   ,   )

시간 끝난 시간 [   ]시 [   ]분   채점 독해 6문제 중 [   ]개
1회분 푸는 데 걸린 시간 [   ]분   어법·어휘 4문제 중 [   ]개

고사성어
옛이야기에서 유래한 교훈이나 유래를 한자로 표현한 말

대기만성(大 器 晩 成)*
클 대   그릇 기   늦을 만   이룰 성

시작은 별 볼 일이 없더라도 자신의 꿈을 위해 꾸준히 노력한 사람은 큰사람이 됩니다. 그런 사람에게 '대기만성(大器晩成)'이라는 표현을 씁니다. 이 말은 큰 그릇은 늦게 만들어진다는 뜻으로, '크게 될 사람은 긴 시간과 노력이 필요하다'라는 의미입니다.

공부한 날 [ ]월 [ ]일 시작 시간 [ ]시 [ ]분

    옛날에 최림이라는 사람이 있었습니다. 최림은 **왜소한**^① 몸에 말이 별로 없는 **내성적**^②인 성격을 가지고 있었는데 그러한 겉모습과 성격 때문에 **관직**^③에서 일할 기회가 좀처럼 주어지지 않았습니다. 주변 사람들은 그런 최림을 무시하고 **험담**^④하기도 했습니다.

    하지만 그의 친척 형이었던 최염은 그를 무시하지 않았습니다. 왜냐하면 최림에게는 남들이 모르는 강한 끈기가 있다는 것을 알았기 때문입니다. 어느 날 최염은 솥을 만드는 곳에 최림을 데려가 말했습니다.

    "갑자기 이곳에 데려와 놀랐겠지만, 솥들이 어떻게 만들어지는지 잘 보게."

    최림은 솥이 만들어지는 과정을 살펴보기 시작했습니다. 먼저 작은 솥은 **담금질**^⑤을 한두 번밖에 하지 않았습니다. 그래서 금세 만들어졌지만 그만큼 얇고 튼튼하지 못했습니다. 반면에 ㉠큰 솥은 수백 번의 담금질을 해야 했습니다. 그래서 더욱 오랜 시간과 노력이 필요했지만 그만큼 크고 튼튼했습니다. 그때 최염이 말했습니다.

    "잘 보았겠지? 자네도 이와 다르지 않다네. 자네도 오랜 시간 공들여 노력해야 훗날 큰 인물이 되는 것이지. 남들의 말에 휘둘리지 말고 꾸준히 노력한다면 후에 **대기만성**[*]하여 분명 큰 인물이 될 수 있을 걸세."

    최림은 최염의 말을 듣고 자신감을 얻게 되었습니다. 그는 비록 남들보다 느렸지만 포기하지 않았고, 남들의 무시에도 좌절하지 않으며 능력을 갈고닦았습니다. 남들의 말에 흔들리지 않는 끈기와 노력은 관직에 요구되는 곧고 올바른 **성품**^⑥을 만들었고, 그 결과 한 사람씩 그의 성품을 알아보기 시작해 점차 소문이 나게 되었습니다. 이후 왕에게까지 이름이 알려져 왕의 가장 가까이에서 일할 만큼 큰 인물로 성장했습니다. 그렇게 높은 관직에 오른 최림은 왕이 백성을 위해 올바른 정치를 할 수 있도록 곁에서 도움이 되는 조언을 해 주었습니다. 또한 그는 능력 있는 평민에게도 관직을 주었고, 양반이더라도 법을 어길 시에는 강하게 처벌하는 등 올바른 정치로 백성들의 존경을 받는 위인이 되었습니다.

어려운 낱말 풀이 ① **왜소한** 몸이 작고 초라한 矮난쟁이 왜 小작을 소 - ② **내성적** 소극적이고 마음속으로만 생각하는 것 內안 내 省살필 성 的과녁 적 ③ **관직** 나랏일을 맡아 다스리는 직책 官벼슬 관 職벼슬 직 ④ **험담** 남을 헐뜯어서 말함 險험할 험 談말씀 담 ⑤ **담금질** 쇠를 불에 달구었다가 찬물에 넣어 단단하게 만드는 일 ⑥ **성품** 사람의 성질이나 됨됨이 性성질 성 品물건 품

1 이 이야기 속의 작은 솥과 큰 솥에 대해 정리한 것입니다. 빈칸을 알맞게 채워 보세요.

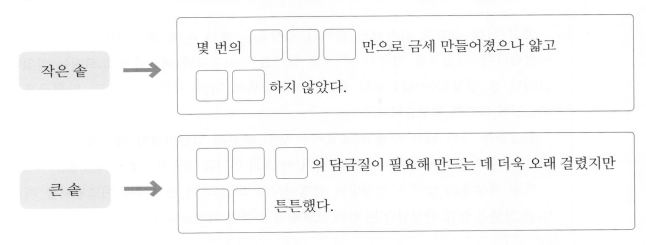

작은 솥 → 몇 번의 ☐☐☐ 만으로 금세 만들어졌으나 얇고 ☐☐ 하지 않았다.

큰 솥 → ☐☐☐ 의 담금질이 필요해 만드는 데 더욱 오래 걸렸지만 ☐☐ 튼튼했다.

2 이 이야기의 내용으로 미루어 보았을 때 '㉠큰 솥'과 연결할 수 있는 사람은 누구인지 골라 보세요. ·········· [　　　]

① 왕　　　　　　　　② 백성들　　　　　　　③ 최염

④ 최림　　　　　　　⑤ 주변 사람들

3 최염이 최림을 무시하지 <u>않은</u> 까닭을 골라 보세요. ·········· [　　　]

① 최림을 잘 알지 못해서　　　　　② 최림에게 강한 끈기가 있다는 걸 알아서

③ 친척 동생이라서　　　　　　　　④ 솥을 만드는 기술을 가져서

⑤ 무시 받는 최림이 불쌍해서

4 다음은 '대기만성'의 한자입니다. 한자의 뜻을 참고하여 대기만성의 알맞은 뜻을 써 보세요.

고사성어의 한자	大	器	晩	成
	클 대	그릇 기	늦을 만	이룰 성

[　　　　　　　　　　　　　　　　　　　　　　　　　]

조선 시대 경기도 화성에서 태어난 김상휴는 크게 눈에 띄는 점이 없는 평범한 소년이었습니다. 글공부를 열심히 하고 책 읽기를 좋아했지만 벼슬길에 오르지는 않았습니다. 그러던 중 김상휴는 남들보다 늦은 40대 중년에 과거 시험을 치렀고, 장원급제를 하여 벼슬길에 오르게 되었습니다.

김상휴는 나이 많은 신진 관료였지만 당시 조선의 임금이었던 순조에게 충언을 아끼지 않았고, 순조 또한 김상휴의 능력을 높이 사 그의 의견을 적극적으로 받아들였습니다.

이후 김상휴는 능력을 인정받아 암행어사가 되었고 더 훗날에는 이조판서를 지내는 등 '©큰 그릇은 늦게 완성된다'는 말의 대표적인 인물이 되었습니다.

5 밑줄 친 ©과 같은 의미를 가진 고사성어를 써 보세요.

→ ☐ ☐ ☐ ☐

6 위 고사성어의 의미를 자신의 경험을 통해 알맞게 보여주고 있는 친구에 ○표 해 보세요.

준우: 매일 열심히 운동하는데 당장 실력이 오르지 않아서 낙담했었어. 하지만 눈앞의 작은 결과에만 매달리지 않고 더욱 꾸준히 노력해서 최고의 운동선수가 될 수 있었어.

[   ]

설윤: 미술 시간에 나무토막으로 조각을 하다가 마음에 들지 않아 처음부터 다시 시작했는데 발표 시간까지 완성을 못했지 뭐야? 너무 속상했어.

[   ]

1
단계
다음의 낱말과 뜻이 알맞도록 선으로 이어 보세요.

[1] 관직 •　　　　　　　• ㉠ 사람의 성질이나 됨됨이

[2] 험담 •　　　　　　　• ㉡ 나랏일을 맡아 다스리는 직책

[3] 성품 •　　　　　　　• ㉢ 남을 헐뜯어 말함

2
단계
다음 빈칸에 들어갈 낱말을 골라 보세요. ─────────────── [　　　]

외향적

적극적이고 속내를
겉으로 잘 표현함

↔

겉으로 드러내지 아니하고
마음속으로만 생각함

① 내성적　　　　② 개인적　　　　③ 일반적　　　　④ 대표적

3
단계
다음은 '오르다'가 가진 뜻 중 두 가지입니다. 밑줄 친 부분은 어떤 뜻으로 쓰였는지 각각 기호를 써 보세요.

오르다
㉠ 사람이나 동물 따위가 아래에서 위쪽으로 움직여 가다.
㉡ 지위나 신분 따위를 얻게 되다.

[1] 최림은 늦은 나이에 벼슬길에 **올랐다**. ─────────────── [　　　]

[2] 산을 **오르는** 것은 쉽지 않지만 보람 있는 일이다. ─────── [　　　]

시간
끝난 시간 [　　]시 [　　]분
1회분 푸는 데 걸린 시간 [　　]분

채점
독해 6문제 중 [　　]개
어법·어휘 6문제 중 [　　]개

04회

낮말은 새가 듣고 밤말은 쥐가 듣는다*

낮에는 새가 주로 활동하고, 밤에는 쥐가 주로 활동합니다. 그 둘이 우리가 하는 말을 모두 듣는다면 어떨까요? 아마 세상에 비밀이란 없을 겁니다. '낮말은 새가 듣고 밤말은 쥐가 듣는다'는 '아무리 비밀스럽게 나눈 말이더라도 어떻게든 새어 나가기 마련이다'라는 뜻입니다.

공부한 날 [ ]월 [ ]일 시작 시간 [ ]시 [ ]분

먼 옛날에 존경받는 **관리**^①가 있었습니다. 그는 아는 것이 많고 지혜롭기로 유명해 높은 **벼슬**^②을 하고 있었습니다.

어느 늦은 밤, 어떤 사내가 관리를 찾아갔습니다. 그 사내는 오래 전 관리를 따르며 많은 도움을 받아 벼슬을 하게 된 사람이었습니다. 관리는 오랜만에 만난 사내를 크게 반기며 밤새도록 이야기를 나누었습니다. 그런데 밤이 깊어지자 사내가 은근슬쩍 금덩이를 꺼내 관리에게 내밀었습니다.

"어르신 덕에 벼슬길에 올랐으니 그 은혜를 어찌 잊을 수 있겠습니까. 작은 **성의**^③ **표시**^④이니 받아 주십시오."

그러나 관리는 벼슬을 하는 사람이라면 돈을 탐내지 않고, 언제나 검소하게 살아야 한다고 굳게 믿는 사람이었습니다. 관리는 사내에게 **무안**^⑤을 주고 싶지 않아 점잖게 타일렀습니다.

"금덩이를 주는 대신 백성들을 잘 돌봐 주게. 그게 나에 대한 진정한 보답일세."

그러나 사내는 관리의 뜻을 오해하고 말했습니다.

"걱정하지 마십시오, 어르신. 지금은 늦은 밤이고 듣는 사람은 아무도 없습니다."

결국 관리는 크게 화를 내며 말했습니다.

"듣는 사람이 아무도 없다니! **낮말은 새가 듣고 밤말은 쥐가 듣는다**[*]는 말도 모르는가? 또, 듣는 사람이 없더라도 하늘이 알고, 땅이 알고, 내가 알고, 자네가 아는데! 벼슬하는 사람으로서 부끄럽지도 않나? 썩 나가게!"

그 말을 듣고 부끄러워진 사내는 고개를 숙인 채 돌아갔습니다. 그 후에도 관리는 재물을 탐내지 않고 백성들을 위하는 사람으로 많은 존경을 받았습니다.

어려운 낱말 풀이 | ① **관리** 나랏일을 맡는 자리에 있는 사람 官벼슬 관 吏벼슬아치 리 　② **벼슬** 나랏일을 맡아 다스리는 자리
③ **성의** 정성스러운 뜻 誠정성 성 意뜻 의 　④ **표시** 겉으로 드러내 보임 表겉 표 示보일 시
⑤ **무안** 수줍거나 창피함 無없을 무 顔얼굴 안

1 이 이야기에 대한 설명으로 옳은 것에 ○표, 옳지 않은 것에 ×표를 해 보세요.

[1] 관리는 높은 벼슬을 하고 있다. --- [　　　]

[2] 관리는 처음에 사내를 크게 반겼다. ----------------------------------- [　　　]

[3] 사내가 금덩이를 준 까닭은 관리 덕분에 벼슬에 올랐기 때문이다. ---------- [　　　]

[4] 관리는 결국 사내가 주는 금덩이를 받고 말았다. ----------------------- [　　　]

2 관리가 처음에 금덩이를 거절한 까닭과, 사내가 오해한 까닭은 무엇인지 빈칸을 알맞게 채워 보세요.

관리의 생각	☐☐을(를) 하는 사람이라면 재물을 탐내서는 안 되니, 금덩이를 받아서는 안 된다.
사내의 생각	혹시라도 이 일이 새어 나가기라도 할까 ☐☐이(가) 되어 금덩이를 받지 않으시는구나.

3 다음은 '낮말은 새가 듣고 밤말은 쥐가 듣는다'의 뜻을 짐작하는 과정입니다. 빈칸을 채워 보세요.

내용	사내가 지금은 ☐이라 아무도 듣는 사람이 없다고 할 때, 그에게 호통을 치며 관리는 '**낮말은 새가 듣고 밤말은 쥐가 듣는다**'라는 말을 썼다.
정리	사내는 아무도 ☐지 않는 비밀스러운 이야기라고 믿었지만, 관리는 이에 화를 내며 '**낮말은 새가 듣고 밤말은 쥐가 듣는다**'라고 말했다. 이를 통해 사내의 말이 틀렸음을 알 수 있다.
결론	'**낮말은 새가 듣고 밤말은 쥐가 듣는다**'라는 속담은 '아무리 ☐☐스럽게 나눈 말이더라도 어떻게든 새어 나가기 마련'이라는 뜻이겠구나.

고려 시대 말, **무신**들이 반란을 일으키고 **권력**을 잡았습니다. 몇 년에 한 번씩 권력자가 달라지는 혼란스러운 시기에, '만적'이라고 하는 노비가 살았습니다. 그는 노비의 처지에서 벗어날 날만을 기다리고 있었습니다. 어느 날, 그는 산에 나무를 하러 온 노비들을 모았습니다.

"우리도 장군이 될 수 있고, 관리가 될 수 있고, 왕이 될 수 있소. 이 **불평등한** 세상을 한번 바꿔 봅시다!"

수많은 노비가 만적의 말을 듣고 몰려들었습니다. 그들은 얼마 후 모여 반란을 일으키기로 하고, 일단 흩어졌습니다. 그러나 만적의 말을 듣고 있던 노비 하나가 만적이 반란을 일으킬 것이라는 사실을 주인에게 일러바쳤습니다. 주인은 곧바로 나라에 그 사실을 알렸고, 만적과 그 동료들은 반란을 일으키기도 전에 붙잡히고 말았습니다.

"분하다, ㉠**낮말은 새가 듣고 밤말은 쥐가 듣는다더니!** 뜻을 펼치기도 전에 비밀이 새어 나가 이렇게 되는구나!"

그렇게 노비들의 반란은 일어나기도 전에 끝나고 말았지만, 불평등한 신분 **제도**를 극복하고자 했던 의지는 아직까지도 우리에게 큰 울림을 주고 있습니다.

4 다음 중 밑줄 친 ㉠과 바꿔 쓸 수 있는 말은 무엇인지 골라 보세요. ------------------ [   ]

① 비밀이 새어 나가다니!

② 시간이 조금만 더 있었다면!

③ 터무니없게 죄를 뒤집어 쓰게 되다니!

④ 최선을 다했는데도 실패하고 말다니!

5 윗글의 내용을 바르게 이해한 친구에 ○표를 해 보세요.

태산: 만적이 장군이나 관리, 또는 왕이 될 수 있다고 말한 것으로 미루어 볼 때, 만적과 그 동료들은 사실 귀족의 자식들이었겠구나.

[   ]

유진: 만적은 노비와 같이 천한 신분이라도 장군이나 관리, 왕이 되지 못할 이유가 없다고 생각했었구나. 그래서 불평등한 세상을 바꿔 보자고 한 거야.

[   ]

어려운 낱말 풀이

① **무신** 무술과 병법을 배워 군대를 관리하는 신하들 武군셀 무 臣신하 신

② **권력** 남을 지배할 수 있는 권리와 힘 權권세 권 力힘 력

③ **불평등한** 평등하지 못한 不아닐 불 平평평할 평 等가지런한 등 -

④ **제도** 관습, 법률 따위의 규범이나 사회의 체계 制절제할 제 度법도 도

1 단계

다음의 낱말과 뜻이 알맞도록 선으로 이어 보세요.

[1] 성의 •

[2] 관리 •

[3] 표시 •

• ㉠ 정성스러운 뜻

• ㉡ 겉으로 드러내 보임

• ㉢ 나랏일을 맡아 다스리는 자리에 있는 사람

2 단계

밑줄 친 말과 바꿔 쓸 수 있는 말을 골라 번호를 써 보세요.

[1] **무안을** 주지 않는 것도 배려이다. ⸺⸺⸺⸺⸺⸺⸺⸺⸺⸺⸺⸺⸺ [   ]

① 기쁨을

② 창피를

[2] **진짜** 보답은 은혜를 잊지 않는 것이다. ⸺⸺⸺⸺⸺⸺⸺⸺⸺⸺⸺ [   ]

① 진정한

② 진기한

3 단계

밑줄 친 글자에 주목하여 빈칸을 채워 보세요.

- **불**평등(**不**平等): 평등하지 않음
- **불**가능(**不**可能): 가능하지 않음
- **불**편(**不**便): 편하지 않음
- **불**확실(**不**確實): 확실하지 [ ][ ]

→ [ ][ ]

 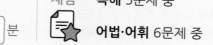

05회 바닥이 드러나다*

아이스크림을 다 비우고 그 바닥을 본 적이 있나요? '바닥이 드러나다'라는 관용어는 다 먹은 아이스크림 통처럼 '어떠한 것을 남김없이 소비하여 그 끝이 보인다'라는 뜻입니다.

공부한 날 ☐월 ☐일 시작 시간 ☐시 ☐분

 남태평양에 위치한 미크로네시아에 있는 나우루는 2,000년 넘게 그들만의 전통 생활 방식을 지키며 살아온 작은 섬이었습니다. 나우루는 세계에서 세 번째로 작은 독립국으로, 지나가던 새들이 잠깐 똥을 싸러 들른다고 얘기할 만큼 작은 크기의 섬나라였습니다. 섬의 특성상 가뭄이 **잦은**^① 탓에 이 섬의 주민들은 물고기를 잡거나 작물을 키우며 겨우겨우 **生計**^②를 이어가고 있었습니다. 그러던 어느 날 이 **척박한**^③ 섬에서 인광석이 발견되면서 나우루에 새로운 변화가 나타나기 시작했습니다.

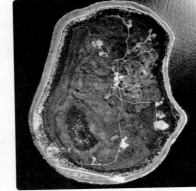

 인광석은 새들이 싸고 간 똥이 굳어져 만들어진 물질입니다. 이 인광석은 화약과 비료를 만드는 데 매우 중요한 역할을 하는 자원이었습니다. 이 소문이 퍼지자 나우루의 인광석은 불티나게 팔렸고, 나우루는 한순간에 부자가 되었습니다.

 나우루 정부에서는 인광석으로 벌게 된 돈을 국민 모두에게 **분배**^④하여 모두가 함께 풍요로운 삶을 누릴 수 있도록 하였습니다. 그뿐만 아니라 모든 주민들이 돈을 내지 않고도 학교에 다니고 병원에 갈 수

🔺 나우루 섬의 모습

있도록 하였습니다. 사람들은 더 이상 열심히 일할 필요가 없게 되었습니다. 주민들은 모두 가까운 거리도 고급 차를 타고 다녔고 마트를 돌아다니는 것조차 귀찮아서 차 안에서 물건을 받았다고 합니다. 이로 인해 당시 나우루에는 비만이나 온갖 질병에 시달리는 사람들이 급격히 늘어났습니다.

 하지만 이들의 행복은 오래가지 못했습니다. 나우루에 위기가 찾아왔습니다. 그 많던 인광석도 끊임없는 **채굴**^⑤에 점차 **바닥을 드러내기*** 시작하였습니다. 하지만 더 이상 내다 팔 수 있는 자원이 없는데도 불구하고 사람들의 **소비**^⑥ 습관은 바뀌지 않았습니다. 사람들은 여전히 **호화스러운**^⑦ 소비를 즐겼고, 나라에서도 **복지**^⑧를 줄이지 않았습니다. 결국 나우루는 다시 **빈곤**^⑨해지고 말았습니다. 이뿐만 아니라 그동안 인광석을 파낸 만큼 섬의 높이가 낮아져 나우루는 바다에 가라앉을 위험에 처하게 되었습니다.

 풍요로운 삶을 위해 자연을 파괴하고, 미래를 위해 준비하지 않은 그들의 이야기로부터 우리는 무엇을 배울 수 있을까요?

 – 관련 교과: 중학 도덕 2(동아출판) '3. 자연 · 초월과의 관계'

🧻 **어려운 낱말 풀이**

① **잦은** 연달아 자주 있는   ② **생계** 살림을 살아나갈 방법. 혹은 그런 상태 生살 생 計셀 계
③ **척박한** 땅이 몹시 메마른 瘠여윌 척 薄얇을 박 -   ④ **분배** 나누어 줌 分나눌 분 配나눌 배
⑤ **채굴** 땅을 파서 광물 따위를 캐냄 採캘 채 掘팔 굴   ⑥ **소비** 돈이나 시간 등을 써서 없앰 消사라질 소 費쓸 비
⑦ **호화스러운** 사치스럽고 화려한 豪호걸 호 華빛날 화 -   ⑧ **복지** 행복한 삶 福복 복 祉복 지
⑨ **빈곤** 가난하여 살기가 어려움 貧가난할 빈 困곤할 곤

1 다음은 이 이야기에 나오는 인광석에 대한 내용을 정리한 것입니다. 알맞지 <u>않은</u> 부분을 골라 보세요.

.... [   ]

> 나우루의 인광석
> • 새들이 싸고 간 똥이 굳어져 만들어짐 ··· ①
> • 화약과 비료를 만드는 데 중요한 원료가 됨 ·· ②
> • 나우루가 단번에 부자가 될 수 있었던 원인 ·· ③
> • 아무리 써도 줄어들지 않는 영원한 자원 ··· ④
> • 이 인광석을 파낸 만큼 나우루의 섬의 높이가 낮아짐 ································· ⑤

2 [보기]는 이 이야기의 과정을 정리한 것입니다. 일어난 순서에 맞게 기호를 써 보세요.

> [보 기] ㉠ 인광석이 바닥을 드러내기 시작함
> ㉡ 나우루에서 인광석이 발견됨
> ㉢ 부자가 된 주민들은 호화스러운 생활을 하기 시작함
> ㉣ 인광석이 불티나게 팔리기 시작함
> ㉤ 다시 나우루는 빈곤해지고 가라앉을 위기에 처함

[   ] → [   ] → [   ] → [   ] → [   ]

3 인광석이 바닥을 드러냈을 때 나우루 주민들이 했던 행동으로 알맞은 것에 ○표를 해 보세요.

걱정이 된 주민들은 모두가 함께 절약을 하기 시작했습니다.	주민들은 신경 쓰지 않고 여전히 호화로운 삶을 즐겼습니다.	주민 모두가 힘을 합쳐 다른 자원을 찾기 시작했습니다.
[ ]	[ ]	[ ]

4 다음 중 '바닥이 드러나다'가 잘못 쓰인 문장에 ○표를 해 보세요.

[1] 석유가 곧 **바닥을 드러낼** 거란 걱정은 수십 년째 계속되고 있다. ········· [   ]

[2] 이 물감은 **바닥이 드러날** 정도로 새 물건이야. ················· [   ]

[3] 이제 쌀이 **바닥을 드러내서** 먹을 것이 없어. ················· [   ]

5 [보기]를 읽고 다음 중 '바닥이 드러나다'의 의미가 나머지와 다른 뜻으로 쓰인 경우를 찾아 보세요.
··· [   ]

> [보기]   '**바닥이 드러나다**'는 '어떤 것을 남김없이 소비하여 그 끝이 보인다'는 뜻 말고도 '숨겨져 있던 의도나 생각이 드러나다'라는 뜻으로도 사용할 수 있습니다.

① 치약이 **바닥을 드러낼** 때까지 썼어.

② 모두가 한 입씩 먹으니 과자가 **바닥을 드러냈어.**

③ 저 호수의 물이 **바닥을 드러내고** 있어.

④ 그 사람은 상황이 안 좋아지니 결국 **바닥을 드러냈어.**

⑤ 돈이 **바닥을 드러내니** 어떻게 해야 할지 모르겠어.

6 다음은 '바닥'을 이용한 여러 가지 표현입니다. 뜻에 알맞게 선으로 이어 보세요.

[1] 바닥을 긁다   •   • ㉠ 바탕에 두다

[2] 바닥을 치다   •   • ㉡ 더 나빠질 수 없을 만큼 좋지 않다

[3] 바닥에 깔다   •   • ㉢ 생계가 매우 어렵다

1단계 밑줄 친 낱말의 알맞은 뜻을 골라 보세요.

[1] 이제 모두가 함께 **풍요롭게** 살 수 있어. ·································· [   ]

　　① 여유롭고 넉넉하게

　　② 넉넉하지 못하고 힘들게

[2] 그녀는 **한순간에** 부자가 되었어. ································· [   ]

　　① 오랜 시간이 걸려서

　　② 매우 짧은 동안에

2단계 밑줄 친 부분을 비슷한 뜻을 가진 낱말로 바꿔 써 보세요.

[1] 결국 그들은 다시 **빈곤**해지고 말았습니다.

　　→ ｜ㄱ｜ㄴ｜

[2] 땅이 **몹시 메마른** 이 섬에서 우리가 살 수 있을지 의문이야.

　　→ ｜ㅊ｜ㅂ｜한｜

[3] 이곳은 가뭄이 **연달아 자주 일어나서** 곡식이 제대로 자랄 수가 없어.

　　→ ｜ㅈ｜ㅇ｜서｜

3단계 다음 보기의 밑줄 친 부분과 같은 의미로 쓸 수 있는 것을 골라 보세요. ·············· [   ]

[보기]　이 소문이 퍼지자 나우루의 인광석은 **불티나게 팔렸습니다.**

① 거의 팔리지 않았습니다　　　② 조금씩 천천히 팔리기 시작했습니다

③ 더 싼 가격에 팔렸습니다　　　④ 내놓기가 무섭게 빨리 팔렸습니다

⑤ 사려는 사람이 줄어들었습니다

시간　**끝난 시간** [   ]시 [   ]분　채점　**독해** 6문제 중　[   ]개

1회분 푸는 데 걸린 시간 [   ]분　　**어법·어휘** 6문제 중　[   ]개

(빛을) 발하다 / (빛이) 바래다

천문대에 방문한 수연이와 난향이는 함께 밤하늘을 올려다보고 있었습니다.

수연: 저 하늘에서 빛을 { ① 발하는 ② 바래는 } 별을 보고 있으니까 내가 참 작게 느껴져.

난향 : 맞아. 저 하늘 너머에도 끝없는 우주가 펼쳐져 있다는 거잖아.

수연 : 여기 오기를 정말 잘한 것 같아. 나 사진 한 장만 찍어줄래?

난향 : 좋아! 저기 가서 서 봐.

얼핏 보기에 비슷한 뜻처럼 느껴지는 '발하다'와 '바래다'는 서로 다른 의미를 가진 낱말입니다. 먼저 '발하다'는 무언가가 원래 가지고 있던 성질이나 감정을 드러낼 때 사용됩니다. '전구가 빛을 발한다'거나, '일등을 한 친구에게 질투심이 발한다'고 쓸 수 있습니다. 반면 '바래다'는 원래 가지고 있던 색깔이 변하는 것을 말합니다. '오래된 책의 종이가 전부 바랬다'거나 '오래 입은 셔츠가 누렇게 바랬다'처럼 쓸 수 있습니다. 또 다른 차이도 있습니다. '발하다'는 원래 '필 발(發)'이라는 한자에 '-하다'라는 접사가 붙어 만들어진 낱말이지만, '바래다'는 순우리말로 된 낱말이라는 점입니다.

{ **발하다**: (빛, 소리, 냄새, 열, 기운, 감정 같은 것이) 일어나거나 그렇게 되게 하다

바래다: 햇볕이나 습기를 받아서 색깔이 변하다 }

✏️ **바르게 고쳐 보세요.**　　　　　　　　　　　　　　정답: 003쪽

수연: 저 하늘에서 빛을 바래는 별을 보고 있으니까 내가 참 작게 느껴져.

→ 저 하늘에서 빛을 ☐☐☐ 별을 보고 있으니까 내가 참 작게 느껴져.

2주차

한 주간의 계획을 먼저 세워보세요. 매일 학습을 마친 후 맞힌 문제의 개수를 쓰세요!

회차	영역	학습 내용	학습계획일	맞은 문제수
06회	고사성어	**다다익선(多多益善)** '다다익선(多多益善)'은 '많으면 많을수록 좋다'라는 의미를 가진 고사성어입니다.	월 일	독 해 5문제 중 ☐ 개 어법·어휘 8문제 중 ☐ 개
07회	속담	**가랑비에 옷 젖는 줄 모른다** '가랑비'는 내리는 줄도 모를 만큼 조금씩 내리는 비를 말합니다. 가랑비를 맞으면 처음에는 잘 모르지만, 어느 순간 옷이 흠뻑 젖어 있기 마련입니다. '가랑비에 옷 젖는 줄 모른다'는 이처럼 '사소한 일이 반복되어 어느새 무시할 수 없을 만큼 크게 됐을 때' 쓰는 말입니다.	월 일	독 해 5문제 중 ☐ 개 어법·어휘 7문제 중 ☐ 개
08회	관용어	**오지랖이 넓다** '오지랖'은 원래 웃옷의 앞자락을 뜻하는 낱말이지만, 지금에 이르러선 '쓸데없이 아무 일에나 참견하기 좋아함'이라는 뜻을 가지게 되었습니다. 즉, '오지랖이 넓다'는 '남의 일에 쓸데없이 참견하기 좋아하는 사람'에게 쓰는 말입니다.	월 일	독 해 6문제 중 ☐ 개 어법·어휘 4문제 중 ☐ 개
09회	고사성어	**고진감래(苦盡甘來)** '고진감래(苦盡甘來)'는 쓴 것이 가고 단 것이 온다는 말로, '힘든 일을 잘 버티면 언젠가 좋은 일이 생긴다'라는 속뜻을 가지고 있습니다.	월 일	독 해 5문제 중 ☐ 개 어법·어휘 5문제 중 ☐ 개
10회	속담	**구슬이 서 말이라도 꿰어야 보배** 아무리 아름다운 구슬이 많더라도, 구슬만으로는 값어치가 보물만큼 크지 않습니다. '구슬이 서 말이라도 꿰어야 보배'라는 말은 '아무리 훌륭하고 좋은 것이라도 다듬고 정리하여 쓸모 있게 만들어 놓아야 값어치가 있음'을 이르는 속담입니다.	월 일	독 해 6문제 중 ☐ 개 어법·어휘 5문제 중 ☐ 개

06회

다다익선(多 多 益 善)*
많을 다 많을 다 더할 익 좋을 선

'다다익선(多多益善)'은 '많으면 많을수록 좋다'라는 의미를 가진 고사성어입니다.

공부한 날 [ ]월 [ ]일 시작 시간 [ ]시 [ ]분

옛날 중국에서 있었던 일입니다.

유방이라는 왕이 중국을 **통일**^①하는 데 성공했습니다. 유방이 중국을 통일할 때까지 많은 신하의 도움이 있었지만, 그중에서도 특히 한신이라는 이름의 장군이 두드러진 **활약**^②을 했습니다. 그러나 유방은 한신이 뛰어난 만큼 함께 나라를 다스리기에는 위험한 사람이라고 생각했습니다. 그래서 유방은 한신에게 일부러 낮은 **관직**^③을 주었습니다.

그러던 어느 날, 유방은 여러 사람이 있는 자리에서 한신에게 물었습니다.

"그대는 내가 얼마나 많은 군사를 **거느릴**^④ 수 있으리라 생각하는가?"

"대략 10만 명쯤이라고 생각합니다."

그러자 유방은 다시 한신에게 물었습니다.

"그렇다면 그대는 어떤가?"

"㉠저한테 군사란 많으면 많을수록 좋은 것입니다. 즉, **다다익선***

입니다."

유방은 한신의 대답에 기분이 나빠 물었습니다.

"그러면 그대는 어찌 10만의 군사밖에 거느릴 수 없는 나의 부하가 되었단 말인가?"

그러자 한신은 이렇게 대답했습니다.

"전 그저 병사들을 거느리는 장수이지만, 폐하께서는 저와 같이 병사를 거느리는 장수들을 거느릴 수 있는 분이십니다. 그래서 제가 폐하의 부하가 된 것입니다."

유방은 그 말을 듣고 역시 한신이라며 껄껄 웃었습니다.

– 유래

🧻 어려운 낱말 풀이

① **통일** 하나로 만듦 統거느릴 통 ━한 일
② **활약** 힘차고 두드러진 움직임 活살 활 躍뛸 약
③ **관직** 왕으로부터 받은 벼슬. 나랏일을 맡아 다스리는 직책 官벼슬 관 職벼슬 직
④ **거느릴** 부하나 군대 따위를 이끌

1 한신이 밑줄 친 ㉠처럼 말한 까닭을 골라 보세요. -- [　]

① 그래 봐야 10만 명에는 못 미친다는 뜻

② 실제로 군사를 거느려 보기 전까진 알 수 없다는 뜻

③ 장수의 능력과 상관없이 군사가 많은 쪽이 이긴다는 뜻

④ 자신이 거느릴 수 있는 군사의 숫자가 제한이 없을 만큼 많다는 뜻

⑤ 얼마나 군사를 거느릴 수 있는지는 지금까지 생각해 본 적이 없다는 뜻

2 '다다익선'이라는 고사성어의 뜻을 생각해 보았을 때, 이 고사성어로 조언해 줄 수 있는 친구를 골라 보세요.

> **해준:** 선생님께 꾸중을 들을까 봐 그만 거짓말을 해 버렸는데, 어떡하지?

> **명진:** 이따가 학교에서 발표를 하는데 벌써부터 긴장된다. 어떡하면 좋지?

> **수민:** 방학 동안에 책을 읽어볼까 하는데, 책을 얼마나 읽는 게 좋을까?

☐☐아, 그야 당연히 다다익선이지 않겠니?

3 다음은 '다다익선'의 한자와 뜻입니다. 각각의 뜻과 해석을 알맞게 이어 보세요.

고사성어의 한자	多 많을 다	多 많을 다	益 더할 익	善 좋을 선

많으면 많을수록　　　　　더　　　　　좋다

다음 글을 읽고, 문제를 풀어 보세요.

> 혜지는 학교에서 '다다익선'을 배우고 집에 와서 어머니께 배운 내용을 설명해 드렸어요.
>
> "엄마! 오늘 학교에서 '다다익선'이라는 고사성어를 배웠어요. 많으면 많을수록 좋다! 맞죠?"
>
> "그래, 우리 혜지가 아주 잘 배웠구나."
>
> "엄마, 그럼 다다익선이라는 말처럼 무엇이든지 많으면 많을수록 좋은 걸까요?"
>
> "혜지가 아주 좋은 질문을 했구나. 사실 오래 전부터 있던 고사성어라고 해도, 모든 말이 항상 옳지만은 않단다. 다 상황에 따라 다른 법이지."
>
> "그래요?"
>
> "어떤 상황에서는 많을수록 좋은 것이 아니라 오히려 해가 될 수도 있거든. 예를 들어 음식을 너무 많이 먹으면 배탈이 나는 것과 같이 말이야."
>
> "아, 그러면 [   ] 같은 것도 다다익선이라는 말이 적절하지 않은 경우이겠군요?"
>
> "그렇지. 다다익선이라는 말이 언제나 옳지만은 않단다."

4   윗글의 빈칸에 들어가기에 알맞은 것을 골라 보세요. ---------------------------------- [   ]

① 읽은 책   ② 좋은 친구   ③ 욕심

④ 기쁜 일   ⑤ 지혜

5   '다다익선'과 반대되는 뜻을 가진 사자성어를 골라 보세요. ---------------------------------- [   ]

① 고장난명(孤掌難鳴): 손뼉은 혼자 소리가 날 수 없다.

② 과유불급(過猶不及): 너무 많은 것은 부족한 것만 못하다.

③ 난형난제(難兄難弟): 누가 형이고 누가 동생인지 알기 어렵다.

④ 대기만성(大器晩成): 큰 그릇을 만들려면 오랜 시간이 걸린다.

⑤ 사필귀정(事必歸正): 무슨 일이든 반드시 옳은 이치대로 돌아간다.

1 단계

다음의 낱말과 뜻이 알맞도록 선으로 이어 보세요.

[1] 통일 •　　　　　　　　　　• ㉠ 나랏일을 맡아 다스리는 직책

[2] 관직 •　　　　　　　　　　• ㉡ 옛날에 군인을 이르던 말

[3] 군사 •　　　　　　　　　　• ㉢ 하나로 만듦

2 단계

다음 문장이 자연스럽도록 빈칸에 알맞은 낱말을 [보기]에서 찾아 써 보세요.

[보 기]	통일	관직	군사

[1] 전쟁을 하려면 수많은 ☐☐ 들이 필요했다.

[2] 우리나라가 ☐☐ 이(가) 된다면 어떨까?

[3] 옛날에 훌륭한 사람들은 높은 ☐☐ 을(를) 받았다.

3 단계

다음 표현과 비슷한 뜻을 가진 낱말을 골라 보세요.

[1] 그녀는 **뛰어난** 기지를 발휘해서 위기를 벗어났다. ─────────────── [　　　]

　　　① 빠른

　　　② 훌륭한

[2] 장군은 수십 만의 군사를 **거느리고** 적진으로 향했다. ─────────────── [　　　]

　　　① 이끌고

　　　② 부탁하고

시간

끝난 시간 ☐ 시 ☐ 분

1회분 푸는 데 걸린 시간 ☐ 분

채점

독해 5문제 중 ☐ 개

어법·어휘 8문제 중 ☐ 개

'가랑비'는 내리는 줄도 모를 만큼 조금씩 내리는 비를 말합니다. 가랑비를 맞으면 처음에는 잘 모르지만, 어느 순간 옷이 흠뻑 젖어 있기 마련입니다. **'가랑비에 옷 젖는 줄 모른다'**는 이처럼 **'사소한 일이 반복되어 어느새 무시할 수 없을 만큼 크게 됐을 때'** 쓰는 말입니다.

공부한 날 [ ]월 [ ]일   시작 시간 [ ]시 [ ]분

　　마사는 작은 빵집을 운영①하는 ⓐ마음씨 착한 여성이었다. 그녀에게는 최근 관심거리가 하나 생겼는데, 그것은 매일 ㉠딱딱한 빵 두 덩이를 사가는 어느 사내에 대한 것이었다. 얼마 전 마사는 그 사내의 ㉡손 끝에 묻은 적갈색 물감을 보고 말았다. 그날부터 마사의 머릿속에는 그 사내에 대한 생각이 떠나지 않았다.

　　'그는 화가일까? 그래, 분명 가난한 화가일 거야.'

　　마사의 이러한 생각은 얼마 가지 않아 ⓑ확신으로 바뀌었다. 마사는 계산대 뒤에 값싼 그림을 하나 세워 두었는데, 어느 날 그 사내가 찾아와 그림을 흘깃 보더니 이렇게 말하는 것이 아닌가.

　　"허허, 좋은 그림이군요, 부인. 하지만 원근법이 조금 잘못되어 있네요."

　　마사는 그가 가난한 화가라고 결론을 내렸다. 그것도 그림을 흘깃 본 것만으로도 원근②법이 잘못되었음을 알 수 있는, 훌륭한 ㉢눈썰미를 지닌 화가!

　　그 후로 마사의 머릿속에선 여러 장면이 스쳐 지나가기 시작했다. 예술을 위해 모든 것을 버린 화가가 있다. 그는 가난해서 물감 값마저 ⓓ부족하다. 그의 주린 배를 채워 줄 수 있는 것은 오직 마사의 빵집에서 사온 딱딱한 빵 두 덩이뿐이다. 두 덩어리에 고작 5센트밖에 하지 않는, 그 맛도 없는 싸구려 빵 두 덩이!

　　그런 상상은 유달리 동정③심이 많은 마사를 무척 괴롭게 만들었다. 그녀가 볼 때, 그 사내는 나날이 말라 가고 있었다. 혹시 그는 그림에 열중하느라 **가랑비에 옷 젖는 줄도 모르고*** 몸을 망치고 있는 것이 아닐까? 마사는 어떻게든 그에게 도움을 주고 싶었다. 하지만 예술가들은 자존심이 보통 강한 것이 아니라, 만약 동정의 표시로 빵을 좀 더 넣어 주었다간 오히려 큰 상처를 주고 말리라는 것을 마사는 잘 알고 있었다.

　　그러던 어느 날, 마사에게 한 가지 생각이 번뜩였다. 그 생각을 ㉣실행으로 옮기는 데는 오랜 시간이 필요하지 않았다. 마사는 사내가 한눈을 판 사이, 딱딱한 빵을 칼로 사각사각 잘라 그 사이에 버터를 듬뿍 발라 놓았다. 그 사내는 늘 그렇듯이 빵을 가지고 돌아갔고, 마사는 그의 오늘 식사가 조금이라도 풍족해지리라 생각하며 만족스럽게 고개를 끄덕였다.

　　– 오 헨리, 「마녀의 빵」 (관련 교과: 중학 국어 1-1(금성출판사) '2. 예측하고 요약하고')

1 마사는 ㉠, ㉡을 통해 사내를 어떤 사람이라고 추측했는지 써 보세요.

→ ☐ ☐ ☐ ☐ ☐

2 이 이야기에 대한 설명으로 옳은 것에 ○표, 옳지 않은 것에 ×표를 해 보세요.

[1] 마사는 작은 빵집을 운영하는 여성이다. ─────────────────────────── [　　　]

[2] 마사는 매일 빵을 사가는 사내에게 관심이 생겼다. ─────────────────── [　　　]

[3] 마사는 사내가 가난하다고 생각해 동정심이 생겼다. ─────────────── [　　　]

[4] 마사는 사내 몰래 빵을 좀 더 넣어주었다. ─────────────────────── [　　　]

3 ⓐ~ⓔ의 낱말 뜻으로 옳지 <u>않은</u> 것을 골라 보세요. ──────────────── [　　　]

① ⓐ마음씨: 마음을 쓰는 태도

② ⓑ확신: 확실히 알 수 없어서 믿지 못함

③ ⓒ눈썰미: 한두 번 보고 곧 그대로 해내는 재주

④ ⓓ부족: 필요한 양이나 기준에 미치지 못해 충분하지 아니함

⑤ ⓔ실행: 실제로 행동으로 옮김

어려운 낱말 풀이 ┃ ① 운영 어떤 대상을 관리함 運운영할 운 營경영할 영
② 원근 멀고 가까움 遠멀 원 近가까울 근
③ 동정 불쌍히 여김 同같을 동 情뜻 정

4 '가랑비에 옷 젖는 줄 모른다'라는 말의 의미를 설명한 다음 글을 읽고, 이 이야기에 올바르게 적용한 친구에 ○표를 해 보세요.

> '가랑비에 옷 젖는 줄 모른다'라는 말은 가늘게 내리는 비는 조금씩 젖어 들기 때문에 옷이 젖는다는 사실을 잘 깨닫지 못한다는 뜻으로 아무리 사소한 것이라도 그것이 반복되면 무시하지 못할 정도로 크게 될 수 있음을 말합니다.

정호: 마사는 도와주던 사내가 나중에는 더 크고 많은 걸 요구할 수도 있다는 걱정에 이런 표현을 썼구나!

[   ]

성민: 마사는 사내의 몸이 조금씩 말라 가는 것을 보고 지금은 잘 모르지만 나중에는 건강이 크게 안 좋아질 수도 있다는 생각에 이런 표현을 썼어.

[   ]

5 다음은 마사가 사내에 대해 추측하는 과정을 순서대로 적은 것입니다. 빈칸을 채워 완성해 보세요.

마사는 사내가 매일 싸구려 [   ]을(를) 사가고 손에 [   ][   ][   ][   ][   ]이(가) 묻었다는 점에서 그를 가난한 화가라고 생각했다.

↓

마사는 "좋은 그림이군요, 부인. 하지만 [   ][   ][   ]이(가) 조금 잘못되어 있네요." 라는 사내의 말에 사내가 [   ][   ]라는 것을 확신하게 되었다.

↓

마사는 사내에게 [   ][   ][   ]을(를) 느끼게 되었고 어떻게 하면 그를 도와줄 수 있을까 고민하다가 사내 몰래 빵에 [   ][   ]을(를) 발라 놓았다.

2주
07회

해설편
004쪽

1 단계 다음의 낱말과 뜻이 알맞도록 선으로 이어 보세요.

[1] 운영 •

[2] 원근 •

[3] 동정 •

• ㉠ 불쌍히 여김

• ㉡ 어떤 대상을 관리함

• ㉢ 멀고 가까움

2 단계 다음 문장이 자연스럽도록 빈칸에 알맞은 낱말을 [보기]에서 찾아 써 보세요.

[보기]	확신	관심	실행

[1] 요즘 나는 유행하는 게임에 ☐☐ 이 생겼어.

[2] 그의 말을 듣고 내 의견에 더욱 ☐☐ 이 생겼어.

[3] 계획한 일을 반드시 ☐☐ 에 옮기자.

3 단계 다음 밑줄 친 낱말이 '모양이나 움직임'을 나타내는 것에 ○표를 해 보세요.

선생님께서는 **허허** 하고 웃으셨다.	아이들은 대답하느라 고개를 **끄덕**였다.	어디선가 **사각사각** 소리가 났다.
[ ]	[ ]	[ ]

시간

끝난 시간 ☐ 시 ☐ 분

1회분 푸는 데 걸린 시간 ☐ 분

채점

독해 5문제 중 ☐ 개

어법·어휘 7문제 중 ☐ 개

오지랖이 넓다*

'오지랖'은 원래 윗옷의 앞자락을 뜻하는 낱말이지만, 지금에 이르러선 '쓸데없이 아무 일에나 참견하기 좋아함'이라는 뜻을 가지게 되었습니다. 즉, '**오지랖이 넓다**'는 '남의 일에 쓸데없이 참견하기 좋아하는 사람'에게 쓰는 말입니다.

공부한 날 [ ]월 [ ]일 시작 시간 [ ]시 [ ]분

사내의 딱딱한 빵에 버터를 발라준 뒤, 마사는 여러 가지 상상을 했다. 그는 과연 빵 안에 바른 버터를 보았을까? 여느 때처럼 굶주림을 채우기 위해 딱딱한 빵을 한 입 베어 물었을 때, 입 안을 채우는 버터 특유의 고소함을 그는 어떻게 생각할 것인가. 남몰래 버터를 발라 준 빵집 주인을 떠올리며 감동의 눈물을 글썽이고 있을지도 모르는 일이었다.

그리고 다음날 마사가 아침 일찍 일어나 빵집을 열었을 때, ㉠마사는 저 멀리에서 씩씩대며 달려오는 사내를 보았다. 어제 빵에 버터를 발라 준 그 사내였다. 그리고 그 사내 옆에는 난감한 얼굴을 한 안경잡이 사내가 따라오고 있었다. 늘 딱딱한 빵을 사 가던 사내는 마사의 앞에 도착하자마자 **삿대질**①을 하며 소리를 질러댔다.

"당신이 다 망쳤어! 내 **설계도**②를 손을 쓸 수 없게 만들다니. 이 쓸데없이 **오지랖 넓은*** 인간아!"

그가 한참을 소리 지르는 동안, 마사는 아무런 말도 하지 못했다. 다만 당황스러운 얼굴을 하고 있을 뿐이었다. 화가 난 사내를 말리는 것은 안경잡이 사내밖에 없었다. 그는 화가 난 사내를 거의 끌어내다시피 해서 가게 밖으로 내보낸 뒤, 안경을 고쳐 쓰며 마사에게 다가왔다.

"무슨 일인지 당황스러우시죠? 그러실 만합니다, 부인. 제 친구를 대신해 설명해 드리겠습니다. 방금 고래고래 소리를 지른 친구는 블룸버그라는 친구인데, 건축 설계를 하고 있습니다. 설계사들은 먼저 연필로 설계도를 그립니다. 그리고 그 후에는 딱딱한 빵으로 문대 연필 선을 지우곤 하죠. 그게 지우개보다 더 낫거든요. 그리고 저 친구는 늘 이곳에서 딱딱한 빵을 샀고… 그리고, 음…….."

거기까지 말하고, 안경잡이 사내는 다시 안경을 고쳐 썼다.

"아시다시피, 그 빵에는 원래 버터 같은 것이 발라져 있지 않았죠. 블룸버그는 석 달 동안이나 이번에 새롭게 **수리**③하는 시청 건물의 설계도를 그리고 있었습니다. 소규모가 아니라 상금이 걸린 중요한 일이었거든요. 그렇지만 이제는…… 아무 쓸모가 없어져 버렸죠. 버터 때문에 설계도가 번져 버렸으니까요."

그렇게 말한 뒤, 안경잡이 사내는 떠났다. 그러나 마사는 그 후에도 한참 동안 움직이지 못했다. 대신 그녀는 오랜 시간 생각하는 수밖에 없었다. 무엇이 잘못이었는가를.

– 오 헨리, 「마녀의 빵」, 관련 교과: 중학 국어 1-1(금성출판사) '2. 예측하고 요약하고'

1 이 이야기에 대한 설명으로 옳은 것을 골라 보세요. ---------------------------- [   ]

① 마사는 빵에 버터 바르는 것을 잊었다.

② 마사는 오후 늦게 빵집 문을 열었다.

③ 화난 사내의 이름은 알 수 없다.

④ 화난 사내는 설계도를 완성해 상금을 수상했다.

⑤ 화난 사내는 시청 건물의 설계도를 그리고 있었다.

2 마사와 사내의 상황을 각각 선으로 이어 정리해 보세요.

인물	행동	결과
빵집 주인 마사 ·	· 빵을 지우개 대신 사용 ·	· 수 개월간 준비한 설계도가 망가져 화가 남
화난 사내 ·	· 빵에 몰래 버터를 바름 ·	· 멋대로 남의 일에 간섭했다가 피해를 줌

3 다음은 밑줄 친 ㉠을 읽었을 때 예상할 수 있는 내용을 말한 것입니다. 적절하지 <u>않은</u> 의견을 말한 친구는 누구인지 써 보세요.

선유: 마사는 사내가 씩씩대는 걸 보고 무언가 잘못되었음을 느꼈을 거야.

홍철: 사내가 화가 난 걸로 보아서 이야기의 흐름이 갑자기 변하게 될 거야.

종우: 사내는 빵집이나 마사와 관련된 일로 화가 난 것 같아.

신영: 마사와 사내는 서로 좋아하고 있는 것 같아.

→ ☐☐

어려운 낱말 풀이

① **삿대질** 다툼을 할 때에, 주먹이나 손가락 따위를 상대편 얼굴 쪽으로 내지르는 행동

② **설계도** 만들게 될 대상의 구조, 형상, 치수 따위를 일정한 규약에 따라서 그린 도면 設세울 설 計계획 계 圖그림 도   ③ **수리** 고장 나거나 허름한 부분을 새롭게 고침 修닦을 수 理다스릴 리

4 이 이야기를 읽고 배울 수 있는 교훈으로 가장 알맞은 것을 골라 보세요. ----------- [   ]

① 빵집에서 딱딱한 빵을 판매해서는 안 돼.

② 남의 일에는 무조건 끼어들지 말아야 해.

③ 무슨 일이 일어났다면 일단 화부터 내는 것이 좋아.

④ 남을 도와줄 때에는 모두가 알아볼 만큼 거창하게 해야 해.

⑤ 자기 멋대로 상대에 대해 판단하여 참견하다가는 실수하게 될 수도 있어.

5 다음은 '오지랖이 넓다'의 유래를 설명한 글입니다. 사내가 마사에게 '오지랖이 넓다'라고 말한 까닭을 빈칸을 채워 완성해 보세요.

> 그림과 같이 '오지랖'은 윗옷이나 윗도리의 앞자락입니다. 오지랖이 넓으면 옷의 다른 부분까지 침범하게 됩니다. 이러한 까닭으로 '오지랖이 넓다'라는 말은 남의 일에 쓸데없이 참견하는 사람에게 쓰는 말이 되었습니다.

이야기에서 사내가 마사에게 ☐☐☐이 넓다고 말했던 이유는, 사내가

부탁하지도 않은 일에 마사가 자기 멋대로 쓸데없이 ☐☐하여 빵에

☐☐를 발라 사내의 ☐☐☐를 망쳐 버렸기 때문입니다.

6 '오지랖이 넓다'라는 표현이 어울리는 상황에 ○표를 해 보세요.

짝꿍인 원준이 준비물을 챙겨 오지 않았다는 사실을 알게 되어 자신의 준비물을 빌려준 **윤경**	놀이공원에서 이것저것 구경하다가 부모님과 떨어져 부모님에게 혼이 난 **우현**	친구가 좋아할 거라는 생각에 친구의 책상을 마음대로 정리하다가 친구의 물건을 떨어뜨려 망가뜨린 **진우**
[ ]	[ ]	[ ]

1
단계

다음의 밑줄 친 낱말들 중 뜻이 다른 하나를 골라 보세요.──────────── [   ]

> • 공격해온 부대는 ㉠소규모(작은 규모)였다.
> • 동생이 빨리 낫게 해 달라고 ㉡소원(바라는 것)을 빌었다.
> • 전기 요금을 절약하기 위해 ㉢소형(작은 규격) 냉장고로 바꿨다.

① ㉠   ② ㉡   ③ ㉢

2
단계

밑줄 친 부분과 바꿔 쓸 수 있는 말을 골라 번호를 써 보세요.

[1] 그는 꿈을 이룬 모습을 **상상했다.** ──────────────────── [   ]

    ① 생각했다.

    ② 기록했다.

[2] 컴퓨터가 고장 나 **손을 쓸 수 없었다.** ──────────────── [   ]

    ① 아무것도 할 수 없었다.

    ② 아무렇게나 할 수 없었다.

3
단계

다음 문장에 쓰인 밑줄 친 낱말에 알맞은 뜻풀이를 선으로 이어 보세요.

지난주에는 자동차를 **수리**하느라 대중교통을 이용했다.	•	• ㉠	수리 受받을 수 理다스릴 리 서류를 받아서 처리함
제출한 사직서가 **수리**되었다.	•	• ㉡	수리 修닦을 수 理다스릴 리 고장 난 데를 고침

시간
끝난 시간 [   ]시[   ]분

1회분 푸는 데 걸린 시간 [   ]분

채점
독해 6문제 중   [   ]개

어법·어휘 4문제 중   [   ]개

09회

고진감래(苦 盡 甘 來)*
쓸고　다할진　달감　올래

'고진감래(苦盡甘來)'는 쓴 것이 가고 단 것이 온다는 말로, '힘든 일을 잘 버티면 언젠가 좋은 일이 생긴다'라는 속뜻을 가지고 있습니다.

공부한 날 [　]월 [　]일　시작 시간 [　]시 [　]분

　중국 원나라 때의 일입니다. 어느 시골에 몹시 가난한 농부가 살고 있었습니다. 농부는 부지런하고 똑똑했지만 **필기구**①조차 살 돈이 없어서 공부를 할 수 없었습니다.

　'매일 책을 읽고, 글을 쓸 수 있다면 얼마나 좋을까?'

　농부는 밭을 갈며 생각했습니다. 하지만 농부는 새벽에 일찍 일어나서 농사일을 하고, 그 다음에는 집안일을 해야만 했습니다. 마을 사람들은 농부를 **딱하게**② 여겼지만, 농부는 언제나 밝은 미소를 잃지 않으며 말했습니다.

　"어렵고 힘들긴 하지만, 열심히 일하고 공부하다 보면 분명 훌륭한 학자가 될 거예요!"

　농부는 점심 먹을 시간이 되면, 밥을 하고 남은 숯으로 글공부를 했습니다. 그리고 가을에는 마른 나뭇잎을 모아서 종이처럼 사용했습니다. 자는 시간, 먹는 시간을 아껴 가며 열심히 공부한 것입니다. 그러나 사람들은 그런 농부를 **나무랐습니다**.③

　"그렇게 공부한다고 해서 돈이 생기는 건 아니잖아요."

　하지만 농부는 밭을 갈고, 쉬는 시간마다 열심히 글을 쓸 뿐이었습니다. 그리고 희망찬 목소리로 항상 말했습니다.

　"**고진감래***라는 말이 있어요. 지금은 고생할지 모르지만, 분명 보답을 받을 날이 올 것이라고 생각합니다!"

　오랜 시간이 지난 뒤, 농부는 총 30권의 책을 쓴 중국의 문학가가 되었습니다. 그 농부가 바로 중국 역사에서 빼놓을 수 없는 인물인 '도종의'입니다. 그의 책은 중국의 역사가 자세히 기록되어 있어서 역사적으로 아주 중요한 역할을 했습니다.

　　　　　　　　　　　　　　　　　　　　　　　　　　　　　　　　　　　- 유래

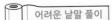 어려운 낱말 풀이

① **필기구** 글씨를 쓰는 데에 쓰는 여러 종류의 물건 筆붓 필 記기록할 기 具갖출 구
② **딱하게** 사정이나 처지가 애처롭고 가엾게
③ **나무랐습니다** 잘못을 꾸짖어 알아듣도록 말했습니다

1 '도종의'가 사용한 필기구를 <u>모두</u> 골라 ○표를 해 보세요. (답 2개)

[   ]   [   ]   [   ]   [   ]

2 다음은 '도종의'가 했던 말들입니다. 이 중에서 '고진감래'와 관련이 <u>없는</u> 말에 ○표를 해 보세요.

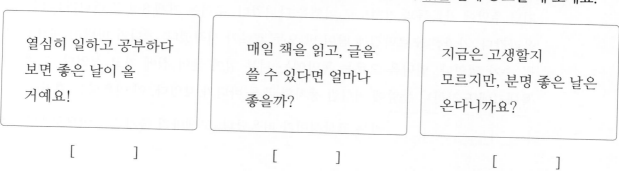

열심히 일하고 공부하다 보면 좋은 날이 올 거예요!

매일 책을 읽고, 글을 쓸 수 있다면 얼마나 좋을까?

지금은 고생할지 모르지만, 분명 좋은 날은 온다니까요?

[   ]   [   ]   [   ]

3 다음 한자의 뜻을 참고하여 '고진감래'의 의미를 적어 보세요.

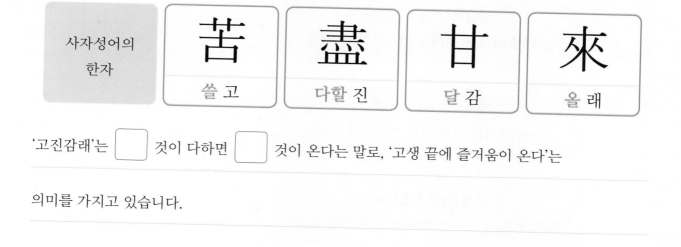

사자성어의 한자	苦 쓸 고	盡 다할 진	甘 달 감	來 올 래

'고진감래'는 [   ] 것이 다하면 [   ] 것이 온다는 말로, '고생 끝에 즐거움이 온다'는

의미를 가지고 있습니다.

4 다음 일기의 내용으로 미루어 볼 때, 빈칸에 알맞은 고사성어를 써 보세요.

2023년 10월 21일 토요일

날씨: 맑음 😊

지난 주말에 가족들과 거제도로 여행을 다녀왔다. 우리는 거제 8경 중 하나라는 바람의 언덕을 올라갔다. 가파른 오르막길에 땀이 비 오듯 흐르기 시작했다. 게다가 바람이 세차게 불어 눈을 뜰 수가 없었다. 언덕을 오르는 동안에는 너무 힘이 들어 집에 가고 싶었다. 고생 끝에 언덕 꼭대기에 도착하니 눈앞에 커다란 풍차와 푸른 바다가 보였다. 이 아름다운 경치를 보니 '☐☐☐☐'라는 고사성어가 떠올랐다. 고생마저 즐거운 추억으로 남을 것 같다.

5 다음 고사성어들을 비슷한 뜻을 가진 속담과 각각 선으로 이어 보세요.

설상가상(雪上加霜)
눈 위에 서리가 내리듯 어려운 일이 겹침
·

· 뿌린 대로
거둔다

자업자득(自業自得)
자신이 저지른 일이 결국 자신에게 돌아옴
·

· 고생 끝에
낙이 온다

고진감래(苦盡甘來)
힘든 일을 잘 버티면 언젠가 좋은 일이 생김
·

· 산 넘어
산이다

1 단계 다음 문장의 빈칸을 [보기]에서 알맞은 조사를 골라 채워 보세요.

> [보 기]　　　　　　　　　　　　　에, 과, 의, 도

[1] 하늘 ☐ 별 따기

[2] 우물 ☐ 가서 숭늉 찾는다.

2 단계 밑줄 친 부분과 바꿔 쓸 수 있는 말을 골라 번호를 써 보세요.

[1] 나는 **딱한** 마음이 들어 그에게 몇 푼을 주었다. ⸺⸺⸺⸺⸺⸺⸺⸺⸺⸺ [　　　]

　　① 불쌍한

　　② 감사한

[2] 이 분은 우리나라 역사에서 **빼놓을 수 없다**. ⸺⸺⸺⸺⸺⸺⸺⸺⸺⸺⸺⸺⸺ [　　　]

　　　　　　① 늘 논란이 된다.

　　　　　　② 무척 중요한 위치에 있다.

3 단계 밑줄 친 글자에 주목하여 빈칸을 채워 보세요.

> • 문학**가**(文學家): 문학을 전문적으로 하는 사람
>
> • 건축**가**(建築家): 건축을 전문적으로 하는 사람
>
> • 교육**가**(教育家): 교육을 전문적으로 하는 ☐☐

→ ☐☐

시간 　**끝난 시간** ☐시 ☐분

1회분 푸는 데 걸린 시간 ☐분

 채점　**독해** 5문제 중

어법·어휘 5문제 중

☐개
☐개

10회 구슬이 서 말이라도 꿰어야 보배*

아무리 아름다운 구슬이 많더라도, 구슬만으로는 값어치가 보물만큼 크지 않습니다. '구슬이 서 말이라도 꿰어야 보배'라는 말은 '아무리 **훌륭**하고 좋은 것이라도 다듬고 정리하여 쓸모 있게 만들어 놓아야 값어치가 있음'을 이르는 속담입니다.

공부한 날 [　]월 [　]일　시작 시간 [　]시 [　]분

　2017년 기준, 전 세계에서 하루에 **생산되는**① 자료는 책 6,500억 권에 달하는 분량입니다. 여러분이 여기까지 읽는 동안 10초가 걸렸다면, 125만 권 분량의 자료가 생산되었을 것입니다. 이처럼 빠르게 생산되는, **방대한**② 분량의 자료를 '빅데이터'라 합니다.

　빅데이터는 우리 생활에 **유용하게**③ 쓰이고 있습니다. 의료 분야에서는 빅데이터를 이용해 환자를 어떻게 치료하는 게 좋을지 파악할 수 있습니다. 축구에서는 빅데이터를 통해 선수를 선발하고, 교체하며 전술을 짤 수 있습니다. 유튜브에서 우리가 무엇을 볼지 추천해주는 것도 빅데이터를 통해 가능합니다. 이처럼 빅데이터는 **무궁무진한**④ 가능성을 갖고 있습니다.

↑ 보통 구립도서관에서 소장하고 있는 책은 약 100,000권 정도입니다. 이는 전 세계에서 1초 동안 생산해내는 자료의 양과 비슷합니다.

　그런데 단순히 자료가 많다고 유용한 정보를 얻을 수 있는 것은 아닙니다. 넘쳐나는 자료에는 쓸모없는 정보도, 정리가 필요한 정보도 있습니다. 그렇기 때문에 자료에서 유용한 정보를 찾아내는 사람이 필요합니다. 이렇게 자료에서 유용한 정보들을 찾아내는 일을 하는 사람을 '자료 과학자'라고 합니다.

　'자료 과학자'는 자료를 분석해 유용한 정보를 찾아내는 직업입니다. 세상에 자료가 넘쳐나는 만큼, 자료 과학자의 인기는 나날이 높아지고 있습니다. 2018년 미국의 한 조사에서는 3년 연속으로 자료 과학자가 최고의 일자리로 뽑혔습니다.

　자료 과학자가 되기 위해서는 통계, 수학, 컴퓨터 지식이 필요합니다. 자료 과학자가 되고 싶다면, 우선 수학을 열심히 공부하는 것이 좋습니다. 단순히 숫자를 다루는 수학이 아니라, 수학이 주는 논리적인 사고력이 중요합니다. 문제를 논리적으로 풀어 나가는 능력이 자료 과학자에게 가장 중요한 능력이기 때문입니다.

　구슬이 서 말이라도 꿰어야 보배*라는 속담처럼, 자료만 많다고 값진 정보가 되지는 않습니다. 자료 과학자는 세상에 넘쳐나는 자료라는 구슬을 꿰어서 값진 보물을 만들어 내는 사람입니다. 만약 자료를 통해 더 나은 세상을 만들고 싶다면, 자료 과학자를 목표로 꾸준히 공부해 나가는 것이 가장 가까운 길일 것입니다.

어려운 낱말 풀이

① **생산되는** 자연물에 인력을 가하여 재화를 만들어 내거나 증가시키는 生날 생 産낳을 산 -
② **방대한** 양이나 규모가 매우 크고 많은 厖두터울 방 大클 대 -
③ **유용하게** 쓸모가 있게 有있을 유 用쓸 용 -
④ **무궁무진한** 한이 없고 끝이 없는 無없을 무 窮다할 궁 無없을 무 盡다할 진 -

1 다음 중 이 글의 내용으로 알맞은 것끼리 이루어진 짝을 골라 보세요. ------------------------- [   ]

> ㉠ 모든 자료는 유용해서 어디서나 쓸 수 있다.
>
> ㉡ 자료 과학자는 자료를 분석해 유용한 정보를 도출하는 직업이다.
>
> ㉢ 자료 과학자가 되기 위해서는 통계, 수학, 컴퓨터 지식이 필요하다.
>
> ㉣ 2017년 기준 전 세계에서 한 달에 생산되는 자료는 책 6,500억 권 분량이다.

① ㉠,㉡   ② ㉠,㉢   ③ ㉡,㉢

④ ㉡,㉣   ⑤ ㉢,㉣

해설편 005쪽

2 이 글의 내용으로 미루어 볼 때, 자료 과학자가 자료를 분석하기 위해 하는 행동으로 알맞은 것에 ○표를 해 보세요.

> 자료는 많으면 많을수록 좋으므로 모든 자료를 사용할 수 있도록 정리한다.

[   ]

> 유용한 정보를 찾아내야 하므로 자료를 분석해서 유용한 자료를 도출한다.

[   ]

3 다음 중 '자료 과학자'가 꿈인 학생에게 해 줄 조언으로 알맞은 것을 골라 보세요. ------------ [   ]

① 자료 과학자는 통계보다 국어 공부를 열심히 해야 해.

② 자료 과학자는 최악의 일자리로 뽑혔다는 걸 알아야 해.

③ 자료 과학자가 되기 위해서는 단순한 숫자를 다루는 연습을 해야 해.

④ 자료 과학자는 앞으로 전망이 없는 직업이므로 다른 직업을 알아봐야 해.

⑤ 자료 과학자는 논리적 사고력이 중요하기 때문에 수학을 열심히 공부해야 해.

4 다음은 '구슬이 서 말이라도 꿰어야 보배'의 뜻을 설명하는 글입니다. 잘 읽고 빈칸을 채워 보세요.

'구슬'은 보석이나 유리로 둥글게 만든 것이고 '말'은 부피를 재는 단위예요. 그리고 '보배'는 귀중한 물건을 의미합니다. 서 말은 18리터 정도의 양을 말하는데 구슬을 18리터나 가지고 있으면서 아무렇게나 두면 가치가 없겠죠? 잘 꿰어서 목걸이나 팔찌로 만들어야 가치가 생기고 사람들이 관심을 보일 거예요.

'구슬이 서 말이라도 꿰어야 ☐☐'라는 말은 아무리 좋은 것이라도

쓸모 있게 만들어 놓아야 ☐☐ 이(가) 있다는 말입니다.

5 이 글에서 '구슬이 서 말이라도 꿰어야 보배'라고 한 까닭을 골라 보세요. .... [　　　]

① 구슬 공예인이 점점 줄어드는 현실 때문에
② 자료라는 구슬이 많을수록 값진 보물이 되기 때문에
③ 통계와 수학에서 구슬을 꿰는 능력을 중요하게 생각하기 때문에
④ 자료 과학자가 되기 위해서는 섬세한 손재주가 필요하기 때문에
⑤ 자료라는 구슬이 아무리 넘쳐나도 잘 꿰어야 유용한 정보가 되기 때문에

6 '구슬이 서 말이라도 꿰어야 보배'와 가장 어울리는 친구에 〇표를 해 보세요.

밤늦게까지 게임을 하다가 늦잠을 자서 결국 지각을 하고 만 **태욱**	학교 가는 길에 걸음이 불편한 친구를 발견하고 가방을 들어준 **정수**	집에 있는 책들을 다양하게 읽어 학교 퀴즈 대회에서 우승한 **주혜**
[　　]	[　　]	[　　]

해설편 005쪽

1 단계 [보기]를 보고 빈칸에 알맞은 낱말을 채워 보세요.

[보 기]   생산   방대   유용

→ 중동은 세계적인 석유 □□ 지역입니다. 중동에는 매우 □□ 한 양의

석유 자원이 있습니다. 우리는 이 자원을 □□ 하게 사용하여 우리에게 필요한

물건을 만들어 냅니다.

2 단계 다음 문장의 □ 중 잘못된 낱말에 ×표를 하고 알맞게 고쳐 보세요.

[1] 빅데이터는 빠르 게 생산 되는 방데 한 분량의 자료이다.

→ □

[2] 축구에서는 빅데이터를 통해 선수 를 선발 하고 교채 한다.

→ □

3 단계 [보기]를 보고, 아래의 낱말을 소리 나는 대로 써 보세요.

[보 기] 앞 글자의 받침 'ㄴ'과 뒷글자의 첫 소리 'ㄹ'이 만나면 'ㄴ'은 'ㄹ'으로 발음됩
니다.

· 한류 → [할 류]   · 권력 → [궐 력]

[1] 논리 → [□ □]   [2] 신라 → [□ □]

시간   끝난 시간 □시 □분
1회분 푸는 데 걸린 시간 □분

채점   독해 6문제 중 □개
어법·어휘 5문제 중 □개

갈다의 다양한 뜻

칼을 갈다, 전등을 갈다, 땅을 갈다에서 '갈다'는 비슷한 것 같지만 서로 다른 뜻으로 쓰이고 있습니다. 이처럼 '갈다'는 다의어이기 때문에 각각의 상황에서 조금씩 다른 의미로 사용됩니다.

[칼을 갈다]

'날카롭게 날을 세우거나 매끄럽게 하기 위하여 다른 물건에 대고 문지르다'는 뜻입니다. 혹은 잘게 부수기 위해 다른 물건으로 눌러서 으깰 때도 이 낱말을 사용하기도 합니다. 비슷한 맥락에서 자면서 윗니와 아랫니를 맞대고 문지르면서 뽀드득 소리를 내는 것도 '이를 간다'고 표현합니다. 재미있는 것은 '칼을 갈다'는 표현이 정말 칼날을 날카롭게 하는 것만이 아니라 비유적인 뜻으로 쓰이기도 한다는 점입니다. '칼을 갈다'는 관용적인 의미로 '복수를 준비한다'는 뜻인데, '그 사람은 몇 년 동안 복수의 칼날을 갈았다'처럼 말할 수 있습니다.

예 훌륭한 초밥 요리사들은 잘 **갈아 둔** 칼을 사용해 뛰어난 솜씨로 회를 뜬다.
       └ 날을 세워 둔

[전등을 갈다]

'이미 있는 것을 다른 것으로 바꿔 끼우다'라는 뜻입니다. 고장 난 전등이나 부속품, 수영장의 더러워진 물 등을 새것으로 바꿀 때 주로 사용하는 말입니다. 이 표현은 사람에게도 쓸 수 있기 때문에, '직원을 갈고 새로운 사람으로 바꾼다'처럼 쓸 수도 있습니다.

예 휴대전화를 물에 빠뜨리는 바람에 새 것으로 **갈았다.**
          └ 바꾸었다, 교체했다

[땅을 갈다]

'쟁기나 농기구로 땅을 파서 뒤집다'라는 뜻입니다. 농사를 지을 때 땅을 갈아야 하는 이유는 흙에 산소를 공급하고, 땅속에 있는 영양분이 풍부한 흙을 꺼내야 하기 때문입니다. 단단히 굳어 있던 땅을 한 차례 갈아엎고 나면, 밖에 있던 산소가 땅속 깊이 들어가게 되면서 작물이 더욱 잘 자라게 되기도 합니다.

예 밭을 **가느라** 하루 종일 고생한 농부가 그늘에 누워 물을 마시고 있다.
  └ 땅을 파서 뒤집느라

3주차

회차	영역	학습 내용	학습계획일	맞은 문제수
11회	관용어	**눈에 넣어도 아프지 않다** 눈은 무척 민감해서, 눈에 무언가가 닿으면 아픔을 느끼게 됩니다. 그런데도 눈에 넣어도 아프지 않다는 것은 무엇인가를 너무 사랑하기에 고통조차 잊는다는 것입니다. 이처럼 '**눈에 넣어도 아프지 않다**'는 '**무언가를 귀엽게 여겨 무척 아끼고 사랑할 때**' 쓰는 말입니다.	월 일	독해 5문제 중 □개 어법·어휘 5문제 중 □개
12회	고사성어	**새옹지마(塞翁之馬)** '새옹지마(塞翁之馬)'는 '**인생에서의 좋은 일과 나쁜 일은 항상 바뀌어 헤아릴 수 없다**'라는 뜻입니다. 그러니 좋은 일이 생겼다고 너무 좋아할 필요도 없고 나쁜 일이 생겼다고 슬퍼할 필요도 없다는 말입니다.	월 일	독해 6문제 중 □개 어법·어휘 4문제 중 □개
13회	속담	**열 길 물속은 알아도 한 길 사람 속은 모른다** '길'은 보통 사람의 키 정도 되는 길이입니다. '**열 길 물속은 알아도 한 길 사람 속은 모른다**'라는 속담은 깊은 물속을 알기가 사람의 마음을 아는 것보다 차라리 쉽다는 말입니다. 즉, 그만큼 '**사람들의 속마음을 알기란 매우 힘들다**'라는 뜻입니다.	월 일	독해 5문제 중 □개 어법·어휘 7문제 중 □개
14회	관용어	**꽁무니를 빼다** 꽁무니는 사람이나 짐승의 몸에서 엉덩이가 있는 뒷부분을 말합니다. '**꽁무니를 빼다**'라는 말은 '**슬그머니 사라지거나 달아난다**'라는 뜻을 가지고 있습니다.	월 일	독해 6문제 중 □개 어법·어휘 6문제 중 □개
15회	사자성어	**학수고대(鶴首苦待)** 누군가를 향해 학의 목처럼 목을 길게 빼고 간절하게 기다리는 상황을 두고 '**학수고대(鶴首苦待)**'한다고 표현합니다. 즉, '**몹시 애타게 기다림**'이라는 뜻입니다.	월 일	독해 6문제 중 □개 어법·어휘 8문제 중 □개

11회

눈에 넣어도 아프지 않다*

눈은 무척 민감해서, 눈에 무언가가 닿으면 아픔을 느끼게 됩니다. 그런데도 눈에 넣어도 아프지 않다는 것은 무엇인가를 너무 사랑하기에 고통조차 잊는다는 것입니다. 이처럼 '눈에 넣어도 아프지 않다'는 '무언가를 귀엽게 여겨 무척 아끼고 사랑할 때' 쓰는 말입니다.

공부한 날 [　]월 [　]일 시작 시간 [　]시 [　]분

　　율곡 이이는 조선 시대의 학자로, **청빈한**^① 성품과 훌륭한 **학식**^②을 갖춰 많은 존경을 받았습니다. 그는 어린 시절부터 총명하고 책 읽기를 즐겨 어머니 신사임당에게 큰 기쁨을 안겨 주었습니다. 그런데 어느 날, 신사임당이 어린 이이와 함께 길을 가고 있는데 한 승려가 혀를 차며 말했습니다.

　　"아이가 곧 죽겠군."

　　눈에 넣어도 아프지 않을 자식이 죽는다는 소리에 신사임당은 깜짝 놀랐습니다. 신사임당은 승려에게 자세한 이야기를 물었습니다.

　　"그 아이는 호랑이에 물려 죽을 운명이오. 그걸 막기 위해서는 밤나무 천 그루를 심어야 하는데, 어느 세월에 그럴 수 있으려나⋯⋯."

　　신사임당은 그 후로 밤나무를 구해다 심기 시작했습니다. 처음에는 한 그루였지만, **눈에 넣어도 아프지 않을** 자식을 살리겠다는 마음으로 심으니 밤나무는 금세 늘어났습니다. 어느새 심은 밤나무가 천 그루를 넘었을 때, 신사임당은 승려를 불러 밤나무들을 보여 주었습니다. 승려는 밤나무를 하나씩

↑ 율곡 이이 표준 영정

세어 보았는데, 하필이면 밤나무 한 그루가 말라 죽어 천 그루에 딱 한 그루가 모자라게 되었습니다.

　　밤나무가 모자란 것을 확인한 승려는 호랑이로 변했습니다. 승려는 처음부터 이이를 잡아먹으려고 변장하고 있던 호랑이였던 것이었습니다.

　　"밤나무 천 그루를 심지 못했으니, 말했던 대로 아이를 잡아먹겠다!"

　　그런데 그때, 어딘가에서 처음 듣는 소리가 들려왔습니다.

　　"나도 밤나무요."

　　호랑이와 신사임당이 소리가 나는 곳을 보니, 그곳에는 이름을 알 수 없는 나무 한 그루가 서 있었습니다. 그 나무를 본 호랑이는 울부짖으며 떠날 수밖에 없었습니다.

　　"원통하다! 하늘이 낸 사람은 **정녕**^③ 잡아먹을 수가 없구나!"

　　그렇게 목숨을 건진 율곡 이이는 나중에 자라 훌륭한 학자가 되어 많은 백성을 도왔습니다. 그리고 율곡 이이를 살린 나무는 밤나무가 아님에도 '나도밤나무'라고 불리게 되었습니다.

　　　　　　　　　　　　　　　　　　　　　　　　　　　– 역사 속 인물 이야기

어려운 낱말 풀이 | ① **청빈한** 성품이 깨끗하고 재물에 대한 욕심이 없는 淸깨끗할 청 貧가난할 빈 -
　　　　　　　　　　② **학식** 배워서 쌓은 지식과 세상을 바라보는 눈 學배울 학 識알 식
　　　　　　　　　　③ **정녕** 더 이를 데 없이 정말로, 그야말로 丁고무래 정 寧평안할 녕

1 다음 중 이 글의 내용으로 알맞지 <u>않은</u> 것을 골라 보세요. ································ [   ]

① 율곡 이이는 어린 시절부터 총명하고 책 읽기를 즐겼다.
② 승려는 율곡 이이가 호랑이에게 물려 죽을 운명이라 말했다.
③ 신사임당은 밤나무를 천 그루 심었다.
④ 마침 숨어 자라던 밤나무의 도움으로 율곡 이이는 목숨을 건지게 되었다.
⑤ 율곡 이이는 훌륭한 학자가 되어 많은 백성의 존경을 받았다.

2 이 글의 내용을 바탕으로 빈칸을 채워 '나도밤나무'라는 이름의 유래를 완성해 보세요.

밤나무 한 그루가 부족해 어린 이이가 ☐☐☐에게 물려 죽을 위기에

처했다. 그때 한 나무가 "☐☐☐☐☐요."라고 말하고, 어린 이이를

구해주었다. 그 후로 그 나무가 '나도밤나무'라 불리게 되었다.

3 다음 중 '눈에 넣어도 아프지 않다'가 <u>잘못</u> 쓰인 글에 ○표를 해 보세요.

우리 부모님은 나를 무척 사랑하셔서 늘 나를 '<u>눈에 넣어도 아프지 않을</u> 우리 딸'이라고 부르신다.	'<u>눈에 넣어도 아프지 않을</u> 우리 강아지를 찾아 주세요'라고 적힌 전단지를 보니 마음이 아팠다.	삼촌은 꼭 필요하지 않은 물건을 사 모으는 습관이 있다. 며칠 전에 산 기타도 <u>눈에 넣어도 아프지 않을</u> 만큼 내팽개쳐져 있다.
[ ]	[ ]	[ ]

[4~5] 다음 글을 읽고, 문제를 풀어 보세요.

먼 옛날에 어느 군대가 숲을 지나고 있었습니다. 군대는 곧 배를 타고 강을 따라 내려갈 예정이었는데, 병사들은 배 위에서 보낼 지루한 시간이 걱정되었습니다. 그러던 병사들의 눈에 새끼 원숭이 한 마리가 눈에 띄었습니다. 병사들은 새끼 원숭이라도 보며 시간을 보내자는 생각에 새끼 원숭이를 붙잡았습니다.

그리고 새끼 원숭이와 함께 병사들이 배를 타고 출발하는 순간, 어디선가 울부짖는 소리가 들렸습니다. 깜짝 놀란 병사들이 돌아보니 어미 원숭이가 쫓아오고 있었습니다. 아무리 멀리 떨어져도 어미 원숭이는 포기하지 않고 따라왔습니다. 먼 거리를 달려 결국 배 위에 올라탄 어미 원숭이는 새끼 원숭이를 끌어안았습니다. 그리고 어미 원숭이는 피를 토하며 죽고 말았습니다.

장군은 어미 원숭이가 죽은 이유가 궁금했는데, 알고 보니 배 속의 창자가 끊어졌기 때문이었습니다. 새끼 원숭이를 잃은 슬픔이 어미 원숭이에겐 창자가 끊어질 정도의 아픔이었던 것이었습니다. 이 소식을 듣게 된 장군은 크게 화를 내며 새끼 원숭이를 붙잡은 병사들에게 벌을 주었습니다.

"너희들에게 더 큰 벌을 주고 싶지만, 그러지 않겠다. 너희들도 누군가에게는 ㉠**눈에 넣어도 아프지 않을** 자식이 아니겠느냐? 만약 너희가 큰 벌을 받는다면, 너희 부모님도 저 어미 원숭이처럼 ㉡**단장**의 아픔을 겪어야 할 테니!"

장군의 말을 들은 병사들은 눈물을 흘리며 크게 뉘우쳤습니다. 그리고 다시는 그런 짓을 하지 않겠다고 맹세했습니다.

4 밑줄 친 ㉠과 바꿔 쓸 수 있는 말을 골라 보세요. ─────────────────────── [　　　　]

① 소중한　　　　　② 유용한　　　　　③ 필요한

④ 훌륭한　　　　　⑤ 중요한

5 윗글에서 '㉡단장'이라는 말이 생겨났습니다. 다음의 한자 뜻풀이를 참고해 빈칸을 채워 보세요.

단장 斷腸 끊어질 단 창자 장	한자의 뜻: 창자가 끊어짐
	낱말의 뜻: ☐☐ 을 잃은 부모처럼 ☐☐ 가 끊어질 듯한 슬픔
	예문: 그녀는 **단장**의 아픔으로 울부짖었다.

1 단계

다음의 낱말과 뜻이 알맞도록 선으로 이어 보세요.

[1] 총명 •   • ㉠ 정말

[2] 금세 •   • ㉡ 영리

[3] 정녕 •   • ㉢ 금방

2 단계

다음의 낱말들은 비슷한 뜻을 가지고 있습니다. 그 뜻으로 알맞은 설명에 ○표를 해 보세요.

마디	도막	동강

[1] 매우 짧은 시간 ⸻⸻⸻⸻⸻⸻⸻⸻ [   ]

[2] 짧게 잘라진 것을 세는 단위 ⸻⸻⸻⸻⸻ [   ]

[3] 칼로 무언가를 썰 때 밑에 받치는 것 ⸻⸻⸻ [   ]

3 단계

다음 중 밑줄 친 부분이 [보기]의 '구하다'와 같은 뜻으로 쓰인 문장에 ○표를 해 보세요.

> [보 기]   신사임당은 밤나무를 **구해다** 심었다.

[1] 소방관이 화재 현장에서 사람을 **구했다**. ⸻⸻⸻ [   ]

[2] 감기 걸린 아들을 위해 약을 **구하는** 어머니 ⸻⸻ [   ]

[3] 나는 그에게 용서를 **구했다**. ⸻⸻⸻⸻⸻ [   ]

시간

끝난 시간 [   ] 시 [   ] 분

1회분 푸는 데 걸린 시간 [   ] 분

채점   **독해** 5문제 중   [   ] 개

어법·어휘 5문제 중   [   ] 개

스스로붙임딱지

새옹지마(塞 翁 之 馬)*
변방 새　노인 옹　~의 지　말 마

'새옹지마(塞翁之馬)'는 '인생에서의 좋은 일과 나쁜 일은 항상 바뀌어 헤아릴 수 없다'라는 뜻입니다. 그러니 좋은 일이 생겼다고 너무 좋아할 필요도 없고 나쁜 일이 생겼다고 슬퍼할 필요도 없다는 말입니다.

공부한 날 [　]월 [　]일　시작 시간 [　]시 [　]분

옛날 어느 시골에 한 노인이 살고 있었습니다. 어느 날, 노인이 키우던 말이 오랑캐의 땅으로 달아나 버리는 일이 발생했습니다. 마을 사람들은 이 소식을 듣고 깜짝 놀라며 노인에게 말했습니다.

"어떡해요, 말이 달아나 버리다니…… 오랑캐 땅으로 갔으니 잡기 쉽지 않을 텐데요."

사람들은 걱정스러운 표정으로 노인에게 말했습니다. 그러나 노인은 **태연**한 표정을 지으며 대답 했습니다.

"이 일이 좋은 일이 될지 누가 알겠소."

며칠 후, 노인의 말이 다시 마을로 돌아왔습니다. 그런데 노인의 말은 혼자 온 것이 아니었습니다. 오랑캐의 땅에 살던 아주 뛰어나고 좋은 말과 함께 돌아온 것이었습니다. 마을 사람들은 이 소식을 듣고 또 노인을 찾아갔습니다.

"소식 들었어요. 말이 돌아왔다면서요? 정말 다행이에요."

"그 말이 다른 훌륭한 말도 함께 데려왔다면서요? 정말 잘됐어요."

마을 사람들은 밝은 표정으로 노인에게 한마디씩 축하의 말을 전했습니다. 그런데 이번에도 노인은 태연한 표정을 지으며 말했습니다.

"이 일이 좋지 않은 일이 될지 누가 알겠소."

그로부터 또 며칠 후, 노인의 아들이 오랑캐의 땅에서 온 말을 타다가 떨어지는 일이 일어나고 말았습니다. 마을 사람들은 노인에게 위로의 말을 건넸습니다.

"아들이 다쳤다면서요? 빨리 나아야 할 텐데요."

"맞아요. 아들이 많이 힘들겠어요. 힘내세요."

그러나 이번에도 역시 노인은 태연한 표정으로 말했습니다.

"이 일이 좋은 일이 될지 누가 알겠소."

그로부터 1년 후, 어느 날 이 마을에 오랑캐가 쳐들어왔습니다. 마을에 있는 남자들은 모두 오랑캐와 싸우다 다치거나 죽고 말았습니다. 하지만 노인의 아들만은 살아남았습니다. 그 이유는 말에서 떨어진 후 **절름발이**가 되어 전쟁에 나갈 수 없었기 때문입니다.

이처럼 사람에게 일어나는 일은 좋은 일이 나쁜 일이 될 수도 있고, 반대로 나쁜 일이 좋은 일이 될 수도 있습니다. 사람들은 시골 노인의 이야기를 생각하며 좋은 일이 있을 때나 나쁜 일이 있을 때나 '새옹지마'라는 말을 떠올리게 되었습니다.

1 다음 사건들을 일어난 순서에 맞게 기호를 써 보세요.

> ㉮ 노인의 아들이 다쳤다.
> ㉯ 마을에 오랑캐가 쳐들어왔다.
> ㉰ 노인의 말이 오랑캐 땅으로 달아났다.
> ㉱ 노인의 말이 오랑캐 땅에 살던 말과 함께 돌아왔다.

3주 12회

해설편 006쪽

☐ → ☐ → ☐ → ☐

2 다음 친구들의 대화를 읽고, 느낀 점을 <u>잘못</u> 말한 친구를 골라 보세요. ------------------- [   ]

> **나희:** 항상 좋은 일만 있는 건 아니야.
> **지명:** 앞으로의 일은 아무도 모르는 거야.
> **하라:** 다른 사람을 위로하는 자세가 중요해.
> **예슬:** 그렇다고 항상 불행한 일만 생기는 건 아니지.

① 나희   ② 지명   ③ 하라   ④ 예슬

3 친구들의 대화를 읽고, 빈칸에 들어갈 알맞은 속담을 골라 보세요. ------------------- [   ]

> **동현:** '새옹지마'와 비슷한 말은 무엇이 있을까?
> **태주:** 새옹지마라는 말처럼 우리는 미래를 예측할 수 없어. 우리가 살다 보면 나쁜 일이 좋은
> 일이 되는 경우도 있잖아. 불행한 일이 있더라도 노력과 의지만 있다면 행운으로 바꿀 수
> 있다는 거지. 그런 의미에서 '전화위복'이라는 말과 비슷한 것 같아.
> **도운:** '☐☐☐☐☐☐☐☐☐'라는 속담도 있어! 어둡고 나쁜 일이 좋은 일로 바뀐다는
> 뜻인데, 세상일이 돌고 돈다는 말이야.

① 산 넘어 산이다
② 금강산도 식후경이다
③ 한강 가서 목욕한다
④ 돌다리도 두들겨 보고 건너라
⑤ 음지가 양지 되고 양지가 음지 된다

🔖 **어려운 낱말 풀이** ① **태연** 마땅히 머뭇거리거나 두려워할 상황에서 태도나 기색이 아무렇지도 않은 듯이 예사로움 泰클 태 然그럴 연 ② **절름발이** 한쪽 다리가 짧거나 다치거나 하여 걷거나 뛸 때 몸이 한쪽으로 자꾸 가볍게 기우뚱 거리는 사람을 낮잡아 이르는 말 ③ **음지** 그늘진 곳 陰그늘 음 地땅 지 ④ **양지** 햇볕이 드는 곳 陽볕 양 地땅 지

[4~6] 다음 글을 읽고, 문제를 풀어 보세요.

어느 옛날 노새 두 마리가 산을 넘고 있었습니다. 노새 한 마리는 등에 돈을 잔뜩 지고 있었고, 나머지 하나는 보리를 지고 있었습니다. 돈 자루를 짊어진 노새는 ㉠의기양양해서 보릿자루를 짊어진 노새에게 말했습니다.

"나는 주인에게 사랑을 받아 귀중한 것을 옮기지만, 너는 하찮은 것을 옮길 뿐이구나. 불쌍하기도 하지."

그렇게 돈 자루를 짊어진 노새가 잔뜩 뽐내고 있을 무렵, 도적들이 노새들에게 다가왔습니다. 노새들은 깜짝 놀라 도망치려 했지만 이미 늦은 뒤였습니다. 도적들은 노새들의 짐을 보고 말했습니다.

"보릿자루? 그런 하찮은 것을 가져서 무얼 해. 돈 자루만 빼앗아!"

결국 돈 자루를 짊어진 노새는 짐을 빼앗겼고, 그 와중에 두들겨 맞기까지 했습니다. 그러나 보릿자루를 짊어진 노새를 건드리는 도적은 아무도 없었습니다. 도적들이 떠난 뒤, 보릿자루를 짊어진 노새가 중얼거렸습니다.

"㉡세상일은 어떻게 될지 아무도 알 수 없다더니, 주인의 사랑을 받지 못해 하찮은 것을 짊어진 덕에 괴롭힘을 당하지 않게 될 줄이야……."

– 이솝 우화

4 다음 중 '㉠의기양양해서'와 바꿔 쓸 수 있는 말을 골라 보세요. ────────── [   ]

① 어색해서   ② 우쭐해서   ③ 울적해서
④ 든든해서   ⑤ 시무룩해서

5 밑줄 친 ㉡과 어울리는 고사성어를 써 보세요.

→ ☐ ☐ ☐ ☐

6 도적들이 돈 자루를 짊어진 노새만 괴롭힌 까닭을 짐작해 보고, 빈칸에 채워 완성해 보세요.

☐ ☐ 자 루 는 하찮은 것이라 굳이 빼앗을 필요가 없었기 때문입니다.

1
단계

다음 중 '아주'와 비슷한 뜻을 가진 낱말에 모두 ○표를 해 보세요. (답 2개)

무척	약간	조금

때때로	매우	잠깐

2
단계

다음 중 밑줄 친 부분과 바꿔 쓸 수 있는 말을 골라 번호를 써 보세요.

[1] 그는 언제나 태연한 **표정**이었다. ⸺⸺⸺⸺⸺⸺⸺⸺⸺⸺⸺⸺⸺⸺⸺⸺⸺⸺⸺ [   ]

       ① 머리

       ② 얼굴

[2] 이 세상의 그 무엇도 **하찮지** 않다. ⸺⸺⸺⸺⸺⸺⸺⸺⸺⸺⸺⸺⸺⸺⸺⸺⸺⸺ [   ]

       ① 비싸지

       ② 보잘것없지

3
단계

다음 중 밑줄 친 부분이 [보기]의 '넘다'와 같은 뜻으로 쓰인 것에 ○표를 해 보세요.

> [보 기] 노새 두 마리가 산을 **넘고** 있었습니다.

[1] 어떻게든 되겠지 하고 보낸 시간이 벌써 한 달이 **넘었다.** ⸺⸺⸺⸺⸺⸺⸺ [   ]

[2] 고양이 한 마리가 담을 **넘어** 들어왔다. ⸺⸺⸺⸺⸺⸺⸺⸺⸺⸺⸺⸺⸺ [   ]

[3] 어느새 아들의 키가 아버지를 **넘었다.** ⸺⸺⸺⸺⸺⸺⸺⸺⸺⸺⸺⸺⸺ [   ]

시간
끝난 시간 [   ]시 [   ]분

1회분 푸는 데 걸린 시간 [   ]분

채점
독해 6문제 중 [   ]개

어법·어휘 4문제 중 [   ]개

13회 열 길 물속은 알아도 한 길 사람 속은 모른다*

'길'은 보통 사람의 키 정도 되는 길이입니다. '열 길 물속은 알아도 한 길 사람 속은 모른다'라는 속담은 깊은 물속을 알기가 사람의 마음을 아는 것보다 차라리 쉽다는 말입니다. 즉, 그만큼 '사람들의 속마음을 알기란 매우 힘들다'라는 뜻입니다.

공부한 날 ☐ 월 ☐ 일 시작 시간 ☐ 시 ☐ 분

옛날 어느 나라에 한 왕이 **즉위**①했습니다. 그 왕은 무척 **방탕**②했습니다. 나라를 다스리는 것은 모두 신하들에게 맡긴 채, 밤낮으로 놀기만 했습니다. 그러면서 한 가지 명령을 내렸습니다.

"나에게 감히 이래라저래라 조언을 하는 자가 있다면 큰 벌을 내리겠다."

그러자 겁을 먹은 신하들은 아무도 왕에게 조언하지 못했습니다. 즉위한 지 3년이 지났으나 왕은 나랏일을 전혀 돌보지 않았고, 그동안 신하들은 **부패**③해 백성들을 괴롭혔습니다. 어진 왕 아래였다면 저지르지 못했을 나쁜 일들을, 나랏일에 관심 없는 왕 아래에서 마음껏 저지른 것입니다.

어느 날, 왕의 방탕함과 나라가 망해 가는 것을 보다 못한 한 신하가 왕에게 찾아갔습니다. 그때도 왕은 노느라 정신이 없었습니다. 이를 본 신하가 말했습니다.

"제가 수수께끼를 하나 내겠습니다. 아주 큰 새 한 마리가 있습니다. 그런데 그 새는 3년간 날지도, 울지도 않습니다. 이것은 무슨 새입니까?"

왕은 잠시 생각하더니 미소를 짓고는 말했습니다.

"㉠그 새는 한 번 날아오르면 하늘 끝까지 날아오를 수 있고, 한 번 울면 세상을 놀라게 할 것이오. 당신이 무슨 말을 하고자 하는지 알겠소. 일단은 물러가 계시오."

사실 신하가 낸 수수께끼의 새는 왕이었습니다. 신하는 큰 벌을 각오하고 왕의 잘못을 깨우쳐 주려 했습니다. 그런데 왕은 신하의 숨은 의도를 단번에 이해했고, 큰 벌을 내리지도 않았습니다.

그러나 며칠 후에도 왕의 행동은 변하지 않았습니다. 그러자 또 다른 신하가 나섰습니다.

"더 이상 이렇게 지내서는 안 됩니다. 나라에 도적 같은 관리들이 넘쳐나고 있습니다."

두 번째 신하의 **간언**④에 왕은 기다렸다는 듯 말했습니다.

"이제 때가 되었구려. 내가 이렇게 방탕하게 지낸 것은 **충신**⑤과 **간신**⑥이 누구인지 알아내기 위함이었소. 나에게는 충성스러운 두 신하가 있다는 것을 알았으니, 나와 함께 좋은 나라를 만들어 갑시다."

열 길 물속은 알아도 한 길 사람 속은 모른다는 말이 있듯이, 그 누구도 왕의 속마음을 눈치채지 못하고 있었던 것이었습니다. 왕은 그 이후 나랏일을 다시 돌보기 시작했고, 왕에게 **충심**⑦으로 간언한 두 신하는 가장 높은 자리에 올라 왕과 함께 강하고 살기 좋은 나라를 만들었습니다.

1 [보기]는 왕에게 수수께끼를 낸 신하의 속마음입니다. [보기]의 빈칸에 들어갈 알맞은 말에 ○표를 해 보세요.

[보 기]

[　　　　　　　]을 지적하고 싶지만, 왕을 대놓고 지적하면 예의가 아닐 수 있으니 '3년간 날지도, 울지도 않는 새'에 대한 수수께끼를 내서 왕이 스스로 깨닫도록 해야겠다.

방금 즉위한 왕의 모습	나랏일을 돌보지 않고 놀기만 하는 왕의 모습	강하고 살기 좋은 나라를 만드는 왕의 모습
[　　　]	[　　　]	[　　　]

해설편 007쪽

2 다음은 왕이 밑줄 친 ㉠처럼 말할 때의 속마음입니다. 빈칸을 알맞게 채워 보세요.

'내가 3년 동안 나라를 돌보지 않은 것은, [　　]와(과) [　　]을(를) 가려내기 위함이다. 그 일을 끝마치기만 한다면 그 어느 나라보다 강하고 살기 좋은 나라를 만들 생각이다. 하지만 아직 끝나지 않았기에, 나를 [　　]에 빗대어 대답하겠다.'

3 다음은 이 글의 등장인물에 대해 정리한 것입니다. 등장인물에 대한 설명으로 옳지 않은 것을 골라 보세요. ────────── [　　　]

왕	• 일부러 3년 동안 나랏일을 돌보지 않았음 ────────── ①
수수께끼를 낸 신하	• 왕의 모습을 큰 새에 빗댄 수수께끼를 냄 ────────── ②
	• 큰 벌을 각오했지만, 왕에게 벌을 받지 않았음 ────────── ③
두 번째 신하	• 왕에게 방탕한 생활을 그만두라는 뜻을 돌려서 전함 ────────── ④
	• 첫 번째 신하와 함께 가장 높은 자리에 오르게 됨 ────────── ⑤

어려운 낱말 풀이 | ① **즉위** 임금의 자리에 오름 卽곧 즉 位자리 위　② **방탕** 술이나 노름 따위의 나쁜 것을 즐김 放놓을 방 蕩방탕할 탕　③ **부패** 정치나 사회, 도덕 따위가 나쁜 길에 빠지는 것 腐썩을 부 敗깨트릴 패　④ **간언** 윗사람에게 충고함 諫간할 간 言말할 언　⑤ **충신** 충성스러운 신하 忠충성 충 臣신하 신　⑥ **간신** 자기의 이익만을 따라 행동하는 신하 奸간사할 간 臣신하 신　⑦ **충심** 충성스러운 마음 忠충성 충 心마음 심

[4~5] 다음 글을 읽고, 문제를 풀어 보세요.

일제 강점기 때 '김용환'이라는 사람이 있었습니다. 그는 명문가의 자손으로, 독립운동가였던 할아버지 밑에서 자라났습니다. 그러나 일본에 대항하여 의병까지 일으켰던 할아버지와는 달리, 김용환은 나이가 들어갈수록 점점 더 독립운동에 무관심해졌습니다. 그 대신 김용환은 도박에 푹 빠졌습니다. 김용환은 매일 **노름**①을 벌여 엄청난 돈을 낭비하였습니다.

마을 사람들은 물론이고, 가문의 어른들까지 그런 김용환의 모습에 혀를 찼습니다. 그러든 말든 김용환의 방탕한 생활은 그치지 않았습니다. 결국, 김용환이 죽을 때쯤에는 그 많던 재산이 모두 바닥나게 되었습니다. 사람들은 김용환이 도박에 미쳐 집안을 기울게 했다고 수군거렸습니다.

그러나 김용환이 죽은 후, 놀라운 사실이 밝혀졌습니다. 김용환이 쓴 그 많은 돈은 사실 도박으로 낭비한 것이 아니라, 독립운동가들을 지원하는 데 쓰이고 있었습니다. 김용환은 일본의 매서운 감시를 피하고자 일부러 도박에 빠진 척을 했던 것이었습니다. 그제야 그를 비웃었던 사람들은 김용환의 속내를 깨닫게 되었습니다. 그는 노름에 빠져 집안을 기울게 한 한심한 인간이 아니라, 큰 뜻을 위해 비웃음과 비난을 묵묵히 견뎌낸 진정으로 용기 있는 사람이었습니다.

1995년, 김용환은 독립운동에 힘쓴 **공로**②를 인정받아 **독립 유공자**③로 지정되었습니다. 그리고 아직까지 그의 이야기는 사람들에게 큰 울림을 주고 있으며, 그의 후손들에게는 자랑스러운 조상으로 남게 되었습니다.

4 윗글의 중심인물은 누구인지 써 보세요.

→ 독립운동가 [ ] [ ] [ ]

5 '열 길 물속은 알아도 한 길 사람 속은 모른다'를 활용하여, 김용환의 속내를 깨달은 사람들의 반응을 올바르게 짐작한 것에 ○표를 해 보세요.

"열 길 물속은 알아도 한 길 사람 속은 모른다더니, 어떻게 그렇게 감쪽같이 속일 수 있었을까. 참 대단하신 분이셨는데 비웃었던 게 부끄러워져."	"아무리 그래도 열 길 물속은 알아도 한 길 사람 속은 모르는 법이야. 결국 그 사람은 도박에 빠져 집안을 기울게 한 게 맞아."	"우리 모두 사실 그분이 독립운동을 위해 그러시는 줄 알고 있었잖아? 열 길 물속은 알아도 한 길 사람 속은 모르는 법이니까."
[　　]	[　　]	[　　]

어려운 낱말 풀이 　① **노름** 돈을 걸고 내기하는 것　② **공로** 어떤 일에 대해 쏟은 노력과 수고 功공로 공 勞힘쓸 로
③ **독립 유공자** 일제 강점기에 우리나라의 독립을 위해 힘썼다고 인정받은 사람 獨홀로 독 立설 립 有있을 유 功공로 공 者사람 자

13회 | 어법·어휘편

해설편 007쪽

1
단계

다음의 낱말과 뜻이 알맞도록 선으로 이어 보세요.

[1] 즉위 •

[2] 방탕 •

[3] 간언 •

• ㉠ 윗사람에게 충고함

• ㉡ 왕의 자리에 오름

• ㉢ 술이나 노름 따위의 나쁜 것을 즐김

2
단계

[보기]의 낱말들을 써서 다음 문장의 빈칸들을 채워 보세요.

[보 기]	부패	간신	충심

[1] ☐☐ 한 정치인이 붙잡혀 재판을 받게 되었다.

[2] 폭군의 아래에는 ☐☐ 이(가) 있는 법이다.

[3] 강아지는 인간을 ☐☐ (으)로 따른다.

3
단계

[보기]의 낱말들과 비슷한 관계를 가진 낱말끼리 묶은 것에 ○표를 해 보세요.

[보 기]	진실 – 거짓	모범 – 불량

과일 – 사과	돌멩이 – 바위	충신 – 간신
[ ]	[ ]	[ ]

시간

끝난 시간 ☐시 ☐분

1회분 푸는 데 걸린 시간 ☐분

채점

독해 5문제 중 ☐개

어법·어휘 7문제 중 ☐개

14회 꽁무니를 빼다*

꽁무니는 사람이나 짐승의 몸에서 엉덩이가 있는 뒷부분을 말합니다. '꽁무니를 빼다'라는 말은 '슬그머니 사라지거나 달아난다'라는 뜻을 가지고 있습니다.

공부한 날 ☐월 ☐일 시작 시간 ☐시 ☐분

도마뱀이 **천적**①으로부터 도망치는 방법은 무척 **독특합니다.**② 많은 종류의 도마뱀들은 목숨의 위협을 느낄 때 자신의 꼬리를 자릅니다. 그리고 잘린 꼬리가 주의를 끄는 사이 재빠르게 도망칩니다.

이렇게 자른 꼬리는 다시 자라납니다. 그러나 이 꼬리 자르기는 도마뱀이 가진 **최후**③의 **수단**④입니다. 꼬리를 자르는 것은 잃는 것이 무척 많은 일이기 때문입니다.

우선 도마뱀은 꼬리에 많은 영양분을 저장하고 다닙니다. 꼬리를 마치 식량 창고처럼 쓰는 것입니다. 그래서 꼬리를

↑ 도마뱀

자르는 것은 많은 식량을 잃게 되는 것과 같습니다. 꼬리를 자른 도마뱀은 꼬리를 재생하는 데 모든 **영양분**⑤을 집중합니다. 꼬리가 다시 자라는 데는 2주에서 3주 정도가 걸립니다.

이렇게 다시 자란 꼬리는 원래의 꼬리에 비해 부족합니다. 대부분 뼈가 없이 자라고, 길이가 짧아지거나 색이 달라지는 경우도 있습니다. 또한 도마뱀의 꼬리는 몸의 **균형**⑥을 잡는 데 중요한 역할을 하기 때문에 꼬리가 빠졌던 도마뱀은 위험이 닥쳤을 때 빠르게 도망치지 못할 수도 있습니다.

등산을 가거나 숲으로 놀러가 도마뱀을 만나게 된다면 너무 **위협**⑦하지 않는 게 좋습니다. 꼬리를 자르고 **꽁무니를 빼는*** 모습이 무척 신기하겠지만, 도마뱀은 살기 위해 자신의 많은 부분을 자르는 것이기 때문입니다.

어려운 낱말 풀이

① 천적 잡아먹는 동물을 잡아먹히는 동물에 상대하여 이르는 말 天하늘 천 敵원수 적
② 독특합니다 특별하게 다릅니다 獨홀로 독 特특별할 특 -
③ 최후 맨 마지막 最가장 최 後뒤 후
④ 수단 어떤 일을 하는 방법 手손 수 段층계 단
⑤ 영양분 생물이 살아가는 데 필요한 성분 營경영할 영 養기를 양 分나눌 분
⑥ 균형 어느 한쪽으로 치우치지 않고 고름 均고를 균 衡저울대 형
⑦ 위협 말이나 행동으로 으르고 겁주는 것 威위엄 위 脅위협할 협

1 이 글의 제목으로 가장 알맞은 것을 골라 보세요. ─────────────────────── [　　　　]

① 도마뱀이 사는 곳: 숲과 산

② 도마뱀의 식사 습관: 영양분은 골고루!

③ 도마뱀 최후의 수단: 꼬리를 내놓고, 목숨을 구한다.

2 다음은 이 글을 정리한 것입니다. [보기]를 보고 빈칸에 알맞은 낱말을 써 보세요.

[보 기]	균형	저장	부족

도마뱀의 꼬리 자르기가 최후의 수단인 까닭	
까닭 1	까닭 2
꼬리에 많은 영양분을 ☐☐ 하고 다니기 때문에	다시 자란 꼬리는 원래의 꼬리에 비해 ☐☐ 해 ☐☐ 을 잡기 힘들기 때문에

3 다음 중 '꽁무니를 빼다'가 올바르게 쓰인 문장을 골라 보세요. ─────────── [　　　　]

① 간식 시간이 되자, 아이들은 줄을 서며 **꽁무니를 뺐다.**

② 사기꾼은 거짓말이 들통나자 슬금슬금 **꽁무니를 뺐다.**

③ 등굣길에 옆집 아주머니를 만난 누나는 반가운 얼굴로 **꽁무니를 뺐다.**

④ 악단의 훌륭한 연주가 끝나자 사람들은 자리에서 일어나 **꽁무니를 뺐다.**

⑤ 물에 빠진 사람이 도움을 구하자, 구조대원은 빠르게 달려가 **꽁무니를 뺐다.**

4 다음 [말 카드]를 보고, 선생님의 말 속 빈칸에 들어갈 낱말을 써 보세요.

[말 카드]	리	자	꼬	기	르

선생님: '☐☐☐☐☐'라는 말은 실생활에서도 쓰입니다. 이 말은 몇몇 사람들의 잘못으로 집단 전체가 위기에 처했을 때, 그 몇몇 사람들에게 모든 책임을 지게 하고 내쫓는 것을 뜻합니다. 도마뱀이 몸의 일부인 꼬리를 잘라 목숨을 구하는 것처럼, 일부를 내쫓아 집단 전체가 위기에서 벗어나는 것입니다.

[5~6] 다음 글을 읽고, 문제를 풀어 보세요.

신라 시대에 중국 당나라에서 공부를 하던 '최치원'은 '황소'가 **반란**^①을 일으키자 글을 써서 전국에 붙였습니다.

> 지금 네가 반란을 일으킨 것은, 물고기가 솥 안에서 헤엄치며 즐거워하는 것과 같다. 눈앞에 닥친 죽을 운명을 생각하지 못하고 말이다. 나는 지금 귀신도 무찌르는 **용맹한**^② 장군들과 너를 잡으러 가고 있다. 우리에게 잡히면 너는 용광로 속에 새털을 넣는 것처럼, 큰 산을 들어 계란을 짓누르는 것처럼 **형체**^③도 없이 사라지고 말 것이다. (중략)
>
> 마침내 우리 군대가 몰아친다면 지금 너를 떠받드는 사람들은 사방으로 흩어지며 꽁무니를 뺄 것이다. 이런 때를 당한 뒤에는 후회를 해도 늦으니, 너는 어리석음을 버리고 항복하기를 바란다. –토황소격문

황소는 최치원의 이 글을 보고 화들짝 겁을 먹어 **침상**^④에서 떨어질 정도였다고 합니다. 최치원이 쓴 글은 '토황소격문'이라고 불리며, 이 글을 읽은 사람들은 모두 그의 글 실력에 감탄을 금하지 못하였습니다.

5 다음 중 '최치원'이 '황소'에게 글을 쓴 까닭을 골라 보세요. ----------------- [   ]

① 겁을 먹고 도망치는 황소를 조롱하기 위해

② 당나라 사람들에게서 반란을 이끌어 내기 위해

③ 반란을 일으킨 황소를 위협하고, 항복을 이끌어 내기 위해

6 '토황소격문'을 보고 당나라의 사람들이 했을 생각으로 알맞은 것에 ○표를 해 보세요.

와, 내가 황소였다면 이 글을 읽고 당나라의 군대가 들이닥치기 전에 꽁무니를 뺐을 거야.	와, 내가 황소였다면 이 글을 읽고 크게 용기를 얻어 당나라 군사와 맞서 싸울 거야.
[ ]	[ ]

어려운 낱말 풀이 ┃ ① **반란** 나라나 단체에서 정부나 지도자를 몰아내려고 일으키는 싸움 叛배반할 반 亂어지러울 란
② **용맹한** 용감하고 사나운 勇날쌜 용 猛사나울 맹 - ③ **형체** 겉으로 보이는 생김새. 또는 바탕이 되는 몸체
形모양 형 體몸 체 ④ **침상** 위가 넓고 다리가 달려 누워 잘 수 있게 만든 가구 寢잘 침 牀평상 상

1 단계

[보기]를 보고 빈칸에 알맞은 낱말을 채워 보세요.

[보 기]	균형	형체	수단

[1] ☐☐ 와(과) 방법을 가리지 않고 해내야만 했다.

[2] 일과 삶의 적절한 ☐☐ 을(를) 찾는 것이 중요하다.

[3] 어릴 적 놀던 놀이터는 이제 ☐☐ 도 찾아볼 수 없었다.

2 단계

밑줄 친 낱말의 알맞은 뜻을 골라 번호를 써 보세요.

[1] 얼룩말의 무늬는 **독특합니다.** ┈┈┈┈┈┈┈┈┈┈┈┈┈┈┈┈┈ [   ]
        ① 거의 비슷하다.
        ② 특별하게 다르다.

[2] 우리나라의 양궁은 세계적으로 그 **명성을 떨치고** 있습니다. ┈┈┈┈┈ [   ]
            ① 이름이나 기세를 널리 알리다.
            ② 높은 곳에서 아래로 떨어지다.

3 단계

다음 중 낱말들의 관계가 [보기]와 <u>다른</u> 낱말 짝을 골라 보세요. ┈┈┈┈ [   ]

[보 기]		
음식	—	라면

① 계절 – 겨울   ② 의복 – 바지   ③ 과학 – 사회
④ 동물 – 토끼   ⑤ 필기구 – 지우개

시간  끝난 시간 ☐시 ☐분
1회분 푸는 데 걸린 시간 ☐분

채점 독해 6문제 중 ☐개
어법·어휘 6문제 중 ☐개

사자성어
어떤 일에 대한 교훈이나 일어난 까닭을 한자 네 자로 표현한 말

학수고대(鶴 首 苦 待)*
학 학   머리 수   쓸 고   기다릴 대

누군가를 향해 학의 목처럼 목을 길게 빼고 간절하게 기다리는 상황을 두고 '학수고대(鶴首苦待)'한다고 표현합니다. 즉, **'몹시 애타게 기다림'**이라는 뜻입니다.

공부한 날 [ ]월 [ ]일 시작 시간 [ ]시 [ ]분

제가 뤼르봉 산에서 양을 치고 있을 때의 이야기입니다.

저는 항상 홀로 목장에 남아 있어야 했고, 제 친구라고는 책 몇 권과 양떼들 정도였습니다. 이따금 약초를 찾는 **심마니**①들이 지나가거나 숯 굽는 사람이 나무를 하러 나타나기도 했지만, 그들은 저에게 좀처럼 입을 열지 않는 **순박한**② 사람들이었습니다.

저는 2주마다 보름치의 양식을 실어다 주는 꼬마 미아로와 노라드 아주머니를 눈이 빠지도록 기다렸습니다. 두 사람은 노새가 끄는 수레를 타고 왔습니다. 그래서 노새의 방울 소리가 언덕길에서 들려오면 저는 너무 기뻐서 어쩔 줄을 몰랐습니다.

저는 두 사람에게 산 밑에 있는 마을에서 일어난 소식을 캐물었습니다. 뤼르봉 산에서는 사람을 만나지 못하기 때문에, 어느 집 어린이가 **세례**③를 받았고 누가 결혼을 했는지 같은 사소한 일마저 무척 궁금했습니다. 하지만 무엇보다도 스테파네트 아가씨가 어떻게 지내는지 가장 궁금했습니다.

어느 일요일이었습니다. 저는 보름치의 식량이 오기를 **학수고대**＊하며 기다리고 있었습니다. 그런데 그날따라 오후까지도 미아로와 노라드 아주머니가 나타나지 않았습니다.

아침에는 미사를 드리고 오기 때문에 늦을 수도 있겠다고 생각했습니다. 하지만 점심때쯤 되어 소나기가 퍼부었기 때문에, 저는 그만 초조해졌습니다. 길이 진흙탕이 된 탓에 노새를 몰고 출발할 수가 없는지도 모르는 일이었습니다. 저는 그렇게 생각하며 초조한 마음을 달래려고 애썼습니다. 그러다 세 시쯤 되었을 때 소나기가 그쳤습니다. 하늘은 말끔히 씻겼고, 비에 젖은 산은 햇빛에 눈부시게 반짝였습니다.

㉠어디선가 방울 소리가 들렸습니다. 그 소리가 얼마나 경쾌했던지 꼭 성당에서 울리는 종소리처럼 들렸습니다.

노새를 몰고 나타난 사람은 꼬마 미아로도 아니고 노라드 아주머니도 아니었습니다. 그 사람은…… 누구였을까요? 뜻밖에도 바로 스테파네트 아가씨였습니다. 우리 아가씨가 몸소 노새가 끄는 수레에 의젓하게 올라타고 있었습니다. 아가씨의 얼굴은 산의 맑은 **정기**④와 소나기 뒤에 싸늘하게 씻긴 바람을 쏘여 온통 발갛게 상기되어 있었습니다.

– 알퐁스 도데, 「별」 중

📜 어려운 낱말 풀이

① 심마니 산삼 등 약초를 캐는 사람
② 순박한 거짓이나 꾸밈이 없이 순수하며 정이 많은 淳순박할 순 朴순박할 박 -
③ 세례 기독교에 입교하는 사람에게 모든 죄악을 씻는 표시로 베푸는 의식 洗씻을 세 禮예도 례
④ 정기 생기 있고 빛이 나는 기운 精깨끗할 정 氣기운 기

1 이 이야기에서 '나'가 눈이 빠지도록 기다렸던 사람에게 <u>모두</u> ○표를 해 보세요. (답 2개)

숯 굽는 사람	미아로	노라드 아주머니	심마니
[ ]	[ ]	[ ]	[ ]

2 다음 중 '나'가 사람들을 기다린 까닭으로 알맞은 것을 골라 보세요. ──────── [   ]

① 책과 양떼들을 좋아하지 않았기 때문에

② 대신 일을 맡기고 마을에 내려가 볼 수 있어서

③ 보름치의 양식을 받고 마을에서 일어난 소식을 듣기 위해

④ 지난 보름 동안의 식량이 모두 떨어졌기 때문에

⑤ 스테파네트 아가씨를 찾아가 이야기를 나눌 수 있어서

3 이 이야기의 내용으로 미루어 볼 때, 밑줄 친 ㉠에서 '나'의 기분으로 가장 알맞은 것을 골라 보세요.

──────────────────────────────────── [   ]

① 시끄러워 짜증이 났을 것이다.

② 누군지 알지 못해서 경계했을 것이다.

③ 늦게 도착했다는 생각에 반갑지 않았을 것이다.

④ 애타게 기다리던 중이라 무척 기뻤을 것이다.

⑤ 처음 듣는 소리여서 관심 없었을 것이다.

4 다음은 '학수고대'의 한자입니다. 각 한자의 뜻을 보고 빈칸을 채워 뜻풀이를 완성해 보세요.

사자성어의 한자	鶴	首	苦	待
	학 학	머리 수	쓸 고	기다릴 대

'학수고대'는 '☐처럼 ☐☐를 길게 빼고 애타게 기다린다'는 뜻으로 간절하게

기다림을 표현하는 말입니다.

5 다음 중 '학수고대'라는 말이 어울리는 친구에 ○표를 해 보세요.

아끼던 장난감을 잃어버려서 집안을 샅샅이 뒤지고 다니는 **민철**	주방에서 맛있는 냄새가 나자 어떤 음식일까 상상하는 **원중**	멀리 이사 갔던 친구가 놀러 온다는 말을 듣고 목을 빼고 기다리는 **훈석**
[ ]	[ ]	[ ]

6 다음 신문 기사를 읽고 ㉠ ~ ㉤ 중 '학수고대'와 가장 어울리는 부분을 골라 보세요. ⋯⋯ [   ]

뿌리일보	날짜 2020. 5. 18

"언제 비가 내릴까" 농민들의 간절한 기다림

가뭄이 지속되고 있는 지역에서는 비가 언제 내리느냐가 가장 큰 고민이라고 합니다. ㉠논바닥은 쩍쩍 갈라지고 근처의 냇물까지 모두 말라 버렸습니다. ㉡결국 모내기를 포기한 논 주인은 이렇게 말했습니다.

"㉢정말 최악의 상황입니다. ㉣사흘 안에 비가 내리지 않으면 올해 농사는 모두 포기해야 할지도 모릅니다."

논농사를 통해 살아가는 농민들의 시름이 깊어졌습니다. ㉤많은 사람이 한시라도 빨리 비가 내려 주기를 간절히 기다리고 있습니다.

한유진 기자(hanyujin@toptutor.com.kr)

① ㉠   ② ㉡   ③ ㉢

④ ㉣   ⑤ ㉤

1단계

[보기]를 보고, 밑줄 친 부분이 올바르지 <u>않게</u> 쓰인 문장에 ○표를 해 보세요.

[보기]	권: 책을 세는 단위

[1] 이 책은 세상에 한 **권**뿐이야. ⸺⸺⸺⸺⸺⸺⸺⸺⸺⸺ [   ]

[2] 도서관에는 책이 도대체 몇 **권**이나 있을까? ⸺⸺⸺⸺⸺⸺ [   ]

[3] 나는 현금으로 만 원짜리 3**권**이 전부야. ⸺⸺⸺⸺⸺⸺⸺ [   ]

2단계

다음 문장이 자연스럽도록 빈칸에 알맞은 낱말을 [보기]에서 찾아 써 보세요.

[보기]	양식	세례	초조

[1] 부랑자들은 단지 그날그날의 [ ][ ]이(가) 필요했다.

[2] 집에 혼자 있을 동생을 생각하니 마음이 [ ][ ]해졌다.

[3] 오늘은 성당에서 [ ][ ]을(를) 받는 날이다.

3단계

다음 대화를 읽고 밑줄 친 낱말의 뜻과 일치하도록 선으로 이어 보세요.

> 정연: 태풍이 계속되어서 택배가 **보름** 후에나 도착한다는 연락이 왔어.
>
> 순찬: **열흘**도 아니고 **보름**씩이나? 그거 부모님 생신 날짜에 맞춰서 주문했던 거 아니었니?
>
> 정연: 맞아. 처음에는 **사흘**에서 **나흘** 정도면 도착한다고 했었는데 태풍이 좀처럼 멈추질
> 않아서 보름까지 늘어났지 뭐야.

[1] 보름　　•　　　　　　　•　㉠ 세 날, 3일

[2] 열흘　　•　　　　　　　•　㉡ 열 날, 10일

[3] 사흘　　•　　　　　　　•　㉢ 네 날, 4일

[4] 나흘　　•　　　　　　　•　㉣ 열닷새 동안, 15일

시간　끝난 시간 [ ]시[ ]분
1회분 푸는 데 걸린 시간 [ ]분

채점　독해 6문제 중 [ ]개
어법·어휘 8문제 중 [ ]개

너도밤나무? 나도밤나무?

너도밤나무와 나도밤나무의 이름은 정말 재미있습니다. 얼핏 들으면 마치 누군가 농담으로 붙인 이름 같지만, 너도밤나무와 나도밤나무는 실제로 널리 알려진 나무의 이름입니다. 두 나무는 모두 겉보기에 밤나무를 닮았지만 밤나무와는 전혀 다른 특징을 가지고 있습니다.

↑ 울릉도에서만 자라는 너도밤나무(출처: 국립수목원)

↑ 밤나무보다 큰 잎을 가진 나도밤나무(출처: 국립수목원)

너도밤나무는 우리나라에서는 오직 울릉도에서만 볼 수 있는 나무입니다. 그래서 멸종위기식물종으로 지정되어 너도밤나무가 모여 자라는 원시림은 천연기념물로 보호받고 있습니다. 너도밤나무는 밤 대신 작은 세모 모양의 열매를 맺습니다. 이 열매는 맛도 밤과 비슷하지만 조금 더 떫어서 식용으로는 좋지 않습니다. 잎 모양도 밤나무와 매우 닮았기 때문에 너도밤나무는 밤나무의 친척 같은 나무라고 할 수 있습니다.

한편 나도밤나무는 겉보기에 밤을 닮은 새빨갛고 콩알 만한 열매를 주렁주렁 달고 있지만, 이 열매에는 독이 들어 있기 때문에 섭취할 경우 설사나 구토 증상을 일으킬 수 있습니다. 하지만 공기를 정화하는 능력도 뛰어나고 밤나무보다 넓고 큰 이파리로 여름철 큰 그늘을 만들어 주기 때문에 나도밤나무는 공원에서 매우 사랑받는 가로수입니다.

우리나라의 식물 가운데에는 이처럼 '너도'와 '나도'가 붙어 만들어진 이름이 자주 등장합니다. 너도바람꽃과 나도바람꽃, 너도양지꽃과 나도양지꽃 같은 이름이 그렇습니다. 여기에는 재미있는 규칙이 있는데, '너도'가 붙은 식물이 원래의 식물과 조금 더 비슷하다는 것입니다. 너도밤나무 역시 나도밤나무에 비해 밤나무와 닮은 특징이 많다는 것을 떠올려 보면, 우리 조상들이 재치 있는 이름을 붙일 때에도 이러한 규칙을 꼭 지켰다는 것을 알 수 있습니다.

4주차

주간학습계획표

한 주간의 계획을 먼저 세워보세요. 매일 학습을 마친 후 맞힌 문제의 개수를 쓰세요!

회차	영역	학습 내용	학습계획일	맞은 문제수
16회	속담	**내 코가 석 자** 코는 '콧물'을 말하고, 석 자는 약 90cm를 말합니다. 콧물이 90cm나 늘어나 땅바닥에 닿으면 당황하여 자기 앞가림을 하기가 어려워지겠지요. 그래서 '**내 코가 석 자**'라는 말은 '**당장 자신의 처지가 대단히 곤란해서 남을 돌볼 여유가 없다**'라는 뜻입니다.	월 일	독해 6문제 중 개 어법·어휘 6문제 중 개
17회	관용어	**쐐기를 박다** '쐐기'는 나무를 길게 잘라서 짠 물건들을 연결할 때, 연결 부분을 고정시키기 위해 박아 넣는 것을 말합니다. 따라서 '**쐐기를 박다**'라는 말은 '**더 이상 다른 상황이 생기지 않도록 미리 단단하게 만들어 버리는 경우**'에 쓰입니다.	월 일	독해 6문제 중 개 어법·어휘 6문제 중 개
18회	고사성어	**우공이산(愚公移山)** 끊임없이 노력해서 그 일을 이루었을 때 '**우공이산(愚公移山)**'이라는 표현을 사용합니다. 말 그대로 산을 옮긴다는 뜻으로, '**어떤 일이든 끊임없이 노력하면 반드시 이루어짐**'을 뜻하는 표현입니다.	월 일	독해 5문제 중 개 어법·어휘 5문제 중 개
19회	속담	**하늘의 별 따기** 하늘에 있는 별을 딴 사람의 이야기를 듣거나 본 적이 있나요? 거의 실현 가능성이 없는 일이죠. 따라서 '**하늘의 별 따기**'란 '**하늘에 있는 별을 따는 것만큼 매우 어려운 일**'을 뜻합니다.	월 일	독해 5문제 중 개 어법·어휘 6문제 중 개
20회	관용어	**하늘이 노랗다** 너무 큰 충격을 받으면 쓰러질 것만 같은 기분을 느끼게 됩니다. 그때는 하늘이 노랗게 보이게 됩니다. '**하늘이 노랗다**'는 이처럼 '**너무 큰 충격을 받아 정신이 아찔해질 때**' 쓰는 말입니다.	월 일	독해 5문제 중 개 어법·어휘 5문제 중 개

16회

내 코가 석 자*

코는 '콧물'을 말하고, 석 자는 약 90cm를 말합니다. 콧물이 90cm나 늘어나 땅바닥에 닿으면 당황하여 자기 앞가림을 하기가 어려워지겠지요. 그래서 '내 코가 석 자'라는 말은 '당장 자신의 처지가 대단히 곤란해서 남을 돌볼 여유가 없다'라는 뜻입니다.

공부한 날 ☐ 월 ☐ 일 시작 시간 ☐ 시 ☐ 분

눈이 매섭게 내리던 어느 날, 선다 싱은 극한①에 떨며 히말라야 산맥에 있는 산을 오르고 있었습니다. 그때 멀리서 한 여행자가 다가왔습니다. 이 둘은 서로 같은 마을로 가고 있다는 것을 알고는 함께 걷기로 하였습니다. 거친 눈보라를 맞으며 힘겹게 걷던 도중에 그들은 눈 위에 쓰러져 있는 사람을 발견하였습니다. 그 사람은 크게 다쳐 곧 죽을 것만 같았습니다.

"우리 이 사람을 같이 데리고 갑시다. 이대로 두고 가면 분명 죽고 말 것입니다."

선다 싱은 다친 사람을 데려가자고 제안하였지만, 여행자는 고개를 가로저었습니다.

"무슨 말입니까? 내 코가 석 자*요. 안타깝기는 하지만, 추위에 이 사람까지 업고 가다간 우리도 살기 힘들 거요. 한 명을 살리려다 셋 모두 죽게 될 거란 말이요. 그냥 갑시다."

사실 그렇기는 했습니다. ☐ (가) ☐ 불쌍한 사람을 차마 두고 갈 수는 없어서 선다 싱이 머뭇거리자, 여행자는 쯧쯧 혀를 차며 먼저 떠나버렸습니다.

선다 싱은 혼자서 다친 사람을 업고 겨우겨우 걸음을 떼었습니다. 앞서 가버린 여행자의 모습은 이미 보이지 않았습니다. 다친 사람을 업은 선다 싱은 갈수록 힘이 들었습니다. 그렇게 한참을 걷다 보니 선다 싱의 땀과 열 때문에 다친 사람이 차츰 의식②을 회복하기 시작했습니다. ☐ (나) ☐ 선다 싱도 그 사람의 몸에서 나는 따뜻한 온기 덕분에 꽁꽁 언 몸이 어느새 녹기 시작했습니다.

마침내 그들이 마을 어귀③에 다다랐을 때, 또 다른 사람이 쓰러져 죽어 있는 것을 발견했습니다. 얼굴을 확인한 선다 싱은 놀라지 않을 수 없었습니다. 그 사람은 다름 아닌 혼자 살기 위해 먼저 가버린 여행자였습니다. 선다 싱은 걸어오는 내내 다친 사람과 체온을 나누며 서로 몸을 덥혀주었지만, 홀로 걷던 여행자는 모진 추위에 그만 얼어 죽고 만 것입니다.

– 관련 교과: 중등 도덕 1 '1. 도덕적인 삶'

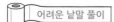 어려운 낱말 풀이 | ① **극한** 몹시 심하여 견디기 어려운 추위 極다할 극 寒찰 한   ② **의식** 사람이 깨어 있을 때 자신이나 사물에 대해 알게 되는 정신의 상태 意뜻 의 識알 식   ③ **어귀** 들어가는 통로, 입구

1 다음 중 이 이야기가 일어난 배경으로 알맞은 그림을 골라 보세요. ·························· [   ]

①    ②    ③

2 [보기]는 선다 싱이 겪은 일을 정리한 것입니다. 일어난 순서에 맞게 기호를 써 보세요.

> [보 기]　　㉠ 눈 위에 다쳐서 쓰러져 있는 사람을 발견하였다.
> 　　　　　　㉡ 마을 어귀에서 얼어 죽은 여행자를 발견하였다.
> 　　　　　　㉢ 여행자와 의견을 다투었다.
> 　　　　　　㉣ 다친 사람을 업고 걸어갔다.
> 　　　　　　㉤ 한 여행자를 만나 같이 길을 가게 되었다.

[ ] → [ ] → [ ] → [ ] → [ ]

3 빈칸 (가)와 (나)에 들어갈 알맞은 이어주는 말을 골라 보세요. ·························· [   ]

	(가)	(나)
①	하지만	왜냐하면
②	왜냐하면	한편
③	물론	그렇지만
④	그래서	그리고
⑤	그렇다고	게다가

4 '선다 싱'과 '여행자'가 각각 한 행동과 그 결과를 각각 선으로 이어 보세요.

인물	행동	결과
선다 싱 ·	· '내 코가 석 자'라며 먼저 떠남 ·	· 마을 어귀에서 얼어 죽은 채 발견됨
여행자 ·	· 다친 사람을 업고 힘겹게 걸음 ·	· 따뜻한 체온을 나눠 함께 살아 남음

5 다음은 '내 코가 석 자'의 뜻을 설명한 글입니다. 빈칸을 채워 밑줄에 들어갈 뜻풀이를 완성해 보세요.

'자'는 길이를 세는 단위입니다. 한 자는 약 30 cm 정도이니, 석 자는 거의 1m나 됩니다. 그렇다면 '내 코가 석자'라는 말은 코가 자라나 피노키오처럼 되었다는 말일까요? 그런 뜻이 아니라 여기서 '코'는 '콧물'을 뜻하는 말입니다. 감기에 걸려 콧물이 땅바닥에 닿을 만큼 길게 늘어지면 창피하여 휴지를 찾느라 정신없을 것입니다.

따라서 '내 코가 석 자'라는 말은 [ ][ ]이 [ ][ ] 늘어지면 당황하여 자신의 상황만 생각하게 되는 것처럼, [ㄴ] 처지가 곤란하여 [남]을 돌볼 여유가 없다는 것을 뜻합니다.

6 다음 중 '내 코가 석 자'라는 말을 바르게 쓰지 <u>않은</u> 친구에 ○표를 해 보세요.

모두 다 **내 코가 석 자**라며 나서지 않을 때, **연주가** 함께 돕겠다며 조용히 손을 들었다. ·································· [   ]

지호는 식물에 대해 아는 것이 많다는 칭찬을 듣고는 **내 코가 석 자**라며 으쓱댔다. ·································· [   ]

지희는 수영대회 준비로 바빠 **내 코가 석 자**라며 친구의 병문안을 가지 못한다고 하였다. ·································· [   ]

1단계

다음의 낱말과 뜻이 알맞도록 선으로 이어 보세요.

[1] 어귀 •
[2] 제안 •
[3] 회복 •

• ㉠ 의견이나 원하는 바를 내놓음
• ㉡ 원래의 상태로 되돌아가거나 차차 나아짐
• ㉢ 드나드는 목의 첫머리, 입구

2단계

빈칸에 들어 갈 알맞은 신체 부위를 골라 번호를 써 보세요.

[1] 다른 가방이 더 마음에 든다며 [ ] 가로저었다. ──────── [   ]

　① 무릎을
　② 고개를

[2] 그렇게 해서는 제때 끝낼 수 없을 거라며 [ ] 찼다. ──────── [   ]

　① 발을
　② 혀를

3단계

다음 중 밑줄 친 부분이 [보기]와 같은 의미로 쓰인 문장을 골라 보세요.

> [보 기] **거칠다**: **거친** 눈보라를 맞으며 힘겹게 걷고 있었습니다.

[1] **거친** 땅을 일구어 기름진 밭으로 바꾸어 놓았습니다. ──────── [   ]

[2] 누군가 문을 **거칠게** 두드리는 소리에 잠을 깼습니다. ──────── [   ]

[3] 더운 여름에는 **거친** 삼베로 시원한 옷을 지어 입었습니다. ──────── [   ]

[4] **거친** 파도 때문에 모든 배가 운행을 멈추었습니다. ──────── [   ]

시간 끝난 시간 [   ]시[   ]분

1회분 푸는 데 걸린 시간 [   ]분

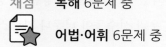

채점 독해 6문제 중 [   ]개

어법·어휘 6문제 중 [   ]개

'쐐기'는 나무를 길게 잘라서 짠 물건들을 연결할 때, 연결 부분을 고정하기 위해 박아 넣는 것을 말합니다. 따라서 '쐐기를 박다'라는 말은 '더 이상 다른 상황이 생기지 않도록 미리 단단하게 만들어 버리는 경우'에 쓰입니다

공부한 날 ☐ 월 ☐ 일 시작 시간 ☐ 시 ☐ 분

1% 기적의 드라마, 손흥민의 골이 승리에 쐐기를 박다*

뿌리신문 2018. 6. 28.

신태용 감독이 이끄는 한국 축구 대표팀이 28일 러시아에서 열린 2018 월드컵 **조별 리그**[①] F조 독일과의 경기에서 2-0으로 승리했다. 16강 진출에는 결국 실패했지만, F조 3위로 오르면서 지난 월드컵의 우승팀이었던 독일보다 순위가 앞서게 되어 한국 축구의 자존심을 지켜 냈다. 독일이 월드컵에서 조별 리그를 통과하지 못한 것은 처음 있는 일이다.

신태용 감독은 "1%의 가능성만 있어도 도전해야 한다."며 선수들을 **북돋았고**[②], 대표팀이 실력을 가장 잘 발휘할 수 있도록 작전을 짰다. 선수들도 온 힘을 다해 경기를 뛰었다.

독일이 워낙 강력한 팀인 만큼 전반전 내내 한국은 수비에 중심을 두는 조심스러운 경기를 펼쳤다. 하지만 독일의 틈이 보이는 대로 날카로운 공격을 시도했다. 전반 18분 정우영이 예리한 **프리킥**[③]을 차자, 세계 최고라 손꼽히는 독일 대표팀의 골키퍼 마누엘 노이어도 움찔했다. 전반 25분에는 손흥민이 찬 공이 골대 모서리를 살짝 비켜 가서 안타까움을 **자아내기도**[④] 했다. 독일의 마르코 로이스, 티모 베르너가 강력한 슛을 날렸지만, 윤영선과 김영권이 몸으로 공을 막아 냈다.

후반전은 더욱더 치열했다. 정우영이 **중거리슛**[⑤]을 차면서 공격을 시작하자, 레온 고레츠카가 헤딩슛으로 맞받아쳤다. 계속해서 독일의 공격이 세차게 몰아쳤고, 한국의 수비는 단단하게 막아냈다. 그 가운데 손흥민과 장현수가 적극적으로 **역습하자**[⑥] 독일도 수비를 게을리할 수 없었다.

경기의 마지막에 한국은 득점의 기회를 놓치지 않았다. 추가 시간 4분이 지났을 때 김영권은 마침내 독일의 골망을 세차게 흔들었다. 그리고 종료 1분 전 ㉠손흥민이 텅 빈 골문으로 달려가 승리에 쐐기를 박았다.

↑ 2018 러시아 월드컵 F조 조별 리그 3차전 한국과 독일 경기에서 손흥민 선수가 후반 추가 시간에 추가골을 성공시키고 있다. (출처: 연합뉴스 사진)

종료를 알리는 호루라기 소리가 울리자, 득점의 주인공 김영권과 손흥민, 그리고 신태용 감독은 모두 경기장에서 **부둥켜안고**[⑦] 하나가 되었다. **선제골**[⑧]을 넣은 김영권은 "끝까지 포기하지 않은 동료들에게 고맙다."라며 울먹였고, 손흥민도 "우리 선수들이 너무나 자랑스럽다."라고 말하며 기뻐했다.

1 다음은 이 기사를 읽고 경기 내용을 기록해 놓은 메모입니다. 옳지 <u>않은</u> 부분을 골라 보세요.

-- [   ]

2018년 러시아 월드컵 조별 리그 F조 한국 vs 독일 경기
- 한국은 전반전 내내 수비에 중점을 두는 경기를 보여 주었다. ------------------ ①
- 전반 18분, 정우영이 예리한 프리킥을 시도하였다. ------------------------ ②
- 전반 25분, 손흥민의 공이 골대로 들어가 첫 골을 기록하였다. -------------- ③
- 추가 시간이 4분 지나자 김영권은 독일의 골망을 흔들었다. ---------------- ④
- 결국 2-0으로 한국이 경기에서 승리하였다. ---------------------------- ⑤

2 다음 중 신태용 감독이 선수들에게 한 말로 알맞은 것을 골라 선으로 이어 보세요.

• "힘을 비축해 두었다가 다음
경기를 준비하자."

• "1%의 가능성만 있어도
도전해야 한다."

•

3 이 기사를 읽고 느낀 점을 알맞게 말한 친구에 ○표를 해 보세요.

소연: 비록 경기에서는
졌지만 한국의 멋진
모습을 보여 주었으니
괜찮아. 최선을 다한
선수들이 자랑스러워.

재호: 끝까지 포기하지
않고 도전하는 선수들의
모습이 인상적이었어.
선수들의 노력 덕분에
승리까지 이뤄 낼 수
있었던 것 같아.

철웅: 선수들의 안일한
태도가 문제였다고
생각해. 조금만 더
노력했더라면 경기에서
충분히 이길 수 있었을
텐데 아쉬워.

[   ]   [   ]   [   ]

어려운 낱말 풀이 : ① 조별 리그 경기에 참가한 모든 팀을 여러 조로 나눈 후 같은 조에 속한 팀끼리 서로 한 번 이상 겨루는 경기 방식 組짤 조 別나눌 별 -   ② 북돋았고 기운이나 정신을 높여 주었고   ③ 프리킥 심판에 의하여 반칙이 주어졌을 때 상대팀에게 주어지는 킥   ④ 자아내기도 어떤 감정이나 생각이 나오도록 일으키기도   ⑤ 중거리슛 중거리에서 골대를 향하여 공을 차는 일 中가운데 중 距떨어질 거 離떠날 리 -   ⑥ 역습하자 공격을 받고 있던 쪽에서 거꾸로 공격하자 逆거스를 역 襲때릴 습 -   ⑦ 부둥켜안고 두 팔로 꼭 끌어안고   ⑧ 선제골 한 팀이 상대팀보다 먼저 넣은 골 先먼저 선 制만들 제 -

4 이 글의 밑줄 친 ㉠의 의미를 생각해보고 알맞은 낱말을 골라 보세요.

'승리에 쐐기를 박았다'는 것은 손흥민이 결국 골을 { 넣어 / 넣지 못해 }

승리를 { 확신하게 / 할 수 없게 } 되었다는 뜻이야.

5 다음 [보기]를 보고 빈칸에 들어갈 말을 골라 보세요. ----------------------------------- [   ]

> [보 기]
>
>
>
> '쐐기'는 나무를 길게 잘라서 짠 물건들을 연결할 때, 연결 부분을 고정하기 위해 박아 넣는 것을 말합니다. 이것을 박으면 연결된 물건들이 서로 빠지거나 움직이지 않게 됩니다.
>
> 우리는 일상 속에서 이 쐐기를 주로 '쐐기를 박다'라는 표현으로 사용합니다. '쐐기를 박다'는 '⬚',
>
> (이)라는 뜻 입니다. 예를 들어 '승리에 쐐기를 박다'는 '승리를 확신하게 하다'라는 뜻입니다.

① 사람과 사람을 연결해 주다   ② 단단해진 물건만큼 사이가 끈끈하다
③ 돌이킬 수 없는 일로 후회하지 말라   ④ 빼도 박도 못 하는 몹시 난처한 상황
⑤ 어떤 상황을 단단하게 만들어서 확실하게 하다

6 다음은 '쐐기를 박다'를 활용한 문장입니다. 알맞게 쓰인 것에 ○표를 해 보세요.

나현이와 혜민이는 **쐐기를 박을** 정도로 친한 사이야. -------------------------------- [   ]

그녀는 나와 민주 사이에 **쐐기를 박아** 주었어. 그녀 덕분에 우리는 더 친하게 지낼 수 있게 되었어. -------------------------------- [   ]

윤혜는 찬영이의 말에 **쐐기를 박아** 그가 더 이상 말을 바꿀 수 없도록 만들었다. -------------------------------- [   ]

1단계 다음 중 밑줄 친 부분과 같은 의미로 바꿔 쓸 수 있는 것을 골라 보세요.

[1] 그녀는 나의 자신감을 **북돋아 주었다**. ──────────────── [   ]

　　　　　　　① 높여 주었다.

　　　　　　　② 낮춰 주었다.

[2] 그 공연은 감탄을 **자아내는** 공연이었다. ──────────── [   ]

　　　　　　　① 유발하는

　　　　　　　② 사라지게 하는

2단계 다음 낱말을 보고 **반대**의 의미를 가진 낱말을 선으로 이어 보세요.

[1] 예리한　·　　　　　　　　　　　·　㉠ 부지런히

[2] 게을리　·　　　　　　　　　　　·　㉡ 둔한

[3] 앞서다　·　　　　　　　　　　　·　㉢ 뒤지다

3단계 [보기]의 밑줄 친 부분의 뜻을 알맞게 설명한 것에 ○표를 해 보세요.

> [보 기]　황 영감은 마을에서 **다섯 손가락 안에 꼽히는** 부자입니다.

[1] 다섯 손가락 안에 들 만큼 뛰어난 부자라는 말이야. ──────── [   ]

[2] 손이 커서 씀씀이가 남들보다 크다는 말이야. ──────── [   ]

[3] 마을의 많은 부자 중의 한 명이라는 말이야. ──────────── [   ]

시간　**끝난 시간** [   ]시 [   ]분　　채점　**독해** 6문제 중 [   ]개

　　　1회분 푸는 데 걸린 시간 [   ]분　　　**어법·어휘** 6문제 중 [   ]개

우공이산(愚 公 移 山)*

어리석을 우 노인 공 옮길 이 산 산

끊임없이 노력해서 그 일을 이루었을 때 '우공이산(愚公移山)'이라는 표현을 사용합니다. 말 그대로 산을 옮긴다는 뜻으로, '어떤 일이든 끊임없이 노력하면 반드시 이루어짐'을 뜻하는 표현입니다.

공부한 날 [　]월 [　]일 시작 시간 [　]시 [　]분

옛날에 큰 산에 둘러싸인 마을이 있었습니다. 그래서 이 마을에 사는 사람들은 다른 마을로 가려면 산을 넘어야 했습니다. 산이 워낙 크고 높았기 때문에 산을 넘는 데 몇 날 며칠이 걸렸습니다.

한편 이 마을에는 우공이라는 노인이 살고 있었습니다. 우공은 마을 사람들이 힘겹게 산을 넘는 모습을 안타깝게 여겼습니다. 그래서 하루는 가족들을 모아 놓고 이렇게 말했습니다.

"마을 사람들이 산 때문에 몹시 힘들어 하고 있구나. 우리 가족이 산을 옮기도록 하자꾸나."

우공의 말을 들은 가족들은 깜짝 놀랐습니다.

"아버지, 저 큰 산을 어떻게 옮긴단 말입니까?"

"해 보지도 않고 어떻게 될지 안 될지 알 수 있겠느냐. 우리 가족이 힘을 합치면 꼭 산을 옮길 수 있을 게다."

우공의 깊은 뜻에 가족들은 우공의 말을 따르기로 했습니다.

다음 날부터 우공의 가족들은 곧바로 산을 옮기기 시작했습니다. 우공과 우공의 부인, 그리고 자식들, 손주[1]들 모두 산에 있는 흙과 돌을 퍼서 마을 앞바다에 버렸습니다. 하지만 큰 산이었기 때문에 조금도 작아지지 않았습니다. 그 모습을 본 이웃이 우공을 말렸습니다.

"참 딱하십니다[2]. 이제 연세[3]도 아흔이 넘으셨잖아요? 돌아가시기 전에 산모퉁이 하나 겨우 옮길 수 있을 겁니다."

그러자 우공은 웃으면서 대답했습니다.

"그렇겠지. 하지만 내가 세상을 떠나면 내 자식들이 계속 산을 옮길 것이네. 그리고 내 자식들이 세상을 떠나면 손주가 일을 이어받겠지. 이렇게 하다 보면 언젠가 산이 옮겨질 것이네. 그때가 되면 우리 후손들이 편하게 이 마을, 저 마을을 다닐 수 있게 되지 않겠는가?"

이웃은 부끄러운 나머지 아무 대답도 하지 못했습니다. 우공은 계속 산을 옮기는 일을 했습니다.

이 모습을 하늘에서 옥황상제[4]가 지켜보고 있었습니다. 옥황상제는 우공의 끈기와 노력에 감동하여 하늘에서 가장 힘이 센 사람을 보내 산을 옮겨주었고, 이후 '우공이 산을 옮긴다'는 뜻의 '우공이산*'이라는 말이 생겨났습니다.

– 유래

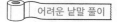
어려운 낱말 풀이 ① 손주 자식들의 자식, 즉 손자 손녀들 孫손주 손 - ② 딱하십니다 불쌍하고 안타깝습니다
③ 연세 나이를 높여 부르는 말 年해 연 歲해 세 ④ 옥황상제 옛날 사람들이 믿던, 하늘에 있는 최고의 신
玉존귀할 옥 皇임금 황 上위 상 帝임금 제

1 이 이야기에서 우공이 마을을 둘러싼 산을 옮기려고 한 까닭을 골라 보세요. ---------------- [   ]

① 가족들이 옮기자고 해서

② 산의 생김새가 보기에 좋지 못해서

③ 다른 마을 사람들이 산에 쓰레기를 버려서

④ 마을 사람들이 다른 마을을 편히 다니게 하려고

⑤ 산을 옮기면 옥황상제가 큰 상을 내린다고 하여서

2 다음은 '우공이산'의 뜻을 짐작하는 과정입니다. 빈칸을 알맞게 채워 보세요.

내용	우공이 큰 [ ]을(를) 옮기겠다고 말하자, 사람들은 불가능하다며 우공을 비웃었지만 우공은 끝까지 포기하지 않았다.
	옥황상제가 우공의 [ ][ ]와(과) 노력에 감동하여 하늘에서 가장 힘이 센 사람을 보내 산을 옮겨주었다.
결론	'우공이산'은 말은 불가능해 보이는 일이더라도 꾸준히 [ ][ ]하면 결국은 해낼 수 있다는 뜻이겠구나.

3 다음 중 '우공이산'이라는 말이 어울리는 이야기에 ○표를 해 보세요.

인도의 '다쉬랏 만지'는 아내가 다쳐 먼 거리를 돌아 병원을 찾아갔으나, 때를 놓쳐 아내를 잃고 말았다. 그 후 만지는 도시로 가는 길을 막고 있던 산을 파내기 시작했다. 처음에는 모두가 비웃었지만, 그는 22년의 노력 끝에 실제로 산을 파내고 길을 뚫어 많은 이들의 존경을 받게 되었다.

'화상 통화', 즉 영상 통화는 처음에 많은 기대를 받았다. 나중에는 음성 통화가 사라지고 영상 통화만이 남을 거란 예상까지 나올 정도였다. 그러나 현대에 이르러서도 사람들은 여전히 음성 통화와 문자 전송을 선호하고 있으며, 영상 통화는 그다지 많은 관심을 받지 못하고 있다.

[   ]   [   ]

〈나무를 심는 사람〉을 읽고

이 이야기는 1913년 프랑스의 한 젊은이가 여행 중에 어떤 할아버지를 만나면서 시작된다. 그 할아버지는 나무 한 그루 없는 **황무지**^①에서 살고 있었다. 젊은이는 할아버지가 왜 이런 곳에 살고 있는지 궁금했다. 할아버지는 대답 대신 매일매일 도토리를 황무지에 심는 모습을 보여주었다. 할아버지가 도토리를 심는 까닭은 이 황무지를 숲으로 만들기 위해서였다. 하지만 젊은이는 혼자서는 황무지 전체에 나무를 심는 것은 불가능한 일이라고 생각했다.

그 후로 몇 년이 지난 뒤 젊은이는 다시 그 황무지를 찾아갔다. 그런데 놀랍게도 황무지에는 어린 나무들이 자라고 있었다. 그 모습을 본 젊은이는 매년 그곳을 찾았다. 할아버지는 계속 나무를 심고 있었다. 그렇게 삼십 년의 시간이 흘렀다. 황무지는 이제 울창하고 아름다운 숲이 되었고 찾는 사람들도 많아졌다.

4 젊은이가 황무지를 숲으로 만드는 일을 불가능하다고 생각한 까닭을 골라 보세요. ········ [   ]

① 황무지에 돌이 너무 많아서

② 도토리는 황무지에서 자라지 않을 것 같아서

③ 심어놓은 도토리를 새들이 쪼아 먹을 것 같아서

④ 황무지 전체에 심기에는 도토리가 부족하게 보여서

⑤ 혼자서는 황무지 전체에 나무를 심을 수 없을 것 같아서

5 위 독서 감상문의 마지막에 들어갈 내용을 빈칸을 채워 완성해 보세요.

나는 이 이야기 속 할아버지의 모습에서 '□□□□'이라는 고사성어가 떠올랐다. 이 말은 포기하지 않고 끝까지 노력하면 하고자 하는 일을 해낼 수 있다는 뜻을 담고 있다. 나도 앞으로는 하고자 하는 일을 끝까지 해낼 수 있도록 노력해야겠다고 다짐했다.

1단계 낱말의 뜻을 읽고 알맞은 낱말을 [보기]에서 찾아 써 보세요.

[보기]   노력   끈기

[1] ☐☐ : 일을 꾸준히 해 나가는 힘

[2] ☐☐ : 어떤 일을 해내기 위해 애쓰는 것

2단계 다음 문장에서 밑줄 친 부분을 바르게 고쳐 보세요.

[1] 희정이는 몇 날 **몇 일** 동안 시험 공부를 했다.

➡ ☐☐

[2] 황무지에는 **흑과 돌**뿐이었다.

➡ ☐☐☐

3단계 다음 중 밑줄 친 부분이 [보기]의 '따르다'와 같은 뜻으로 쓰인 것에 ○표를 해 보세요.

[보기]   우공의 깊은 뜻에 가족들은 우공의 말을 **따르기**로 했다.

[1] 달리기 대회에서 동생이 1등을 **따라** 내달리고 있다. ---------------------- [   ]

[2] 그의 말솜씨는 누구도 **따를** 수 없다. ------------------------------- [   ]

[3] 나는 어머니의 뜻을 **따라** 공부를 시작했다. ---------------------- [   ]

시간
끝난 시간 ☐시 ☐분
1회분 푸는 데 걸린 시간 ☐분

채점
독해 5문제 중 ☐개
어법·어휘 5문제 중 ☐개

19회
하늘의 별 따기[*]

하늘에 있는 별을 딴 사람의 이야기를 듣거나 본 적이 있나요? 거의 실현 가능성이 없는 일이죠. 따라서 '하늘의 별 따기'란 '하늘에 있는 별을 따는 것만큼 매우 어려운 일'을 뜻합니다.

공부한 날 [　]월 [　]일 시작 시간 [　]시 [　]분

　　경의 · 중앙선 지하철 노선도를 살펴보면 '서빙고'라는 이름의 역이 있습니다. 서빙고역은 서울특별시 용산구의 '서빙고동'에 있는 역입니다. 서빙고는 서쪽을 뜻하는 한자 서(西), 얼음을 뜻하는 한자 빙(氷), 창고를 뜻하는 한자 고(庫)가 합쳐진 낱말입니다. 즉 서울의 서쪽에 있는 얼음 창고라는 뜻입니다.

　　서빙고는 조선 시대에 있던 얼음 창고 중 하나였습니다. 지금은 더운 여름에도 시원한 얼음물이 먹고 싶다면 쉽게 얼음을 구할 수 있지만, 옛날에는 얼음을 보관할 곳이 없어서 얼음을 구하기가 **하늘의 별 따기[*]**였습니다. 여름에는 왕이나 돈이 많은 부자들, 그리고 일부 아픈 백성들 정도만 얼음을 먹을 수 있었기 때문에 일반 백성들에게 얼음은 귀한 선물이었습니다. 여름에도 얼음을 먹기 위해서는 겨울에 미리 얼음을 구한 뒤 따로 얼음 창고를 마련하여 여름에도 얼음을 먹을 수 있도록 보관하는 얼음 창고가 필요했습니다. 그 얼음 창고 중 하나가 바로 서빙고입니다.

　　이러한 얼음 창고는 조선 시대에 서빙고 말고도 동빙고와 내빙고가 있었습니다. 동빙고는 동쪽의 얼음 창고라는 의미로 서울의 동쪽에 있었습니다. 내빙고는 안쪽을 뜻하는 내(內)자가 붙여진 낱말로, 궁궐 안에 있는 얼음 창고를 의미합니다.

↑ 경주 석빙고 내부의 모습. 냉장고가 없던 옛날에는 이곳에 얼음을 보관했습니다. 서울에 있던 서빙고는 현재 없어지고 그 터만 남아 있습니다.

　　이 세 개의 얼음 창고들은 모두 얼음을 보관한다는 공통점이 있었지만 그 **규모**^①와 보관하는 얼음의 쓰임새에서 조금씩 차이가 있었습니다. 우선 규모는 서빙고가 가장 컸고, 그다음이 내빙고, 그다음이 동빙고의 순서였습니다. 서빙고는 궁궐의 신하들과 몸이 아픈 백성들을 위한 얼음이 보관되어 있었고 내빙고에는 궁궐의 왕과 그 가족들을 위한 얼음이 보관되어 있었습니다. 그리고 동빙고에는 국가의 **제사**^②를 위한 얼음이 보관되어 있었다고 합니다.

　　– 관련 교과: 중학 국어 1-1(천재교육) '2. 요약과 판단'

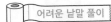
　어려운 낱말 풀이 ｜ ① **규모** 크고 작은 정도 規법 규 模법 모
② **제사** 죽은 사람의 넋에게 위로와 정성을 내비침 祭제사 제 祀제사 사

1 다음은 이 글의 내용을 문단별로 정리한 것입니다. 빈칸에 알맞은 말을 본문에서 찾아 써 보세요.

1문단	서울특별시 용산구에 위치한 '서빙고'는 서쪽 서(西), 얼음 빙(氷), 창고 고(庫)가 합쳐진 말로서, 서울의 서쪽에 있는 ☐☐☐☐라는 의미입니다.
2문단	조선 시대에는 얼음을 구하기가 어려웠기 때문에, ☐☐에도 얼음을 먹기 위해서는 ☐☐에 미리 얼음을 구한 뒤 서빙고와 같은 얼음 창고에 보관해야만 했습니다.
3문단	이러한 얼음 창고는 서빙고 외에도 동쪽에 있는 동빙고와 궁궐 내부에 있는 ☐☐☐가 있었습니다.
4문단	세 개의 얼음 창고는 ☐☐와(과) 보관하는 얼음의 ☐☐☐에서 각각 차이가 있었습니다.

2 다음 중 이 글의 내용과 일치하지 <u>않는</u> 것을 골라 보세요. ----------------------------- [   ]

① 옛날에는 여름에 얼음을 쉽게 구할 수 없었다.
② 내빙고는 궁궐 바깥에 있었기 때문에 붙여진 이름이다.
③ 가장 규모가 작은 얼음 창고는 동빙고이다.
④ 몸이 아픈 백성들은 서빙고의 얼음을 받을 수 있었다.
⑤ 부자들은 비싼 돈을 내고 여름에 얼음을 먹기도 했다.

3 다음은 이 글을 읽은 친구들의 대화입니다. 빈칸에 들어갈 말을 골라 보세요. ------------------ [   ]

> 재웅: 규원아, 이번 생일에 갖고 싶은 게 있으면 다 말해! 내가 뭐든지 사 줄게.
> 규원: 정말? 나는 좋아하는 축구 선수가 신었던 한정판 운동화를 갖고 싶어.
> 재웅: 미안한데, 다른 건 없을까? 그걸 구하는 건 정말 하늘의 별 따기란 말이야.
> 규원: 하늘의 별 따기? 그게 무슨 말이야?
> 재웅: 그건, ☐☐☐☐☐☐☐☐☐☐☐☐☐☐☐☐☐ 하늘에 있는 별을 딴다고 생각해 봐.

① 매우 하고 싶은 일이라는 뜻이야.   ② 거의 불가능할 만큼 어려운 일이라는 뜻이야.
③ 몹시 싫어하는 일이라는 뜻이야.   ④ 값이 지나칠 정도로 비싼 것이라는 뜻이야.
⑤ 해도 해도 끝이 보이지 않는 일이라는 뜻이야.

멕시코의 여성 화가 프리다 칼로(Frida Kahlo, 1907-1954)는 인간이 가진 외로움을 그림으로 표현한 뛰어난 예술가였습니다. ㉠칼로의 작품은 대부분 자기 자신의 얼굴을 그린 자화상입니다. 그렇다면 칼로는 왜 자기 자신을 모델로 삼아 그림을 그리게 되었을까요?

칼로는 여섯 살 때 소아마비를 앓은 탓에 오른쪽 다리가 불편했지만, 매우 총명했기 때문에 ㉡멕시코 최고의 학교에서 의사가 되기 위해 공부하고 있었습니다. 그러나 18살이 되는 해에 교통사고로 치명적인 상처를 입으면서 꿈을 잃어버리고 말았습니다. 사람들은 침대에 누워 있는 칼로가 이제는 아무것도 할 수 없을 거라고 생각했지만, 칼로는 그림을 그리기 시작했습니다. 하지만 누워 있는 몸으로 훌륭한 작품을 그리기란 ㉢매우 힘들고 어려운 일이었습니다. 몸을 움직일 수 없었기 때문에 다른 화가들처럼 풍경이나 사물을 그리기 어렵다는 문제도 있었습니다. 대신 칼로는 거울에 비친 자신을 바라보며 자신의 모습을 그리기 시작했습니다. ㉣바로 프리다 칼로의 예술 인생이 시작된 순간이었습니다.

↑ 18살의 프리다칼로가 침대 위에서 그린 〈벨벳 드레스를 입은 자화상〉

㉤칼로는 나중에 자신의 작품을 보고 말했습니다.

"나는 살면서 너무나 자주 혼자이기에, 그리고 또 내가 가장 잘 아는 것이 바로 나이기 때문에 나 자신을 그립니다."

프리다 칼로의 그림은 고난과 절망을 이겨내고 꽃피운 위대한 작품이라고 할 수 있습니다.

4 ㉠~㉤ 중 '하늘의 별 따기'와 어울리는 부분을 골라 보세요. ─────── [   ]

① ㉠   ② ㉡   ③ ㉢   ④ ㉣   ⑤ ㉤

5 다음 중 '하늘의 별 따기'라는 말이 가장 어울리는 친구에 ○표를 해 보세요.

은경: 기타를 처음 배우기 시작할 때는 어려웠지만, 매일 꾸준히 연습하니까 한 곡을 칠 수 있게 됐어.	혜경: 가고 싶은 뮤지컬이 금방 매진되었어. 이 배우의 공연 티켓을 구하는 건 정말 어려워.	은실: 중요한 시험이 너무 어렵게 느껴져서 떨렸는데, 기대한 것보다 좋은 결과가 나와서 기뻐.
[ ]	[ ]	[ ]

1단계 다음 문장이 자연스럽도록 빈칸에 알맞은 낱말을 [보기]에서 찾아 써 보세요.

[보 기] 　　　차이　　　보관　　　순서

[1] 중요한 물건은 금고 안에 ☐☐ 해야만 해.

[2] ☐☐ 을(를) 지켜서 한 명씩 차례대로 입장하려무나.

[3] 기린과 얼룩말의 가장 큰 ☐☐ 은(는) 목의 길이야.

2단계 다음 문장에 쓰인 밑줄 친 낱말에 알맞은 뜻풀이를 선으로 이어 보세요.

| 다친 손으로 그림을 그리는 것은 쉽지 않은 일이었다. | • | | • ㉠ | 일을 할 수 있는 일손 |

| 바쁠 때에는 일할 사람이 부족해 누구 손이라도 빌리고 싶다. | • | | • ㉡ | 사람의 팔목 끝에 이어진 부분 |

3단계 밑줄 친 표현과 같은 의미로 바꿔 쓸 수 있는 것을 골라 번호를 써 보세요.

[1] 얼음 창고들은 모두 얼음을 보관한다는 **공통점**이 있다. ──────── [　　]

　　　　　　① 유사점

　　　　　　② 차이점

[2] 옛날 사람들에게 얼음은 귀한 선물로 **취급되었습니다.** ──────── [　　]

　　　　　　① 전달되었습니다.

　　　　　　② 여겨졌습니다.

해설편 010쪽

20회 하늘이 노랗다*

너무 큰 충격을 받으면 쓰러질 것만 같은 기분을 느끼게 됩니다. 그때는 하늘이 노랗게 보이게 됩니다. '하늘이 노랗다'는 이처럼 '너무 큰 충격을 받아 정신이 아찔하고 힘이 쭉 빠질 때' 쓰는 말입니다.

공부한 날 [ ]월 [ ]일   시작 시간 [ ]시 [ ]분

먼 옛날에 어느 상인이 살았습니다. 그에게는 걱정이 하나 있었습니다. 얼마 전 창고에 불이 나 돈을 조금 빌렸는데, 하필 돈을 꾼 상대가 **악명**① 높은 **고리대금업자**②였습니다. 상인이 돈을 갚으러 찾아가니 그는 온갖 핑계를 대며 상인을 만나 주지 않았고, 한참이 지난 뒤에야 찾아와 **이자**③를 더 내놓으라 우기곤 했습니다. 그러다 보니 어느새 빚은 눈덩이처럼 불어 있었습니다.

빚을 더는 감당할 수 없게 되었을 무렵, 고리대금업자가 상인을 찾아왔습니다. 그는 **선심이라도 쓰는 듯**④ 말했습니다.

"그러다 빚을 갚을 수는 있겠나? 나와 내기를 하나 하지. 만약 자네가 이기면 빚은 없던 것으로 하고, 내가 이기면 자네의 딸을 내 아내로 삼겠네."

상인은 어떻게 아무 상관없는 딸을 끌어들일 수 있냐고 펄쩍 뛰었습니다. 그러나 **소란**⑤을 듣고 나온 딸이 그 내기를 받아들이겠다고 하자, 상인도 어쩔 수가 없었습니다.

"내기는 이렇게 하지. 검은 돌 하나와 흰 돌 하나가 들어 있는 주머니에서 자네가 검은 돌을 꺼내면 내가

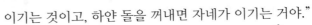

이기는 것이고, 하얀 돌을 꺼내면 자네가 이기는 거야."

그 말을 들은 상인은 **하늘이 노래졌습니다.*** 고리대금업자가 방금 전에 주머니에 검은 돌 두 개를 넣는 것을 보았기 때문이었습니다. 함정에 빠진 것을 깨달은 상인은 딸을 말리려고 했으나, 딸은 이미 주머니에 손을 집어넣은 뒤였습니다.

"안 돼!"

상인이 그렇게 외친 순간, 딸은 주머니에서 돌을 하나 꺼내 쥐더니 등 뒤로 훅 던져 버렸습니다. 돌은 멀리 날아가 버렸고, 딸은 주머니를 열어 안에 든 돌을 고리대금업자에게 보여 주었습니다.

"자, 안에는 검은 돌이 남아 있으니 제가 꺼낸 돌은 하얀 돌이겠죠?"

그 말에 고리대금업자는 아무런 말도 하지 못하고 돌아가야 했습니다.

– 우리나라 전래 동화

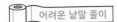 어려운 낱말 풀이   ① **악명** 나쁘다는 소문이나 평가 惡악할 악 名이름 명   ② **고리대금업자** 돈을 빌려주고 높은 이자를 받아 돈을 버는 사람 高높은 고 利이로울 리 貸빌릴 대 金금 금 業일 업 者사람 자   ③ **이자** 남에게 돈을 빌려 쓴 대가로 주는 돈 利이로울 이 子자식 자   ④ **선심이라도 쓰는 듯** 그럴 마음이 없음에도 자비라도 베푸는 듯 뻔뻔하게 善착할 선 心마음 심 -   ⑤ **소란** 시끄럽고 어수선함, 또는 그런 소리 騷떠들 소 亂어지러울 란

1 다음 중 이 이야기의 내용으로 옳지 <u>않은</u> 것을 골라 보세요. --------------------- [   ]

① 상인은 창고에 불이 나 고리대금업자에게 돈을 빌리게 되었다.

② 상인이 갚을 돈을 늦게 마련해 빚이 눈덩이처럼 불어났다.

③ 고리대금업자는 내기에서 이기면 상인의 딸을 아내로 삼으려고 했다.

④ 상인은 처음에 고리대금업자의 제안을 거부하려 했다.

⑤ 결국 딸의 재치로 상인은 내기에서 이기게 되었다.

2 다음은 고리대금업자가 제안한 내기와 그 내기에 얽힌 등장인물들의 속내를 정리한 것입니다. 빈칸을 알맞게 채워 보세요.

> **내기의 내용:** ☐ 돌과 ☐☐ 돌이 하나씩 든 주머니에서 돌을 하나 뽑아 그 돌이 흰 돌이면 상인의 승리, 검은 돌이면 고리대금업자의 승리였다.

> **고리대금업자의 속내:** 주머니에는 사실 ☐☐ 돌만 두 개 들어 있으니, 무조건 자신이 승리할 것이다.

> **딸의 대처:** 주머니에서 돌 하나를 쥐자마자 무슨 돌인지 확인하지 못하도록 멀리 ☐☐ 버리고, 주머니 안에 남은 돌을 보여 주었다.

3 이 이야기에서 상인이 '하늘이 노래진' 까닭을 골라 보세요. ------------------- [   ]

① 창고에 불이 난 것이 억울해서

② 고리대금업자의 뻔뻔스러운 모습에 화가 나서

③ 고리대금업자의 함정에 빠졌다는 것을 깨달아서

④ 빚을 갚지 않아도 된다는 사실에 기분이 좋아서

⑤ 굳이 내기를 하겠다고 나서는 딸의 모습에 감동해서

[4~5] 다음 글을 읽고, 문제를 풀어 보세요.

물레방앗간에 사는 삼 형제가 있었습니다. 어느 날 삼 형제의 아버지가 죽어 유산을 남겼는데, 첫째에게는 물레방앗간이, 둘째에게는 당나귀가 주어졌지만 셋째에게 주어진 것은 고양이 한 마리뿐이었습니다. 첫째와 둘째는 둘이서 함께 물레방앗간을 운영하기로 하고, 셋째를 내쫓아 버렸습니다.

갑자기 아무 재산도 없이 쫓겨나게 된 셋째는 ⊙하늘이 노랗게 보였습니다. 그는 고양이라도 팔아 버릴까 하다가 그만두었습니다. 홀로 남은 셋째와 함께해 주는 것은 고양이밖에 없었기 때문이었습니다. 그런데 그때, 고양이가 말했습니다.

"주인님, 저에게 장화를 사 주시겠어요?"

셋째는 얼마 없는 돈을 털어 고양이에게 장화를 사 주었습니다. 고양이는 장화를 신고 신이 나서 말했습니다.

"주인님, 저에게 마른풀이 잔뜩 든 자루를 하나 사 주세요."

셋째는 이번에도 고양이의 부탁을 들어 주었습니다. 고양이는 마른풀이 든 자루를 열어 놓고 풀숲에서 기다렸습니다. 토끼 한 마리가 마른 풀을 먹으려고 자루에 들어가자, 고양이는 자루의 입구를 꽉 묶고 왕에게 갔습니다.

"고귀한 귀족이신 제 주인님께서 폐하께 드리는 선물입니다."

토끼를 받은 왕은 크게 기뻐하며 고양이의 주인인 셋째를 기억해 두었습니다.

– 샤를 페로, 「장화 신은 고양이」 중

4 위 이야기에서 고양이가 마른풀이 잔뜩 든 자루를 사달라고 한 까닭은 무엇이었는지 써 보세요.

마른풀을 먹으러 온 [ ][ ]를 붙잡아 [ ]에게 바치기 위해서

5 다음은 밑줄 친 ⊙에 대한 친구들의 감상입니다. 올바르게 말한 친구에 ○표를 해 보세요.

지훈: 셋째는 당나귀를 몰래 훔쳐 갔다가 걸렸기 때문에 정신이 아찔해졌을 거야. ---------- [　　]

민아: 고양이 말고는 아무것도 받은 게 없는 셋째는 앞으로 어떻게 살아가야 할지 막막해서 힘이 쭉 빠졌을 거야. ---------- [　　]

명준: 셋째는 돈이 없는데 자꾸 필요한 것을 사 달라고 하는 고양이가 귀찮아서 화가 났을 거야. ---------- [　　]

1 단계

다음 밑줄 친 부분은 낱말을 소리나는 대로 읽은 것입니다. 맞춤법에 맞게 고쳐 써 보세요.

[1] 하늘이 <u>노라타</u>.

→ ☐☐☐

[2] 주머니에 손을 <u>지버너어</u> 돌을 꺼냈다.

→ ☐☐☐☐

2 단계

밑줄 친 낱말과 바꿔 쓸 수 있는 말을 골라 번호를 써 보세요.

[1] 어느새 빚은 <u>눈덩이처럼</u> 불어나 있었다. ⸻⸻⸻ [　　]
　　　　① 조금씩 확실하게
　　　　② 순식간에 엄청나게

[2] <u>악명 높은</u> 고리대금업자 ⸻⸻⸻⸻⸻ [　　]
　　① 지독하기로 유명한
　　② 나쁜 소문을 퍼트리는

3 단계

[보기]를 읽고 빈칸에 들어갈 알맞은 낱말을 써 보세요.

[보 기]　☐☐은 원래 '착하고 선량한 마음'이라는 뜻을 가진 낱말입니다.

그러나 시간이 지나면서 낱말의 뜻 그대로보다는 '☐☐ 쓰듯'

이라는 표현으로 쓰이게 되었는데, 이때 '☐☐ 쓰듯'은

'터무니 없는 요구를 하며 마치 좋은 일이라도 해 주는 듯'이라는 뜻으로
사용되어 주로 부정적인 의미를 가지게 됩니다.

→ ☐☐

시간 끝난 시간 ☐ 시 ☐ 분

1회분 푸는 데 걸린 시간 ☐ 분

채점 독해 5문제 중 ☐ 개

어법·어휘 5문제 중 ☐ 개

짜다의 다양한 뜻

"이 국은 간이 너무 짜다!"와 "내가 직접 짠 스웨터야."에서 '짜다'는 서로 다른 뜻을 가지고 있습니다. 이처럼 일상적으로 자주 사용하는 낱말에도 여러 가지 뜻이 있는 경우가 많습니다. '짜다'는 맛을 표현하는 것 이외에도 계획을 세우거나 무언가를 만든다는 뜻, 비틀어서 물기를 뺀다는 뜻도 가지고 있는 단어입니다.

[작전을 짜다]

'계획이나 일정을 세우다'는 뜻입니다. 시간표나 여행 일정을 세울 때, 스포츠 경기에서 이기기 위해 작전을 수립할 때도 '짜다'라는 말을 씁니다. 한편 '짜다'는 부정적인 일을 하려고 몇 사람들끼리만 비밀리에 약속을 한다는 관용 표현으로 쓰이기도 하는데, '증인이 범인과 짜고 거짓 증언을 했다'처럼 표현할 수 있습니다.

예 학교에 계신 영양사 선생님들은 학생들의 건강을 위한 식단표를 **짜는** 일을 하신다.
  └ 계획 세우는

[음식이 짜다]

'소금과 같은 맛이 있다'는 뜻입니다. 입안이 쓰고 찌릿찌릿한 소금 맛을 가리켜 짜다고 하는데, 사람의 성품이 구두쇠 같고 인색한 것을 비유적으로 가리켜 속된 말로 짜다고 표현하기도 합니다.

예 **짠** 음식을 너무 많이 먹으면 '나트륨'이라는 성분이 과해져서 몸에 좋지 않아.
  └ 소금기가 강한

[천을 짜다]

'실이나 끈으로 천을 만들다'는 뜻입니다. 혹은 가구나 상자를 조립하는 일을 짠다고 말하기도 합니다. 예를 들면 장롱을 짜다, 베를 짜다 등으로 쓸 수 있습니다.

예 민주는 남자친구에게 털실로 직접 **짠** 목도리를 선물했다.
  └ 만든

[걸레를 짜다]

'누르거나 비틀어서 물기를 빼다'는 뜻입니다. 물기가 빠질 때까지 끝까지 걸레를 꽉 쥐어짜는 모습이 잘 나오지 않는 것을 억지로 빼내는 것과 닮았기 때문에 '생각을 쥐어짜다', '부자가 가난한 사람이 빌린 돈을 쥐어짜내어 가져갔다'와 같이 쓰이기도 합니다.

예 치약을 다 썼다고 그냥 버리지 마. 좀 더 **짜면** 치약을 더 쓸 수 있어.
  └ 누르고 비틀어 빼내면

5주차

회차	영역	학습내용	학습계획일	맞은 문제수
21회	사자성어	**허심탄회(虛心坦懷)** 편한 마음으로 자신의 속마음을 이야기하는 상황을 두고 **'허심탄회(虛心坦懷)'**하게 이야기한다고 표현합니다. 즉, **'마음에 아무런 거리낌이 없고 솔직함'**을 뜻합니다.	월 일	독 해 6문제 중 ☐ 개 어법·어휘 7문제 중 ☐ 개
22회	속담	**어물전 망신은 꼴뚜기가 시킨다** '어물전'은 생선 가게를 말합니다. 옛날 사람들은 '꼴뚜기'를 작고 못생긴 생선이라 싫어해 꼴뚜기를 보면 생선 가게를 그냥 지나치곤 했습니다. **'어물전 망신은 꼴뚜기가 시킨다'**는 이처럼 **'못난 사람이 주변에 있는 사람들까지 같이 망신시킬 때'** 쓰는 말입니다.	월 일	독 해 6문제 중 ☐ 개 어법·어휘 7문제 중 ☐ 개
23회	관용어	**급한 불을 끄다** '급한 불을 끄다'라는 관용어는 **'당장 코앞에 닥친 긴급한 문제부터 일단 해결하다'**라는 뜻입니다. 우선 절박한 문제를 처리해야 하는 상황에서 이 말을 씁니다.	월 일	독 해 5문제 중 ☐ 개 어법·어휘 7문제 중 ☐ 개
24회	고사성어	**각주구검(刻舟求劍)** '각주구검(刻舟求劍)'이란 **'융통성 없이 현실에 맞지 않 는 낡은 생각을 고집하는 어리석음'**을 이르는 말로서, 옛 날 어떤 사람이 배에서 칼을 물속에 떨어뜨리고 그 위치 를 뱃전에 표시하였다가 나중에 배가 움직인 것을 생각 하지 않고 칼을 찾았다는 데서 유래된 말입니다.	월 일	독 해 6문제 중 ☐ 개 어법·어휘 6문제 중 ☐ 개
25회	속담	**비 온 뒤에 땅이 굳어진다** 비가 오면 흙이 젖어 질척거리지만 비가 그치고 나면 물이 흙을 끌어당겨 땅을 더욱 단단하게 만든답니다. 이처럼 **'비 온 뒤에 땅이 굳어진다'**라는 속담은 **'힘들고 어려운 일을 겪더라도 그 과정을 거치고 나면, 땅이 굳는 것처럼 더욱 강해지게 된다'**는 뜻입니다.	월 일	독 해 6문제 중 ☐ 개 어법·어휘 9문제 중 ☐ 개

21회

허심탄회(虛 心 坦 懷)*

빌 허 마음 심 평평할 탄 품을 회

편한 마음으로 자신의 속마음을 이야기하는 상황을 두고 '허심탄회(虛心坦懷)'하게 이야기한다고 표현합니다. 즉, '마음에 아무런 거리낌이 없고 솔직함'을 뜻합니다.

공부한 날 ☐ 월 ☐ 일 시작 시간 ☐ 시 ☐ 분

옛날 우리 조상님들은 탈놀이를 즐겼습니다. 탈놀이는 탈을 쓰고 연극이나 노래를 하는 우리나라 고유①의 가면극입니다. 많은 탈놀이에서 춤을 추기 때문에 많은 사람에게 '탈춤'이라는 이름으로 널리 알려져 있습니다.

탈놀이는 주로 장터나 사람이 많이 모이는 곳에서 공연되었습니다. 옛날에는 많은 사람이 모일 수 있는 큰 건물이 없었기 때문에 탈춤은 야외에서 이뤄졌습니다. 무대는 따로 없었고 널찍한 마당이나 공터가 곧 무대가 되었습니다. 그곳에서 탈을 쓴 사람들은 춤과 노래, 그리고 연극을 했고, 그 뒤에서 피리나 장구 같은 악기를 든 사람이 탈놀이에 어울리는 곡을 연주했습니다.

▲ 마당에 모여 탈놀이를 하는 모습
(출처: 고성미래신문)

여러 탈놀이가 있었지만 그중에서도 서민들의 생각이나 감정을 솔직하게 표현한 탈놀이가 인기를 끌었습니다. 사람들은 양반의 겉과 속이 다름을 비꼬거나 놀리는 탈놀이를 가장 좋아했습니다. 많은 양반이 겉으론 점잖은 척했지만 속으로는 자신의 높은 신분을 자랑하는 데에만 온 생각이 팔려 있었습니다. 다음은 이러한 양반의 모습을 비꼰 탈놀이의 한 장면입니다.

▲ (출처: 안동 하회마을 홈페이지)

양반	어허! 자네 신분이 나와 같단 말인가?
선비	그럼, 그대 신분이 나보다 높단 말인가?
양반	나는 사대부②의 자손이오.
선비	나는 팔대부의 자손이네.
양반	팔대부? 팔대부는 또 무엇이오?
선비	팔대부는 사대부의 두 배라오.
양반	뭐가 어째?

– 하회 별신굿 탈놀이 중에서

이처럼 탈놀이에선 거리낌 없이 양반을 조롱③할 수 있었습니다. 백성들은 양반의 모습이 아무리 눈꼴시려도 신분이 낮았던 탓에 함부로 말할 수 없었습니다. 하지만 탈놀이에선 양반에 대해 갖고 있던 생각을 거리낌 없이 솔직하게 표현할 수 있었습니다. 왜냐하면 탈을 쓰고 연극을 했기 때문입니다. 탈을 쓰면 얼굴이 가려지기 때문에 누가 양반을 비꼬는 말을 하는지 찾아낼 수 없었습니다. 그래서 탈을 쓰고 탈놀이를 하는 사람들은 허심탄회*하게 마음속에 담긴 말을 할 수 있었습니다. 또한 사람들은 그런 내용의 탈놀이를 보면서 속이 시원해지는 기분을 느꼈습니다.

– 관련 교과: 초등 사회 6-1(2016 개정) '1-3. 서민 문화의 발달'

어려운 낱말 풀이 ① **고유** 본디부터 가지고 있는 특이한 것 固굳을 고 有있을 유
② **사대부** 벼슬이 높은 사람 士선비 사 大클 대 夫지아비 부 ③ **조롱** 비웃거나 놀림 嘲비웃을 조 弄희롱할 롱

1 이 글의 중심 글감을 찾아 써 보세요.

→ ☐☐☐

2 다음은 이 글을 읽고 친구들이 나눈 대화입니다. 주빈의 대답으로 알맞은 것을 골라 보세요.

── [　　　]

> 세웅: 옛날 사람들은 왜 그냥 연극을 하지 않고 꼭 탈을 쓰고 공연을 했던 걸까?
> 주빈: 그건 탈을 써야만 **허심탄회**하게 자신의 속마음을 이야기할 수 있었기 때문일 거야. 탈로
> 　　　얼굴을 가리면 누가 이야기하는지 알 수 없으니까 말이야.
> 세웅: 탈로 얼굴을 가리지 않으면 왜 안 되는데?
> 주빈: 그건, ＿＿＿＿＿＿＿＿＿＿＿＿＿＿＿＿＿＿＿＿.

① 양반들은 탈을 쓴 사람들을 무서워했기 때문이야

② 탈에 그려진 얼굴이 못된 양반을 잘 표현할 수 있었기 때문이야

③ 양반을 흉보는 사람들은 탈로 얼굴을 가려야 하는 벌을 받았기 때문이야

④ 신분 때문에 얼굴을 내놓고는 양반들에 대해서 함부로 말할 수 없었기 때문이야

⑤ 자신의 얼굴이 못생겼다고 생각해서 얼굴을 가리기 위해 탈을 써야 했기 때문이야

3 이 글에서 설명한 탈놀이에 대한 내용으로 알맞은 것에 ○표, 알맞지 않은 것에 ×표를 해 보세요.

[1] 탈놀이는 탈을 쓰고 연극이나 노래를 하는 가면극이다. ──────────────── [　　　]

[2] 사람들은 양반의 겉과 속이 다름을 비꼬거나 놀리는 탈놀이를 가장 좋아했다. ───── [　　　]

[3] 탈놀이에서는 가면을 쓰고 있었기 때문에 거리낌 없이 양반을 조롱할 수 있었다. ───── [　　　]

[4] 탈놀이는 많은 사람이 모이는 큰 건물 안에서 이루어졌다. ──────────────── [　　　]

4 이 글을 올바르게 이해한 친구를 골라 보세요. ──────────────── [   ]

① 지민: 춤과 노래가 있었다니 시끄러워서 아무도 보지 않았을 거야.

② 경완: 겉과 속이 다른 양반들을 놀릴 수 있었다니 속이 시원했겠어.

③ 상호: 탈놀이는 서민들보다 양반들이 더 좋아했을 거야.

④ 하나: 양반들을 조롱했다가는 혼쭐이 났기 때문에 솔직하지 못했을 거야.

⑤ 세인: '하회 별신굿 탈놀이'를 보면 양반들을 우러러보고 있다는 걸 알 수 있어.

5 다음은 '허심탄회'의 한자입니다. 한자의 뜻을 참고하여 알맞은 낱말을 골라 풀이를 완성해 보세요.

사자성어의 한자	虛	心	坦	懷
	빌 허	마음 심	편할 탄	품을 회

즉, { 마음 / 배 } 에 품은 생각을 편히 말한다는 뜻입니다.

_____

6 다음 대화를 읽고 빈칸에 들어갈 알맞은 사자성어를 써 보세요.

> **선생님**: 민수야, 어제는 네 물건이 맞다더니 어떻게 된 일이니?
>
> **민 수**: 선생님 죄송해요. 일부러 거짓말을 한 건 아니었어요.
>
> **선생님**: 혼이 날까 봐 무서워서 그랬니?
>
> **민 수**: 네.
>
> **선생님**: 사실대로 말하면 화를 내지 않을 테니 우리 [   ]하게 이야기해 보자.

→ ☐ ☐ ☐ ☐

1단계

밑줄 친 낱말의 알맞은 뜻을 골라 번호를 써 보세요.

[1] 카페는 여기에서 **멀리** 떨어져 있다. ──────────────────── [　　　]

　　　　① 한참

　　　　② 한 달

[2] 오후 1시에 병원 진료 **예약**이 있다. ──────────────────── [　　　]

　　　　① 약속

　　　　② 단속

2단계

다음 중 '무료'가 다른 뜻으로 쓰인 하나를 골라 보세요. ──────────── [　　　]

① 그 휴지는 **무료**로 받았다.

② 주말에 할 일이 없어 **무료**했다.

③ 자전거를 사면 수리 도구가 **무료**다.

④ 회사에서 나눠 준 필기구는 **무료**였다.

⑤ 그곳에서는 어려운 사람들에게 음식을 **무료**로 제공한다.

3단계

[보기]에 제시된 낱말을 포함 관계에 알맞게 채워 보세요.

[보 기]　　　　　임금　　신분　　백성　　양반

시간　**끝난 시간** ☐시 ☐분

1회분 푸는 데 걸린 시간 ☐분

채점　**독해** 6문제 중 ☐개

어법·어휘 7문제 중 ☐개

22회 어물전 망신은 꼴뚜기가 시킨다*

'어물전'은 생선 가게를 말합니다. 옛날 사람들은 '꼴뚜기'를 작고 못생긴 생선이라 싫어해 꼴뚜기를 보면 생선 가게를 그냥 지나치곤 했습니다. '어물전 망신은 꼴뚜기가 시킨다'는 이처럼 '못난 사람이 주변에 있는 사람들까지 같이 망신시킬 때' 쓰는 말입니다.

공부한 날 [ ] 월 [ ] 일 시작 시간 [ ] 시 [ ] 분

조선의 왕 태종에게는 고민이 하나 있었습니다. 첫째 왕자인 양녕대군이 마음에 들지 않았던 것입니다. 장차 왕이 될 사람임에도 양녕대군은 공부는 하지 않고 매일 놀러 다녔습니다. 태종은 이렇게 방탕하게 사는 양녕대군이 왕이 되면 나라가 엉망이 될 것이라고 생각했습니다.

반면 셋째 왕자인 충녕대군은 달랐습니다. 책 읽기를 좋아하고 공부를 게을리하지 않았습니다. 어린 나이에도 불구하고 공부한 것이 많아 나이 많은 신하들과도 학문에 대해 깊은 대화를 나눌 정도였습니다. 이를 본 신하들은 한목소리로 충녕대군의 **비범**함과 **영특**함을 칭찬했습니다.

'충녕이 왕세자였으면 얼마나 좋을까?'

태종은 충녕의 영특한 모습을 볼 때마다 이렇게 생각했습니다.

하지만 태종의 바람은 이루어지기 어려웠습니다. 유교 사상에 따르면 특별한 까닭이 없는 한 첫째 왕자가 다음 왕이 되어야 했기 때문입니다. 유교는 조선이라는 나라를 다스리는 기틀이었습니다. 그렇기 때문에 셋째에게 왕의 자리를 물려주면 신하들이 반발할 것이 불을 보듯 뻔했습니다. 태종의 걱정은 날로 깊어만 갔습니다.

이런 아버지의 고민은 아는지 모르는지 양녕대군은 날로 방탕하게 살았습니다. 몰래 궁궐을 빠져나가 밤늦게까지 술을 마시기도 했습니다. 그러자 백성들도 양녕대군을 몰래 험담하기 시작했습니다. 이 소문을 듣고 화가 난 태종은 양녕대군을 불러 꾸짖었습니다.

"**어물전 망신은 꼴뚜기가** 다 **시킨다***더니, 왕자 망신은 첫째인 네가 다 시키고 있구나! 한번만 더 그런 소문이 들리면 왕세자 자리를 **빼앗아** 버리겠다."

"그렇게 해 주십시오. 저는 왕이 될 그릇이 못 됩니다."

결국 양녕대군은 왕세자 자리에서 물러나고 말았습니다. 신하들도 양녕대군이 다음 왕이 되기에 부족하다고 생각했기에 아무도 반대하지 않았습니다. 왕세자는 자연스레 둘째 왕자인 효령대군에게 돌아갔습니다.

그러자 양녕대군은 몰래 효령대군을 찾아가 이렇게 말했습니다.

"너도 왕세자에서 물러나거라."

"형님, 그게 무슨 말씀이십니까?"

"아버지의 뜻을 정녕 모르겠느냐? 충녕은 우리와는 다른 아이다. 총명한 셋째야말로 진정한 왕으로서의 능력을 가지고 있다. 아버지 또한 그리 생각하고 계시지. 나는 처음부터 그런 아버지의 마음을 알았다. 그래서 내가 왕세자에서 물러나면 충녕이 왕이 될 수 있을 거라고 생각했지. 내가 방탕하게 살았던 건 충녕이 왕세자가 될 수 있게 하려고 그랬던 것이다."

"저는 몰랐습니다."

"우리보다 셋째가 왕이 되어야만 이 나라가 훌륭한 나라가 되지 않겠느냐? 나는 셋째가 다스리는 나라에서 내가 좋아하는 시나 읊으며 ㉠<u>유유자적</u> 살고 싶구나."

결국 효령대군도 왕세자에서 물러났습니다. 그렇게 셋째인 충녕이 태종의 뒤를 이어 왕이 되었고, 많은 백성들의 사랑을 받으며 조선을 더욱 훌륭한 나라로 만들었습니다. 왕이 된 충녕대군이 바로 '세종대왕'이었습니다.

– 우리나라 역사 이야기

1 이 글의 내용으로 알맞은 것을 골라 보세요. ----------------------------------- [   ]

① 태종은 효령대군에게 왕의 자리를 물려주고 싶었다.

② 유교 사상에 따르면 첫째 왕자가 왕이 된다.

③ 충녕대군은 왕세자 자리에서 물러났다.

④ 세종대왕은 태종의 첫째 아들이다.

⑤ 충녕대군은 몰래 효령대군을 찾아갔다.

2 두 왕자의 행동과 결과를 각각 선으로 이어 보세요.

인물	행동	결과
양녕대군 ·	· 공부를 열심히 함 ·	· 왕세자 자리에서 물러남
충녕대군 ·	· 방탕하게 지내고 놀러 다님 ·	· 태종의 뒤를 이어 왕이 됨

3 이 글을 통해 짐작할 수 있는 내용에 대해 대화한 것입니다. 올바르지 <u>않은</u> 의견을 말한 친구를 써 보세요.

> 지연: 세종대왕이 왕이 될 수 있었던 것은 형들의 양보 덕도 있겠구나.
> 민정: 양녕대군이 일부러 방탕하게 지냈던 것은 동생을 위해서였어.
> 소라: 효령대군은 처음부터 양녕대군의 뜻을 알고 있었을 거야.
> 경순: 태종이 충녕대군에게 왕위를 물려주고 싶었던 것은 제일 비범하고 영특했기 때문이야.

→ ☐ ☐

① **비범** 매우 뛰어남 非아닐 비 凡무릇 범   ② **영특** 남달리 뛰어나고 훌륭함 英꽃부리 영 特특별할 특

③ **유유자적** 속세를 떠나 아무 속박 없이 자기 마음대로 자유롭고 마음 편히 삶 悠멀 유 悠멀 유

自스스로 자 適맞을 적

4 밑줄 친 ㉠이 의미하는 것을 골라 보세요. -- [　　　　]

① 자기 멋대로 방탕하게 사는 삶
② 전쟁에 나가 업적을 쌓는 삶
③ 시를 읊으며 한가롭게 사는 삶
④ 다른 사람을 위해 봉사하는 삶
⑤ 학문을 열심히 공부하고 여러 책을 내는 삶

5 다음 글을 읽고 태종이 양녕대군에게 '어물전 망신은 꼴뚜기가 시킨다'라고 말한 까닭을 빈칸을 채워 완성해 보세요.

사진에 나와 있는 것처럼 꼴뚜기는 오징어와 비슷하게 생긴 생물을 말합니다. 꼴뚜기는 크기가 매우 작고 생김새가 볼품없어 옛날부터 별 볼 일 없거나 가치가 낮은 것에 비유해서 썼습니다.

이 이야기에서 태종이 양녕대군에게 '어물전 망신은 [　][　][　] 가 시킨다'고

말했던 이유는, 그가 점잖고 열심히 [　][　] 하는 모습은 보이지 않고

[　][　] 하게 지냈기 때문입니다.

6 '어물전 망신은 꼴뚜기가 시킨다'라는 표현이 어울리는 상황을 골라 ○표를 해 보세요.

극장이나 영화관에서 조용히 관람하는 **빛나**	어디에서나 훌륭한 실력을 보여 다른 사람의 모범이 되는 **강희**	외국의 어느 식당에서 뛰어놀며 한국인들에 대한 인상을 나쁘게 만드는 **지영**
[　　　]	[　　　]	[　　　]

1 단계 밑줄 친 낱말의 알맞은 뜻을 골라 번호를 써 보세요.

[1] 이순신 장군은 전쟁에서 **비범한** 능력을 보였습니다. ---------------------------------- [   ]

           ① 매우 뛰어나다.

           ② 매우 평범하다.

[2] 동생은 어려서부터 **영특해** 칭찬을 많이 받았다. ---------------------------------- [   ]

           ① 남달리 뛰어나고 훌륭하다.

           ② 성질이 모질고 간사하며 악착스럽다.

2 단계 다음 문장이 자연스럽도록 빈칸에 알맞은 낱말을 [보기]에서 찾아 써 보세요.

[보 기]	으뜸	험담	소문

[1] 그 친구의 노래 실력은 우리 학교에서 ☐☐ 이잖아.

[2] 다른 사람을 ☐☐ 하면 안 돼.

[3] 어제 사람들이 말한 ☐☐ 이 사실이야?

3 단계 밑줄 친 부분과 비슷한 뜻을 가진 낱말을 써 보세요.

[1] 그의 결정은 부모님의 **반발**에 부딪쳤다.

       → ☐ㅂ ☐ㄷ

[2] 나의 형은 말이 없고 **점잖다.**

       → ☐ㅇ ☐ㅈ 하다.

관용어
둘 이상의 낱말이 오래전부터 함께 쓰이면서 본래의 뜻과 다른 뜻을 지니게 된 표현

급한 불을 끄다*

'급한 불을 끄다'라는 관용어는 '당장 코앞에 닥친 긴급한 문제부터 일단 해결하다'라는 뜻입니다. 우선 절박한 문제를 처리해야 하는 상황에서 이 말을 씁니다.

공부한 날 [ ]월 [ ]일 시작 시간 [ ]시 [ ]분

　일이 계획했던 **의도**와 다르게 돌아가는 경우가 있습니다. 특히 환경 문제는 더욱 그러합니다. 다양한 환경이 **밀접**하게 서로 관련되어 있기 때문입니다. 1955년 인도네시아에서 벌어진 일도 그중 하나입니다. 이때 인도네시아의 보르네오 섬 사람들은 섬에 해충이 많아 고민이었습니다. 특히 말라리아라는 병을 옮기는 '말라리아 모기' 때문에 골치를 썩고 있었습니다. 말라리아는 열이 심각하게 오르고 구토, 설사 등의 증상을 보이는 질병으로 치료 시기를 놓치면 죽을 수도 있는 아주 위험한 병이었습니다.

　보르네오 섬 사람들은 우선 말라리아라는 **급한 불부터 끌*** 생각으로 모기를 없앨 방법을 궁리하다가 **살충제**를 대량으로 뿌리기로 하였습니다. 그리고 그 계획을 실행에 옮겨 대량의 살충제를 섬 **전역**에 뿌려 모기를 없애는 데 성공하였습니다. 그런데 예상치 못한 일이 발생하였습니다. 그 시작은 바퀴벌레에서 부터였습니다.

　바퀴벌레는 모기보다 몸집이 컸기 때문에 살충제에 쉽게 죽지 않았습니다. 그저 살충제를 흡수할 뿐이었습니다. 이런 바퀴벌레를 먹은 도마뱀은 몸속에 살충제가 쌓여 운동 신경에 장애가 생겼고, 움직임이 느려진 도마뱀을 잡아먹은 고양이들은 살충제의 **성분** 때문에 죽어 갔습니다. 그리고 고양이가 없어진 보르네오 섬에는 쥐들이 빠르게 증가하면서 말라리아보다 더 무서운 **전염**병이 돌기 시작하였습니다.

　이러한 **연쇄**적인 사건의 결과에 크게 당황한 보르네오 섬 사람들은 이 문제를 해결하기 위해 영국 공군에게 도움을 요청했습니다. 영국 공군은 보르네오 섬 사람들의 뜻에 따라 비행기에 고양이를 태웠습니다. 그리고 섬 상공에서 낙하산을 태운 고양이들을 내려보냈습니다. 보르네오 섬 위로 낙하산을 탄 수많은 고양이들이 떨어져 내리는 진풍경이 벌어졌습니다.

　그렇게 고양이의 수가 늘어나자, 쥐들의 숫자도 자연스레 줄어들었습니다. 보르네오 사람들은 그제야 전염병의 위험에서 벗어나 일상을 되찾을 수 있었습니다.

– 관련 교과: 초등 사회 5-1(2015 개정) '2. 환경과 조화를 이루는 우리 국토'

🧻 어려운 낱말 풀이 ① **의도** 무엇을 하고자 하는 생각이나 계획 意뜻 의 圖그림 도 ② **밀접** 아주 가깝게 맞닿아 있음 密빽빽할 밀 接사귈 접 ③ **살충제** 사람에게 해를 끼치는 벌레들을 죽이는 약 殺죽일 살 蟲벌레 충 劑약 제 ④ **전역** 어느 지역의 전체 全온전할 전 域지역 역 ⑤ **성분** 물질을 이루는 것의 바탕이 되는 것의 한 부분 成이룰 성 分나눌 분 ⑥ **전염** 병이 남에게 옮음 傳전할 전 染물들일 염 ⑦ **연쇄** 일 등이 서로 사슬처럼 꼬여 연결된 것을 이를 때 쓰는 말 連잇닿을 연 鎖쇠사슬 쇄

1 [보기]는 이 글에 나온 사건의 진행 과정을 정리한 것입니다. 일어난 순서에 맞게 기호를 써 보세요.

[보 기]
- ㉠ 보르네오 섬에 말라리아를 옮기는 모기가 큰 문제가 되다.
- ㉡ 바퀴벌레의 몸에 살충제 성분이 축적되다.
- ㉢ 보르네오 섬 전역에 살충제가 대량으로 뿌려지다.
- ㉣ 도마뱀의 운동신경에 장애가 생기다.
- ㉤ 보르네오 섬에 쥐들이 옮기는 전염병이 유행하다.
- ㉥ 고양이가 살충제 성분으로 죽어 없어지다.
- ㉦ 영국 공군이 보르네오 섬에 낙하산을 탄 고양이를 내려보내다.

㉠ → ☐ → ☐ → ☐ → ☐ → ☐ → ㉦

5주 23회

해설편 012쪽

2 다음 중 이 글을 알맞게 이해한 친구에 ○표를 해 보세요.

성준: 처음 살충제를 뿌릴 때 바퀴벌레를 생각하지 못했구나. 바퀴벌레도 죽일 수 있는 독한 살충제를 뿌렸어야 하는데.	아라: 그래도 말라리아 모기를 죽인다는 목적을 이루었으니, 보르네오 사람들은 전염병에 걸려도 기뻤을 거야.	우석: 눈앞의 문제를 해결하려고 함부로 자연을 훼손했다가는 감당할 수 없는 결과가 나올 수 있겠구나. 조심해야겠어.
[ ]	[ ]	[ ]

3 이 글에 나온 '급한 불부터 끄다'에서 '급한 불'과 '끄다'는 각각 무엇을 의미하는지 빈칸을 알맞게 채워 보세요.

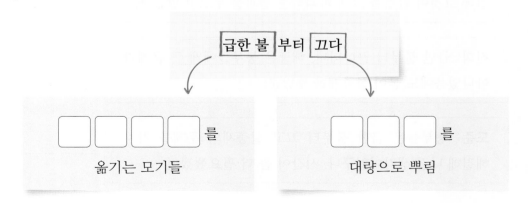

급한 불 부터 끄다

☐☐☐☐를
옮기는 모기들

☐☐☐를
대량으로 뿌림

미국의 생물학자 레이첼 카슨(1907~1964)이 쓴 책 '침묵의 봄'은 전 세계에 큰 충격을 주었습니다. 그전까지는 아무도 신경 쓰지 않았던 살충제의 문제를 널리 알렸기 때문이었습니다. 그녀는 그 당시 미국 전역에 쓰이던 강력한 살충제의 문제를 지적했습니다.

과거에는 살충제가 필요하지 않았습니다. 농사는 소규모로 이루어졌고, 재배하는 작물도 다양했습니다. 해충은 먹는 작물이 정해져 있기 때문에 특정 작물에 해충이 붙더라도 큰 문제는 없었습니다. 해충이 먹을 수 있는 작물은 한정돼 있고, 다른 작물도 많았기 때문이었습니다. 그러나 하나의 작물을 대량으로 재배하기 시작하자, 문제가 발생했습니다. 그 작물을 먹는 해충이 감당할 수 없을 만큼 많아져 농작물에 큰 피해를 주기 시작한 것이었습니다.

농부들은 ㉠당장의 문제를 해결하기 위해 살충제를 마구 뿌려댔습니다. 그러나 그 살충제는 벌레만 죽이는 것이 아니었습니다. 벌레를 먹는 새도 죽였고, 비가 내리면 살충제 성분이 그대로 강으로 흘러 들어가 물을 오염시켰습니다. 살충제 중독으로 죽는 사람도 1년에 수천 명에 달했습니다. 살충제는 벌레뿐만이 아니라 자연을, 더 나아가 그것을 쓰는 인간까지도 죽이고 있었습니다.

'침묵의 봄' 이후 사람들은 비로소 환경 문제에 대해 고민하게 되었습니다. 우리가 일상적으로 사용하는 것이, 우리를 죽이고 있을 수도 있습니다. 그러므로 우리는 자연을 대할 때 조금 더 신중한 태도를 가질 필요가 있습니다.

4 윗글은 무엇에 대해 설명한 것인지 써 보세요.

→ 레이첼 카슨의 책 '☐☐☐☐'과 그것이 지적한 ☐☐☐의 문제

5 다음 중 밑줄 친 ㉠에 대해 올바르게 이해한 친구에 ○표를 해 보세요.

민우: 농부들은 급한 불부터 끄겠다고 살충제를 뿌렸겠지만, 결국 그것이 환경을 크게 파괴하는 결과를 부르고 말았군. ----------[ ]

진희: 급한 불부터 끈다더니, 해충은 농부들에게 큰 문제가 아니었음에도 굳이 살충제를 뿌렸군. ----------[ ]

도준: 농부들은 급한 불부터 끄고 살충제의 문제를 차차 해결해 나갈 생각이었구나. 시간이 좀 더 필요했겠어. ----------[ ]

1
단계

다음의 낱말과 뜻이 알맞도록 선으로 이어 보세요.

[1] 의도 •   • ㉠ 아주 가깝게 맞닿아 있음

[2] 밀접 •   • ㉡ 무엇을 하고자 하는 생각이나 계획

[3] 성분 •   • ㉢ 물질을 이루는 바탕이 되는 것의 한 부분

해설편 012쪽

2
단계

다음 문장이 자연스럽도록 빈칸에 알맞은 낱말을 [보기]에서 찾아 써 보세요.

| [보 기] | 실행 | 도움 | 위험 |

[1] 나는 가까스로 ☐☐ 에서 벗어났다.

[2] 불이 났을 때는 119에 ☐☐ 을 청하십시오.

[3] 드디어 오늘 그 계획을 ☐☐ 에 옮긴다.

3
단계

다음의 그림과 [보기]를 보고, 빈칸에 알맞은 낱말을 써 보세요.

[보 기] '☐☐'는 사슬처럼 서로 연결된 고리를 말합니다. 하나의 일이 발생하면, 마치 사슬이 이어지듯이 결과에 의해 또 다른 일이 발생하고, 또 그 결과에 의해 또 다른 일이 발생합니다. 그것을 '☐☐ 작용'이라고 부르는 것입니다.

→ ☐☐

시간 끝난 시간 ☐ 시 ☐ 분

1회분 푸는 데 걸린 시간 ☐ 분

채점 **독해** 5문제 중 ☐ 개

어법·어휘 7문제 중 ☐ 개

24회 각주구검(刻 舟 求 劍)*
새길 각 배 주 구할 구 검 검

'각주구검(刻舟求劍)'이란 '융통성 없이 현실에 맞지 않는 낡은 생각을 고집하는 어리석음'을 이르는 말로서, 옛날 어떤 사람이 배에서 칼을 물속에 떨어뜨리고 그 위치를 뱃전에 표시하였다가 나중에 배가 움직인 것을 생각하지 않고 칼을 찾았다는 데서 유래된 말입니다.

공부한 날 [　] 월 [　] 일 시작 시간 [　] 시 [　] 분

옛날 어느 마을의 한 젊은이가 강을 건너기 위해 배를 탔습니다. 평소에 잠잠한 강이지만 그날따라 바람이 불어서인지 파도가 세게 일었습니다. 흔들거리는 배를 오래 타고 있으려니 뱃멀미가 나기 시작했습니다.

"오늘따라 왜 이렇게 파도가 심한 거야?"

젊은이는 뱃전에 기대어 서서 파도가 잠잠해지길 기다렸으나 파도는 점점 더 거세게 밀려왔습니다.

'달그락, 달그락'

허리춤에 매고 있던 ㉠긴 칼이 뱃전에 부딪히며 나는 소리에 신경이 **예민**①해진 젊은이는 칼을 휙 빼 버렸습니다. [(가)], 집채만 한 파도가 뱃전에 와 부딪혔고 그가 빼 들었던 칼을 놓쳐 칼이 강에 빠졌습니다.

"아니, 이걸 어째! ㉡내 칼!"

칼이 빠진 강을 멍하니 쳐다보던 젊은이는 갑자기 좋은 생각이 났다는 듯 외쳤습니다.

"㉢칼이 빠진 곳을 잘 표시해 두면 되지!"

젊은이는 품속에서 ㉣단검을 꺼내 칼이 떨어진 위치를 뱃전에 표시해 두었습니다. 그렇게 한참을 더 배를 타고 간 젊은이는 마침내 배가 나루터에 닿자 아까 표시해 둔 뱃전에서 강으로 풍덩 뛰어들었습니다. [(나)] 아무리 눈을 씻고 찾아봐도 잃어버린 긴 칼은 보이지 않았습니다.

"아까 그 강물은 진즉에 지나쳤는데 거기 ㉤칼이 떨어져 있을 턱이 있나?"

젊은이를 지켜보던 사람들이 지나가며 한마디씩 했습니다.

그 뒤로 사람들은 **융통성**② 없이 현실에 맞지 않는 생각을 고집하는 상황을 두고, 배에 칼을 떨어뜨린 위치를 새기고 칼을 찾는다는 뜻의 '**각주구검***'이라 말했습니다.

– 유래

어려운 낱말 풀이

① **예민** 자극에 대한 반응이나 감각이 지나치게 날카로움 銳날카로울 예 敏민첩할 민
② **융통성** 상황에 따라 일을 적절하게 처리하는 재주 融녹을 융 通통할 통 性성품 성

1 젊은이가 칼을 빠뜨린 후 한 행동은 무엇인지 알맞은 그림을 골라 보세요. ───────── [　　　]

①

②

③

2 다음 중 가리키는 것이 <u>다른</u> 하나를 골라 보세요. ────────────────────── [　　　]

① ㉠긴 칼　　　　　　② ㉡내 칼　　　　　　③ ㉢칼

④ ㉣단검　　　　　　⑤ ㉤칼

3 빈칸 (가)와 (나)에 들어갈 이어주는 말을 골라 보세요. ─────────────────── [　　　]

(가)	(나)
① 그러자	따라서
② 따라서	때마침
③ 바로 그때	그러면
④ 그러자	그래서
⑤ 바로 그때	하지만

4 [보기]는 이야기 속 젊은이가 한 행동입니다. 일어난 순서대로 기호를 써 보세요.

> [보 기]　㉠ 뱃전에 칼이 빠진 위치를 표시한다.
> 　　　　　　㉡ 칼을 찾기 위해 강물로 뛰어든다.
> 　　　　　　㉢ 칼이 배와 부딪히는 소리 때문에 허리춤에서 칼을 빼 버린다.
> 　　　　　　㉣ 품속에서 단검을 꺼낸다.

☐ → ☐ → ☐ → ☐

5 이 글의 특징을 알맞게 설명한 것을 골라 보세요. ─────────────── [　　　　]

① 사회 현상을 비판하고 있다.

② 어떤 말의 유래를 설명하고 있다.

③ 누군가에게 무엇을 부탁하고 있다.

④ 주인공이 지난 일을 돌아보고 있다.

⑤ 글쓴이의 개인적인 의견을 전달하고 있다.

6 다음 중 '각주구검'과 가장 어울리는 상황을 골라 보세요. ─────────── [　　　　]

① 아빠에게 혼이 나고 친구에게 화풀이하는 철수

② 아침부터 길을 가다 껌을 밟고 새똥까지 맞은 이슬이

③ 조금 더 신중해지라는 친구들의 말을 귀담아듣지 않는 진구

④ 친구의 말을 착각하고도 잘못을 인정하지 않고 뻔뻔하게 구는 영희

⑤ 책상을 옮기다 바닥에 떨어진 지우개를 책상을 옮긴 자리에서 찾는 석구

1단계 밑줄 친 낱말의 알맞은 뜻을 골라 번호를 써 보세요.

[1] 혜민이가 오늘따라 신경이 **예민해졌어**. ··· [　　]
　　　　　　　　　　① 자극에 대한 반응이나 감각이 지나치게 날카롭다.
　　　　　　　　　　② 주변 상황이나 사람에 대하여 관심이 없다.

[2] 파도가 갑자기 **잠잠해졌다**. ·· [　　]
　　　　　　　　① 시끄럽고 떠들썩해지다.
　　　　　　　　② 활동이 조용해지다.

2단계 다음 문장이 자연스럽도록 빈칸에 알맞은 낱말을 [보기]에서 찾아 써 보세요.

[보 기]	고집	현실	표시

[1] 책을 다 읽고 나면 읽은 부분까지 ☐☐ 을(를) 해두면 좋아.

[2] 나는 지긋지긋한 이 ☐☐ 에서 벗어나고 싶었다.

[3] 그는 항상 그의 ☐☐ 대로만 행동했다.

3단계 다음 [보기]를 읽고, 빈칸에 알맞은 낱말을 써 보세요.

[보 기]　'☐☐☐'은 상황에 따라 적절하게 일을 처리하는 능력을 말한다.

예) 그는 빠르게 변하는 상황에 맞춰 ☐☐☐ 있게 행동했다.

→ ☐☐☐

시간 　끝난 시간 ☐시 ☐분　　채점 　**독해** 6문제 중 　☐개
　　　　1회분 푸는 데 걸린 시간 ☐분　　　　**어법·어휘** 6문제 중 　☐개

25회 비 온 뒤에 땅이 굳어진다*

비가 오면 흙이 젖어 질척거리지만 비가 그치고 나면 흙이 물을 흡수하여 땅을 더욱 단단하게 만든답니다. 이처럼 '비 온 뒤에 땅이 굳어진다'라는 속담은 '힘들고 어려운 일을 겪더라도 그 과정을 거치고 나면, 땅이 굳는 것처럼 더욱 강해지게 된다'는 뜻입니다.

공부한 날 [　] 월 [　] 일 시작 시간 [　] 시 [　] 분

에이브러햄 링컨은 노예 해방을 이룬 미국의 16대 대통령입니다. 지금 링컨은 훌륭한 **업적**①을 지닌 미국의 대통령 중 한 사람으로 남아 있지만, 처음부터 링컨이 성공하는 삶을 살았던 것은 아니었습니다.

⬆ 에이브러햄 링컨

링컨은 미국 켄터키 주의 가난한 농부의 집에서 태어났습니다. 링컨은 어려서부터 집안일을 도와야 했기 때문에 학교를 제대로 다니지 못하는 아이였습니다. 그렇지만 링컨은 밤새워 책을 읽을 만큼 책을 아주 좋아하는 소년이었습니다. 이러한 링컨의 모습을 본 링컨의 가족들은 링컨이 공부를 할 수 있도록 도와주었고 그는 가족들의 도움 덕분에 공부도 열심히 하며 성실하고 착한 청년으로 자랄 수 있게 되었습니다.

시간이 흘러 링컨이 22살이 되던 해, 링컨은 스스로 돈을 벌기 위해 상점과 우체국에서 일을 하며 열심히 공부했고 변호사가 되었습니다. 그렇지만 링컨은 세상을 바꾸기 위해서는 정치를 해야겠다고 생각했습니다. 그리고 정치에 도전하게 됩니다.

링컨이 처음 **정치**②에 도전하게 된 것은 1832년이었습니다. 일리노이 주 의원 선거에 출마했지만 13명 중 8위로 당선되지 못했고 1840년 대통령 선거인단에서도 또 **낙선**③했습니다. 이후에도 1844년 연방 하원 의원 공천 탈락, 1855년 연방 상원 의원 낙선, 1856년 부통령 후보 경선 낙선, 1858년 연방 상원 의원 낙선 등 계속된 실패를 겪었습니다. 주변 사람들은 링컨을 보며 말했습니다.

"계속해서 실패하는데 왜 자꾸 도전하는 거야? 어차피 안될 것 같은데 그만두는 게 링컨에게도 좋을 것 같군."

"그러게. 한두 번 떨어진 것도 아닌데 나 같으면 포기하겠어."

하지만 링컨은 주변 사람들의 말에도 흔들리지 않았고 계속해서 도전해 나갔습니다.

"**비 온 뒤에 땅이 굳는다***고 했어. 여러 번 탈락과 실패를 경험했지만 나는 더 단단하게 앞으로 나갈 수 있는 힘을 얻었고 미국의 대통령이 될 때까지 계속해서 도전할 거야."

그리고 링컨은 1856년 노예 제도에 반대하며 미국의 공화당에 **입당**④하게 되고 1860년 마침내 대통령에 당선이 되었습니다. 링컨의 말처럼 그는 대통령이 되기 전까지 수많은 실패와 좌절을 겪었지만 **비 온 뒤에 땅이 굳는***것처럼 마침내 큰 성공을 이뤘습니다.

링컨은 대통령이 된 후에도 국민들을 위한 삶을 살았습니다. 링컨이 남긴 유명한 말인 '국민의, 국민에 의한, 국민을 위한 정부는 이 지구에서 결코 사라지지 않을 것'이라는 이 말은 링컨의 국민을 향한 관심과 노력을 가장 잘 나타낸 명언이기도 합니다.

– 다른 나라 역사 이야기

1 이 글을 읽고 링컨이 대통령이 되기까지의 과정을 순서대로 써 보세요.

> ㉮ 대통령에 당선됐다.
>
> ㉯ 상점과 우체국에서 일을 하다 변호사가 되어 정치의 길을 결심하다.
>
> ㉰ 부통령 후보 경선에서 낙선했다.
>
> ㉱ 일리노이 주 의원 선거에서 낙선했다.

 → ☐ → ☐ → ㉮

2 선생님의 말씀을 보고 밑줄 친 부분에 들어갈 알맞은 뜻을 골라 보세요. ----------- [　　　]

> **선생님:** 비가 와서 젖은 땅에 햇볕이 내리쬐면 어떻게 될까요? 흙이 물을 흡수한 후에 물이 빠지면 땅이 단단해집니다. 사람들 사이에서 비와 같은 역할을 하는 것이 바로 '갈등과 어려움'입니다. 갈등과 어려움은 해결하는 과정이 힘들지만 해결하고 나면 _____

① 사람을 더욱 강하게 만듭니다.

② 다른 갈등과 어려움이 오게 됩니다.

③ 쉽게 포기하는 법을 배울 수 있습니다.

④ 힘든 일은 피하는 것이 좋다는 것을 깨닫게 됩니다.

⑤ 다른 사람을 도와야 한다는 교훈을 얻을 수 있습니다.

3 다음 중 '비 온 뒤에 땅이 굳어진다.'라는 말과 어울리는 상황을 골라 보세요.

> 윤호는 진호와 싸운 뒤 화해를 하고 전보다 더 친한 친구 사이가 되었다.

[　　　]

> 지혜는 돈이 없었지만 주변에 마음씨 착한 이웃들이 먹을 것과 옷을 나누어 주었다.

[　　　]

> 진희는 자신의 꿈을 이루었지만 다른 꿈을 찾아서 계속 도전한다.

[　　　]

> 혜지는 아버지를 돕기 위해 아침 일찍 일어나 농사일을 도왔다.

[　　　]

어려운 낱말 풀이 ① **업적** 사업이나 연구 따위에서 세운 공적 業업 업 績길쌈할 적 ② **정치** 국가의 주권자가 그 영토 및 국민을 통치함. 국가의 권력을 획득하고 유지하며 행사하는 활동 政정사 정 治다스릴 치
③ **낙선** 선거에서 떨어짐 落떨어질 낙 選가릴 선 ④ **입당** 정당 등에 가입함 入들 입 黨무리 당

4 다음 친구들의 대화를 읽고, 이 이야기에 대해 느낀 점을 <u>잘못</u> 말한 친구를 골라 보세요. ·· [   ]

> 소영: 링컨이 계속 실패했지만 포기하지 않는 모습에 감동했어. 나도 포기하지 않고 끝까지 꿈을 이룰 거야.
>
> 희경: 링컨의 말을 통해 그가 국민들에게 관심이 많고 노력하는 대통령이라는 걸 알았어. 정말 훌륭한 사람인 것 같아.
>
> 정수: 가난한 상황에서도 공부를 열심히 해서 변호사가 되었다니 정말 대단해. 힘껏 노력하면 어려움은 얼마든지 극복할 수 있을 거야.
>
> 초롱: 링컨이 떨어졌을 때 그만 포기하라는 사람들의 충고는 일리가 있어. 항상 주변 사람들의 말에 귀를 기울여야 해.

① 소영　　　　② 희경　　　　③ 정수　　　　④ 초롱

5 다음 친구들의 대화를 읽고, 빈칸에 들어갈 알맞은 말을 골라 보세요. ─────────── [   ]

> 선아: 이번에 학교 대표로 토론 대회를 나갔는데 그만 내 실수로 우리 학교가 본선에 진출하지 못했어. 다음 대회가 또 있는데 그때도 나 때문에 떨어질까 봐 너무 걱정돼.
>
> 태연: 괜찮아, 비 온 뒤에 땅이 굳는다고 하잖아. 이번에는 실패했지만 그걸 발판 삼아서 끝까지 ☐☐ 하면 잘 할 수 있을 거야.
>
> 선아: 그렇겠지? 응원해줘서 정말 고마워.

① 포기　　　　　　② 승리　　　　　　③ 유지
④ 노력　　　　　　⑤ 싸움

6 '비 온 뒤에 땅이 굳어진다'와 아래에서 설명하는 담금질은 어떤 공통점을 갖고 있는지 써 보세요.

> 금속을 더 단단하게 만드는 방법의 하나가 **담금질**이다. 담금질은 뜨거운 불 속에 금속을 넣었다가 물에 담그는 것을 반복하는 것이다. 뜨거운 불에서 나온 금속은 갑자기 차가운 물로 인해 순식간에 식어 버리게 된다. 그 과정을 반복하면서 금속은 더욱 단단해지는 것이다.

비 온 뒤 땅이 굳듯, 금속도 ☐☐☐을 통해 더욱 ☐☐해진다.

1단계 다음의 낱말과 뜻이 알맞도록 선으로 이어 보세요.

[1] 업적 •　　　　　　　• ㉠ 선거에서 떨어짐

[2] 정치 •　　　　　　　• ㉡ 사업이나 연구 따위에서 세운 공적

[3] 낙선 •　　　　　　　• ㉢ 국가의 주권자가 그 영토 및 국민을 통치함

2단계 다음 문장이 자연스럽도록 빈칸에 알맞은 낱말을 [보기]에서 찾아 써 보세요.

[보 기]	주변	명언	성공

[1] 그는 모든 사람들을 감동시킨 ☐☐을(를) 남기고 떠났다.

[2] 나는 ☐☐에 있는 친구들에게 많은 것을 배우는 것 같아.

[3] ☐☐하는 사람들은 어떤 습관이 있을까?

3단계 밑줄 친 부분을 비슷한 뜻을 가진 표현을 써 보세요.

[1] 또다시 선거에서 **떨어졌지만**

→ ☐ㅌ ☐ㄹ 했지만

[2] **가게와** 우체국에서 일하며

→ ☐ㅅ ☐ㅈ 와(과)

[3] 흔들리지 않고 **꾸준히** 도전했습니다.

→ ☐ㄱ ☐ㅅ 해서

시간 끝난 시간 ☐시 ☐분　　 채점 **독해** 6문제 중 ☐개

1회분 푸는 데 걸린 시간 ☐분　　**어법·어휘** 9문제 중 ☐개

왕과 왕자에 관련된 궁중 용어

조선은 왕이라는 한 사람의 군주를 중심으로 한 정치 체계를 갖추고
있었습니다. 그래서 궁중 용어를 잘 모르면 역사 이야기를 이해하기
어렵습니다. 왕의 얼굴을 가리키는 용안, 왕이 중요한 나랏일을
결정할 때 사용한 도장인 옥새 등 궁중에서만 쓰는 말들이 따로 있었기
때문입니다. 특히 궁중에서는 왕의 가족들이 큰 영향력을 행사했기
때문에, 왕과 관련된 사람들을 칭하는 표현을 숙지하고 있으면 역사를
이해하기 훨씬 수월합니다.

[세자]

대를 이을 아들이라는 뜻으로 '왕위 계승의 제1순위에 있는 왕자'를 가리켜 세자라고 하며, 공식적으로 높여
부르기 위해 '세자 저하'라고 말합니다. 일반적으로 왕비가 낳은 첫째 왕자가 세자로 책봉되었습니다. 그러나
세자가 반드시 왕위를 계승하는 것은 아니었는데, 불운한 사고로 왕위를 계승하기 전 세상을 떠나거나
임금이 될 덕을 쌓지 못했다는 이유로 쫓겨나 폐세자가 되기도 하였습니다.

예 사도세자는 영조의 아들이었지만 비극적인 이유로 왕위에 오르지 못했다.
  └ '사도'라는 호를 가진 세자, 영조의 아들이자 정조의 아버지

[대군]

세자와 달리 '왕자 모두에게 내려진 호'의 일종입니다. 하지만 정실 왕비에게서 태어난 적자들만 대군이라는
호칭을 쓸 수 있었으며, 후궁에게서 태어난 왕자들은 '군'이라고만 붙일 수 있었습니다. 일반적으로 이름이
아닌 호에 대군이라는 호를 붙여 안평대군, 수양대군처럼 칭하였습니다.

예 양녕대군은 세자에서 물러난 뒤 시를 짓고 그림을 그리는 자유로운 예술가로 살았다.
  └ '양녕'이라는 호를 가진 왕자, 태종의 아들

[상왕]

상왕은 '국왕에게 왕위를 물려준 전 국왕'을 칭하는 말입니다. 왕은 즉위한 후 세상을 떠날 때까지 나라를
다스리는 것이 원칙이지만, 살아 있는 동안 세자에게 왕위를 물려줄 경우 상왕이 되어 궁궐 최고의 어른으로
존중받았습니다. 하지만 왕위 찬탈을 통해 자리에서 쫓겨난 상왕이 있던 시기에는 정치적으로 매우
혼란스럽기도 했습니다.

예 태종은 세종의 정치 경험을 위해 4년 동안 **상왕**으로 지내며 후견인 역할을 했다.
  └ 전 국왕

6주차

한 주간의 계획을 먼저 세워보세요. 매일 학습을 마친 후 맞힌 문제의 개수를 쓰세요!

회차	영역	학습내용	학습계획일	맞은 문제수
26회	관용어	**화가 머리끝까지 나다** 화가 많이 나면 얼굴이 화끈거리고 열이 나기도 합니다. 화나 스트레스와 같이 뜨거운 기운은 계속 위로 올라가는 성질이 있기 때문이지요. 그래서 '**화가 머리끝까지 나다**'라는 말은 더는 참을 수 없을 정도로 '**몹시 화가 난 상태**'를 말합니다.	월 일	독해 6문제 중 ☐ 개 어법·어휘 9문제 중 ☐ 개
27회	고사성어	**배수진(背水陣)** 어떤 일을 할 때 마지막이라는 각오로 최선을 다하는 모습을 '**배수진(背水陣)**'이라고 합니다. 이 고사성어는 '**강물을 등지고 진을 친다**'는 뜻으로 '**결코 한 걸음도 물러서지 않겠다는 마음가짐 혹은 그러한 모습**'을 뜻하는 말입니다.	월 일	독해 6문제 중 ☐ 개 어법·어휘 3문제 중 ☐ 개
28회	속담	**콩으로 메주를 쑨다 해도 안 믿는다** 콩을 삶고 으깬 다음 덩어리로 만들어서 말리는 것을 '**메주를 쑨다**'고 합니다. '**콩으로 메주를 쑨다**'는 것은 당연한 사실이지요. 그런데 말하는 사람이 거짓말쟁이거나 듣는 사람이 의심이 많으면 이 말도 믿지 않을 것입니다. '**콩으로 메주를 쑨다 해도 안 믿는다**'는 '**당연한 사실이라도 믿지 않는다**'라는 뜻입니다.	월 일	독해 6문제 중 ☐ 개 어법·어휘 5문제 중 ☐ 개
29회	관용어	**눈 뜨고 볼 수 없다** '**눈 뜨고 볼 수 없다**'라는 관용어는 '**눈앞의 광경이 참혹하거나 민망할 정도로 아니꼬워 차마 볼 수 없다**'라는 뜻입니다. 도저히 지켜보고만 있을 수 없는 상황에서 이 말을 씁니다.	월 일	독해 5문제 중 ☐ 개 어법·어휘 6문제 중 ☐ 개
30회	사자성어	**상부상조(相扶相助)** 인간은 사회적인 동물이라 혼자 살아가기는 무척 힘듭니다. 그렇기에 서로 도움을 주고받으며 생활하는 것입니다. '**상부상조(相扶相助)**'는 이처럼 '**서로 도움을 주고받을 때**' 쓰는 말입니다.	월 일	독해 6문제 중 ☐ 개 어법·어휘 7문제 중 ☐ 개

화가 많이 나면 얼굴이 화끈거리고 열이 나기도 합니다. 화나 스트레스와 같이 뜨거운 기운은 계속 위로 올라가는 성질이 있기 때문이지요. 그래서 '화가 머리끝까지 나다'라는 말은 더 이상 참을 수 없을 정도로 '몹시 화가 난 상태'를 말합니다.

공부한 날 [ ] 월 [ ] 일 시작 시간 [ ] 시 [ ] 분

안토니오 메우치는 양초를 만드는 공장을 운영하고 있었습니다. 어느 날, ⓐ메우치의 부인이 큰 병에 걸려 병원에 입원하게 되었습니다. 그는 부인의 곁에서 간호하며 자주 이야기를 나누고 싶었지만 공장의 일이 무척 바빠서 잠시도 자리를 비울 수 없었습니다. 지금처럼 스마트폰이 있다면 전화를 걸면 되겠지만, ⓑ아직 전화가 발명되기 전이었습니다.

메우치는 아픈 부인과 대화를 하고 싶다는 마음으로 틈틈이 연구한 끝에 1854년, 결국 **최초**①의 전화기를 완성했습니다. 그가 전화기를 이용해 멀리 병원에 입원해 있는 부인과 통화하는 모습을 본 사람들은 몹시 놀랐습니다. 다른 사람이 이 기술을 함부로 쓸 수 없도록 **특허**②를 신청한다면 그가 큰돈을 벌 수 있을 것이라고 말하는 사람도 많았습니다. 그러나 특허를 신청하기 위해서는 250달러라는 큰돈이 필요했고, 메우치에게는 그만한 돈이 없었기 때문에 매년 10달러를 내고 ⓒ**임시**③로 특허 신청을 할 수밖에 없었습니다. 그마저도 ⓓ공장이 어려워지면서 낼 수 없게 되었습니다.

이때 알렉산더 그레이엄 벨이라는 사람이 나타났습니다. ⓔ벨은 메우치의 전화기와 아주 유사한 것을 자신이 발명했다며 특허 신청을 했습니다. 벨에게는 특허 신청에 필요한 250달러도 있었습니다. 이 소식을 들은 메우치는 **화가 머리끝까지 났습니다.***

"벨이라고? ㉠무척 얼굴이 두꺼운 놈이군! 나의 전화기를 자기가 발명했다고 거짓말을 해?"

그는 당장 법원으로 달려가 벨이 자신의 발명을 도둑질했다고 **고소**④했습니다. 그리고 재판이 시작되었습니다. 판사도 메우치의 말이 맞다고 생각하는 것처럼 보였습니다. 이대로 재판이 끝나면 메우치는 특허를 되찾을 수 있을 것 같았습니다. 하지만 안타깝게도 **판결**⑤이 나기 며칠 전, 그는 심장마비로 세상을 떠나게 되었습니다. 전화기에 대한 특허는 알렉산더 그레이엄 벨에게 넘어가고 말았습니다.

백 년 뒤 미국의 국회의원들은 안토니오 메우치가 전화기를 최초로 발명한 사람이라며 사실을 바로잡았지만, 지금도 많은 사람은 알렉산더 그레이엄 벨이 발명했다고 알고 있습니다.

↑ 안토니오 메우치

– 관련 교과: 초등 미술 5(천재교육) '2. 표현의 날개를 펼치며'

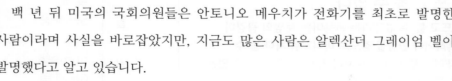

어려운 낱말 풀이 ① **최초** 맨 처음 最가장 최 初처음 초 ② **특허** 어떤 사람이 독점적으로 가질 수 있는 새로운 권리 特특별할 특 許허락할 허 ③ **임시** 미리 기간을 정해두지 않고 잠시 동안 臨임할 임 時때 시 ④ **고소** 범죄 사실을 법원에 신고함 告고할 고 訴호소할 소 ⑤ **판결** 잘잘못을 판단하여 결정함 判판단할 판 決결정할 결

1 안토니오 메우치가 발명한 것은 무엇인지 본문에서 찾아 써 보세요.

→ ☐ ☐ ☐

2 이 이야기에 나온 안토니오 메우치와 알렉산더 그레이엄 벨의 상황을 각각 정리한 것입니다. 알맞은 말을 골라 보세요.

안토니오
메우치

전화기를 { 최고 / 최초 }로 발명하였지만, 250달러라는 큰돈이 없어서 { 임시 / 영구 }로 특허 신청을 할 수밖에 없었다.

알렉산더
그레이엄 벨

메우치의 전화기와 아주 비슷한 전화기를 { 발견 / 발명 }했다며, 250달러를 내고 { 고소 / 특허 }를 신청했다.

6주
26
회

해설편
013쪽

3 다음 중 이 이야기의 내용으로 알맞은 것끼리 이루어진 짝을 골라 보세요. ⸻ [　　]

ⓐ 안토니오 메우치는 병원에 있는 부인과 통화하기 위해 전화기를 발명하였다.
ⓑ 알렉산더 그레이엄 벨은 메우치가 자신의 발명을 도둑질했다고 고소했다.
ⓒ 안토니오 메우치는 재판에서 이겨서 결국 전화기에 대한 특허를 되돌려 받게 되었다.
ⓓ 백 년 뒤 미국의 국회의원들은 안토니오 메우치가 전화를 최초로 발명했다고 이야기하였다.

① ㉠, ㉡　　　　　② ㉠, ㉣　　　　　③ ㉡, ㉢
④ ㉡, ㉣　　　　　⑤ ㉢, ㉣

4 ⓐ~ⓔ 중 메우치가 화가 머리끝까지 난 까닭으로 알맞은 것을 골라 보세요. ⸻⸻ [   ]

① ⓐ　　　　　　　② ⓑ　　　　　　　③ ⓒ

④ ⓓ　　　　　　　⑤ ⓔ

5 이 이야기에 등장하는 사람 중 '화가 머리끝까지 난' 사람에 ○표를 해 보세요.

┌─────────────────────────────┐
│ 메우치의 전화기와 아주 비슷한 전화를 │
│ 자신이 발명했다고 주장하는   │
│ **알렉산더 그레이엄 벨**   │
└─────────────────────────────┘

┌─────────────────────────────┐
│ 돈이 없어서 자신이 발명한 전화기의 │
│ 특허 신청을 못해 벨을 고소한   │
│ **안토니오 메우치**   │
└─────────────────────────────┘

　　　　　[　　　　]　　　　　　　　　　　　　　　[　　　　]

6 밑줄 친 ㉠과 바꾸어 쓸 수 있는 말로 알맞은 것을 골라 보세요. ⸻⸻ [   ]

① 예전에 들어 본 적이 있는 이름이군!

② 정말 뻔뻔한 사람이군!

③ 이랬다저랬다 변덕이 심한 사람이군!

④ 멋을 잔뜩 부리고 왔군!

⑤ 매우 머리가 좋고 영리한 사람이군!

1 단계

다음 낱말과 뜻이 알맞도록 선으로 이어 보세요.

[1] 고소 •   • ㉠ 잘잘못을 판단하여 결정함

[2] 특허 •   • ㉡ 다른 사람이 잘못한 일이나 범죄 사실을 법원에 신고함

[3] 판결 •   • ㉢ 어떤 사람이 혼자만 가질 수 있는 권리

2 단계

밑줄 친 부분을 비슷한 뜻을 가진 낱말로 바꾸어 써 보세요.

[1] 벨은 메우치의 전화기와 아주 **유사한** 것을 자신이 발명했다며

→ [ㅂ] [ㅅ] [한]

[2] 다른 사람이 이 기술을 **함부로** 쓸 수 없도록

→ [ㅁ] [ㅇ] [ㄷ] [로]

[3] 안토니오 메우치가 전화기를 **최초로** 발명한 사람이라며

→ [ㅊ] [ㅇ] [ㅇ] [로]

3 단계

다음은 '맞다'의 여러 가지 뜻입니다. 밑줄 친 부분은 어떤 뜻으로 쓰였는지 기호를 써 보세요.

맞다
㉠ 문제에 대한 답이나 사실이 틀리지 않다
㉡ 쏘거나 던진 물체가 어떤 물체에 닿다
㉢ 오는 사람이나 물건을 예의 있게 받아들이다

[1] 네 말이 정말 다 **맞았어**. 미리 알려 줘서 정말 고마워. ---------------- [   ]

[2] 거실을 깨끗하게 청소하며 손님을 **맞을** 준비를 하고 있었다. ---------------- [   ]

[3] 그 선수가 쏜 화살이 과녁의 중간에 정확하게 **맞았다**. ---------------- [   ]

시간 끝난 시간 [ ]시[ ]분   채점 독해 6문제 중 [ ]개

1회분 푸는 데 걸린 시간 [ ]분   어법·어휘 9문제 중 [ ]개

6주 26회

해설편 013쪽

27회

배수진(背 水 陣)*
등 배   물 수   진칠 진

어떤 일을 할 때 마지막이라는 각오로 최선을 다하는 모습을 '배수진(背水陣)'이라고 합니다. 이 고사성어는 '강물을 등지고 진을 친다'라는 뜻으로 '결코 한 걸음도 물러서지 않겠다는 마음가짐 혹은 그러한 모습'을 뜻하는 말입니다.

공부한 날 [   ]월 [   ]일   시작 시간 [   ]시 [   ]분

조나라와의 싸움을 앞두고 큰 강물 앞에 **진**을 친 한신. 부하들은 그 모습을 보고 놀란다.

부 하 (㉠) 강을 **등지다**니요. 강을 등 뒤에 두고 적들과 싸우면 위험합니다. 만약 싸움에서 패했을 경우에 저희는 도망갈 곳조차 없습니다. 이렇게 하시는 이유가 무엇입니까?

한 신 (덤덤한 목소리로) 더 이상 물러설 곳이 없을 때 죽을 각오로 싸우면 더 강해지기 마련이다. 이것만이 군사 수가 부족한 우리가 적을 이길 수 있는 유일한 방법이다.

부 하 (여전히 걱정이 된다는 듯) 네, 알겠습니다. 그 다음에는 어떻게 하면 될까요?

한 신 우리는 조나라의 성 앞으로 가서 싸우다가 도망치는 척을 하며 적들을 우리의 진으로 **유인**해 올 것이다. 그렇게 조나라 놈들 모두가 우리를 쫓아오느라 정신이 없을 때, 네가 성으로 들어가 미리 성을 **점령**해 놓도록 해라.

병사들은 모두 어리둥절했지만 뛰어난 **전략가**인 한신의 말에 따르기로 한다. 한편 이 소식을 들은 조나라에서도 모두 한신을 비웃으며 자신들의 승리를 확신한다.

드디어 시작된 한신과 조나라의 싸움. 한신은 계획대로 조나라의 성 앞에서 싸움을 벌이다가 강물로 적들을 유인한다. 조나라는 한신을 쫓아 강가로 가면 승리할 것이라고 확신하면서 모두 그를 따라간다. 강가에 도착한 한신은 군사들에게 외친다.

한 신 (큰 소리로 외치며) 우리는 더 이상 물러날 곳도, 나아갈 곳도 없는 **배수진**이다. 우리의 뒤에는 강물뿐이다. 모두 죽기 살기로 싸우자!

군사들 (㉡) 싸우자!

한신의 말을 들은 군사들은 죽을힘을 다하여 싸우기 시작한다. 죽을 각오로 싸우는 한신의 군사들에게 조금씩 밀리기 시작하는 조나라의 군사들. 당황한 조나라의 장군은 **후퇴**를 **명한다.**

조나라 장군 (당황해하며) 이, 일단 후퇴다! 다들 성으로 돌아가!

하지만 급하게 돌아간 성에는 이미 한신의 깃발이 걸려있다. 조나라 병사들은 당황하며 도망가고, 이내 무대 밖으로 사라진다. 무대에 남은 한신과 병사들은 무기를 높이 들어 승리의 **환호성**을 지른다. 무대에 승리의 음악이 나오고 무대 끝 성에서도 한신의 병사들이 나타나 깃발을 펄럭이며 환호성을 지른다.

1 한신이 '배수진'을 전략으로 삼은 까닭을 골라 보세요. ━━━━━━━━━━━━━━━ [   ]

① 성을 먼저 공격하기 위해

② 어차피 패배할 것이라는 생각에

③ 강 건너 아군에게 도움을 요청하기 위해

④ 막다른 곳에서는 병사들이 더욱 힘껏 싸울 거라고 판단해서

⑤ 이미 군사 모두가 도망갈 수 있는 도주로를 만들어 놨기 때문에

2 당시의 상황으로 보아 ㉠, ㉡ 각각에 들어갈 지문⁹으로 알맞은 것을 골라 보세요. ━━━━━━ [   ]

	㉠	㉡
①	알겠다는 듯	큰 소리로 외치며
②	의아해하며	소리를 지르며
③	감탄하며	당황해하며
④	이상하게 여기며	주눅이 든 상태로
⑤	의심스럽다는 듯	감탄하면서

3 다음은 이 이야기를 정리한 글입니다. 빈칸을 알맞게 채워 보세요.

> ☐☐ 은 조나라의 성 앞에서 전투를 벌이다가 도망가는 척하며 적군을 ☐☐ 한다.
>
> 조나라 군사들은 그런 한신을 얕보고 쫓아간다. 한신이 ☐☐☐ 을 펼치자 한신의
>
> 병사들은 죽기 살기로 싸우게 되고 놀란 조나라 장군은 ☐☐ 를 명하며 도망간다.
>
> 하지만 이미 조나라의 성은 한신의 부하에게 점령당한 상태였다.

어려운 낱말 풀이

① **진** 군사들을 배치한 것. 또는 그것이 있는 곳 陣진 칠 진   ② **등지다** 등 뒤에 두다   ③ **유인** 주의나 흥미를 일으켜 꾀어냄 誘꾈 유 引끌 인   ④ **점령** 적군의 영토에 들어가 그 영토를 차지함 占점령할 점 領거느릴 령   ⑤ **전략가** 전략을 세우는 데 능한 사람 戰전투 전 略다스릴 략 家집 가   ⑥ **후퇴** 뒤로 물러남 後뒤 후 退물러날 퇴   ⑦ **명한다** 명령한다 命목숨 명 -   ⑧ **환호성** 기뻐서 크게 부르짖는 소리 歡기쁠 환 呼부를 호 聲소리 성   ⑨ **지문** 희곡이나 대본에서, 해설과 대사를 뺀 나머지 부분의 글. 인물의 동작, 표정, 심리, 말투 등을 지시함 地땅 지 文글월 문

4 다음 중 한신의 군대가 조나라 군대를 유인해 온 곳은 어디일지 골라 보세요. ················ [   ]

①    ②    ③

5 다음의 '배수진'의 한자입니다. 한자의 뜻을 보고 빈칸을 채워 뜻풀이를 완성해 보세요.

背		水		陣	
뜻	음	뜻	음	뜻	음
등	배	물	수	진칠	진

'배수진'은 '☐을 등지고 ☐을 친다'라는 뜻입니다. 어떤 일을 함에 있어서 마지막이라는

각오로 최선을 다하는 모습이나 그런 경우를 뜻하는 말입니다.

6 다음 글을 읽고 밑줄 친 부분의 의미를 빈칸을 채워 완성해 보세요.

> 정유년, 9월 15일
>
> 다른 장수들을 불러 "병법에 이르기를 '<u>반드시 죽고자 하면 살고, 살려고만 하면 죽는다.</u>'고
> 했으며, 또 '한 사람이 길목을 지키는 것으로 천 사람도 두렵게 할 수 있다.'고 했음은 지금
> 우리를 두고 한 말이다. 너희 여러 장수들은 살려고 생각하지 마라. 조금이라도 명령을 어기면
> 군법으로 다스릴 것이다."라고 엄중히 약속했다.
> – 이순신, 「난중일기」 중

'반드시 죽고자 하면 살고, 살려고만 하면 죽는다'라는 말은 죽을 각오로 최선을

다하면 승리할 수 있다는 뜻입니다. 비슷한 말로는 한자성어인 '☐☐☐'이

있습니다. 이 말은 '물을 등지고 ☐을 친다'는 뜻으로 이 역시도 물에 빠져 죽을

각오로 싸워 어려움을 극복한다는 의미를 가지고 있습니다.

1단계

[보기] 속 빈칸에 들어갈 낱말이 <u>아닌</u> 것을 골라 보세요. ·········· [　　　　]

[보 기]

- 예찬이가 주희를 이쪽으로 □□ 해. 너는 그때 도망가.
- 희주는 □□ 에 찬 얼굴로 알겠다고 대답했다.
- 더 이상 방법이 없으니 일단 □□ 해야겠어. 다음에 다시 찾아오자.
- 뛰어난 □□ 가인 유철이의 말을 따랐더니 역시나 성공했어!

① 후퇴　　　　② 확신　　　　③ 전략　　　　④ 패배　　　　⑤ 유인

2단계

다음 문장에 쓰인 밑줄 친 낱말과 뜻풀이를 선으로 알맞게 이어 보세요.

| 나는 결국 그녀와 <u>등지고</u> 살게 되었다. | • | | • ㉠ | 등 뒤에 둠 |

| 거기에 있는 벽을 <u>등지고</u> 서 있으렴. | • | | • ㉡ | 서로 사이가 나빠짐 |

3단계

다음 중 '성을 점령하다'와 의미가 비슷한 말을 골라 보세요. ·········· [　　　　]

① 성을 지키다　　　　② 성에서 나오다　　　　③ 성을 지나치다
④ 성을 개방하다　　　　⑤ 성을 차지하다

시간　끝난 시간 □시 □분　채점　독해 6문제 중 □개
1회분 푸는 데 걸린 시간 □분　어법·어휘 3문제 중 □개

28회 콩으로 메주를 쑨다 해도 안 믿는다*

콩을 삶고 으깬 다음 덩어리로 만들어서 말리는 것을 '메주를 쑨다'고 합니다. '콩으로 메주를 쑨다'는 것은 당연한 사실이지요. 그런데 말하는 사람이 거짓말쟁이거나 듣는 사람이 의심이 많으면 이 말도 믿지 않을 것입니다. '콩으로 메주를 쑨다 해도 안 믿는다'는 '당연한 사실이라도 믿지 않는다'라는 뜻입니다.

공부한 날 [　]월 [　]일 시작 시간 [　]시 [　]분

먼 옛날에 '포사'라고 하는 여인이 살았습니다. 포사는 무척 아름다웠는데, 그 미모에 왕조차도 푹 빠질 정도였습니다. 포사에게 반한 왕은 포사를 아내로 삼고, 포사가 원하는 것이 있으면 무엇이든 들어주었습니다. 포사가 비단을 찢는 소리를 좋아한다는 이야기를 듣고 값비싼 비단을 수백 장이나 찢을 정도였습니다.

[　(가)　] 왕에게는 아쉬움이 하나 있었는데, 그건 포사에게 웃음이 없다는 것이었습니다. 왕은 포사가 웃는 모습을 단 한 번도 보지 못했습니다. 포사의 미소를 보기 위해 온갖 시도를 다 해 보았으나, 포사는 늘 차가운 얼굴로 앉아 있을 뿐이었습니다. 왕은 늘 어떻게 하면 포사의 미소를 볼 수 있을까 **궁리했습니다**.①

그러던 어느 날, 봉화가 잘못 올라가는 사건이 일어났습니다. 봉화는 적들의 **침입**②을 알리기 위해 피우는 불로, 올라가는 연기를 보고 신하들이 군대를 이끌고 모이게끔 하는 역할을 했습니다. 그 중요한 봉화가 잘못 올라갔으니, 군대를 이끌고 다급하게 달려온 신하들은 **허탈한**③ 얼굴을 할 수밖에 없었습니다. 그런데 그때, 어디선가 웃음소리가 들려왔습니다. 단 한 번도 웃지 않던 포사의 웃음이었습니다.

"오, 포사. 그대가 웃는 모습을 드디어 보는구려. 그대가 웃으니 마치 백 가지의 아름다움이 함께 피어나는 것 같소."

포사의 웃음을 본 왕은 신이 났습니다. [　(나)　] 봉화를 잘못 올린 사람을 벌주기는커녕 큰 상을 주었고, 그 뒤로도 포사의 웃음을 보고 싶을 때마다 봉화를 올려댔습니다. 그때마다 번번이 헛걸음하게 된 신하들의 불만은 점점 더 커져만 갔습니다.

얼마 후, 나라에 반란이 일어났습니다. 깜짝 놀란 왕은 당장 봉화를 피워 올렸습니다. 그러나 봉화를 보고도 신하들은 시큰둥했습니다.

"또 봉화를 올리는 건가? 흥, 이제 **콩으로 메주를 쑨다 해도 안 믿지**.* 가봐야 또 **시답잖은**④ 소리나 둘러댈 텐데."

결국 봉화를 올렸으나 군대를 이끌고 오는 신하들은 아무도 없었습니다. 왕은 그제야 과거의 일을 크게 후회했지만, 이미 늦은 뒤였습니다. 왕은 반란군에게 붙잡혀 **비참한**⑤ 최후를 맞아야 했고, 나라는 크게 기울어 얼마 안 가 **멸망하고**⑥ 말았습니다.

1 이 이야기에서 사건의 중심이 되는 인물을 찾아 제목을 완성해 보세요.

→ ☐☐ 의 미소

2 빈칸 (가), (나)에 들어갈 이어주는 말을 골라 보세요. ─────────────────── [   ]

	(가)	(나)
①	그러자	하지만
②	그러자	그래서
③	그러나	그래서
④	그러나	하지만
⑤	하지만	한편

3 이 이야기에서 신하들이 '콩으로 메주를 쑨다 해도 안 믿는다'라고 한 까닭에 ○표를 해 보세요.

신하들도 봉화를 구경하는 것이 재미있어져 느긋하게 구경한다는 뜻	포사의 미소가 아름다우니, 질투가 나 견딜 수 없다는 뜻	봉화를 자꾸 거짓으로 올려대니, 무슨 말을 해도 믿지 않겠다는 뜻
[ ]	[ ]	[ ]

4 '콩으로 메주를 쑨다 해도 믿지 않는다'에서 '콩'을 '팥'으로, '믿지 않는다'를 '믿는다'로 바꾸면 뜻이 달라집니다. '팥으로 메주를 쑨다 해도 믿는다'의 뜻을 짐작해 빈칸을 채워 보세요.

> **팥으로 메주를 쑨다 해도 믿는다**
>
> ☐으로 ☐☐를 만들 수는 없습니다. 그럼에도 그 말을 믿는다는 뜻으로, 그 사람이
>
> 무슨 소리를 해도 철석같이 ☐☐다는 말입니다.

어려운 낱말 풀이   ① **궁리했습니다** 마음속으로 이리저리 따져 깊이 생각했습니다 窮다할 궁 理다스릴 리 -   ② **침입** 적 따위의 허락되지 않은 상대가 멋대로 들어옴 侵습격할 침 入들 입   ③ **허탈한** 허무해서 힘이 쭉 빠진 虛빌 허 脫벗을 탈 - ④ **시답잖은** 볼품없어 마음에 들지 않는 實열매 실 -   ⑤ **비참한** 슬프고 끔찍한 悲슬플 비 慘참혹할 참 - ⑥ **멸망하고** 망해서 없어지고 滅멸망할 멸 亡없어질 망 -

[5~6] 다음 글을 읽고, 문제를 풀어 보세요.

갈릴레오 갈릴레이(1564~1642)는 이탈리아의 과학자입니다. 그는 젊은 시절부터 수학이나 천문학에 관심이 많았습니다. 그래서 안정적인 수입이 보장되는 의사의 길을 마다하고 연구자의 길을 걷게 되었습니다. 그러던 어느 날, 갈릴레이는 놀라운 깨달음을 얻게 되었습니다. 그것은 지구가 태양을 중심으로 돌고 있다는 사실이었습니다.

그 당시만 하더라도 세상의 중심은 지구라 알려져 있었습니다. 그렇기 때문에 사람들은 지구가 태양의 주위를 도는 것이 아니라, 태양이 지구의 주위를 돈다고 생각하고 있었습니다. 갈릴레오 갈릴레이의 주장에 불편함을 느낀 사람들은 잘못된 사실을 퍼트린다며 그를 재판정에 세웠습니다. 물론 갈릴레이를 지지하는 사람들도 많았지만, 갈릴레이는 재판에서 싸우는 것보다 일단 자신의 의견을 포기하는 쪽을 선택했습니다. 어차피 ㉠**무슨 말을 해도 듣지 않을** 사람들을 상대하는 것보다는 그편이 더 나았기 때문이었습니다.

그러나 재판이 끝난 후, 갈릴레이가 이렇게 말했다는 이야기가 전해집니다.

"그래도 지구는 돈다."

갈릴레이가 정말 그렇게 말했는지는 알려지지 않았지만, 그가 재판을 받고 나서도 지구가 태양의 주위를 돈다는 주장을 굽히지 않았던 것은 사실입니다. 그리고 훗날, 결국 그의 주장이 옳았다는 사실이 밝혀지며 그는 위대한 과학자 중 하나로 이름을 남기게 되었습니다.

---

5 밑줄 친 ㉠과 바꿔 쓸 수 있는 속담을 써 보세요.

➡ ☐으로 ☐☐를 쑨다 해도 믿지 않을

6 다음 중 '갈릴레오 갈릴레이'의 의견으로 알맞은 것을 골라 보세요.

지동설	천동설	지구평면설
'땅', 즉 지구가 돈다는 뜻으로 지구가 태양의 주위를 돈다는 주장이다.	'하늘', 즉 지구를 제외한 나머지 별들이 지구를 중심으로 돈다는 주장이다.	지구가 둥그런 구 형태가 아니라, 평평한 판 모양으로 생겼다는 주장이다.
[ ]	[ ]	[ ]

1단계 다음의 낱말에 알맞은 뜻을 선으로 이어 보세요.

[1] 허탈 •

[2] 비참 •

[3] 멸망 •

• ㉠ 슬프고 끔찍함

• ㉡ 망해서 없어짐

• ㉢ 허무해서 힘이 쭉 빠짐

2단계 밑줄 친 글자에 주목하여 빈칸을 알맞게 채워 보세요.

> • **헛**걸음: 아무런 보람도 없는 걸음
> • **헛**수고: 아무런 보람도 없는 수고
> • **헛**고생: 아무런 ☐☐ 도 없는 고생

→ ☐☐

3단계 다음의 그림과 [보기]를 읽고, 빈칸에 알맞은 낱말을 써 보세요.

> [보기] '☐☐'는 옛날에 먼 거리에 있는 사람들에게 빠르게 연락하기 위한 수단이었습니다. 불을 피워 올라가는 연기로 무슨 일이 벌어졌는지를 알릴 수 있었는데, 주로 적의 침입 등의 위급한 상황을 급하게 알리기 위해 쓰였습니다.

→ ☐☐

시간 끝난 시간 ☐시 ☐분

1회분 푸는 데 걸린 시간 ☐분

채점 독해 6문제 중 ☐개

어법·어휘 5문제 중 ☐개

관용어
눈 뜨고 볼 수 없다*

둘 이상의 낱말이 오래전부터 함께 쓰이면서 본래의 뜻과 다른 뜻을 지니게 된 표현

'눈 뜨고 볼 수 없다'라는 관용어는 '눈앞의 광경이 참혹하거나 민망할 정도로 아니꼬워 차마 볼 수 없다'라는 뜻입니다. 도저히 지켜보고만 있을 수 없는 상황에서 이 말을 씁니다.

공부한 날 [ ]월 [ ]일 시작 시간 [ ]시 [ ]분

먼 옛날 사람이 되고 싶었던 곰과 호랑이는 사람이 되기 위해 캄캄한 동굴에서 쑥과 마늘을 먹으며 지냈습니다. 결국 호랑이는 견디지 못하고 동굴을 뛰쳐나왔지만 곰은 참고 견뎌 아름다운 여자가 되었습니다. 그리고 환웅이라는 인물과 결혼하여 단군왕검을 낳았고 단군왕검은 고조선이라는 나라를 세워 왕이 되었습니다.

이 신비한 이야기는 우리나라 최초의 국가인 고조선의 건국 신화로, 「삼국유사」라는 책을 통해 오늘날까지 전해지고 있습니다. 「삼국유사」는 고려 **후기**의 **승려**였던 '일연'이라는 사람이 쓴 책입니다. 「삼국유사」에는 실제 역사적 사건도 기록되어 있지만 앞서 말했듯이 건국 신화, '바보 온달과 평강 공주', '만파식적' 등의 믿기 힘든 ㉠신기한 이야기들도 많이 실려 있습니다. 그래서 읽는

↑ 삼국유사

사람은 재미와 흥미도 느낄 수 있습니다. 하지만 일연은 「삼국유사」를 단순히 재미나 흥미를 위한 목적으로 쓰지 않았습니다. 일연이 「삼국유사」에 신화나 **전설** 등 신비한 이야기를 함께 서술한 것은 다 그만한 까닭이 있었습니다.

일연이 활동하던 시기인 고려 후기는 나라가 매우 어지럽던 때였습니다. 밖에서는 몽골이 고려를 침략하여 많은 백성이 고통받았습니다. 그런데 고려의 지배층은 이를 해결하려 들기는커녕 권력 다툼만 일삼아서 나라는 더욱 혼란해지고 백성들의 고통은 날이 갈수록 심해졌습니다. 그런 과정에서 백성들은 고려를 원망하기 시작하였고 더 나아가 고려 민족으로 태어난 것까지도 원망하기 시작했습니다.

이러한 상황을 도저히 **눈 뜨고 볼 수 없던** 일연은 자신이 할 수 있는 일이 무엇인지 깊이 고민하기 시작했습니다. 그러고는 우리 민족의 **자긍심**을 되찾게 해주고 백성들에게 용기를 일깨워 줄 수 있는 역사책을 편찬하기로 결심했습니다. 그리고 실제 역사적 사건은 물론이고 옛날부터 전해 내려오는 신화와 전설도 정리하고 기록하며 「삼국유사」를 써 내려갔습니다.

일연의 바람대로 「삼국유사」에 나오는 이야기들을 전해들은 백성들은 우리 민족으로서의 자긍심을 되찾게 되었고 용기를 가질 수 있게 되었습니다. 「삼국유사」는 오늘날까지도 전해지며 많은 사람에게 상상력을 자극하고 우리 역사에 많은 관심을 가질 수 있게 하는 책으로 남아 있게 되었습니다.

– 우리나라 역사 이야기

어려운 낱말 풀이

① 후기 일정 기간을 둘이나 셋으로 나누었을 때의 맨 뒤 기간 後뒤 후 期시기 기
② 승려 스님 僧중 승 侶승려 려
③ 전설 옛날부터 전해 내려오는 신비한 이야기 傳전할 전 說말씀 설
④ 자긍심 자기 혹은 자기와 관련된 것에 대해 자랑스럽고 당당히 여기는 마음 自스스로 자 矜긍지 긍 心마음 심

1 다음 중 '삼국유사'에 대한 설명으로 옳지 <u>않은</u> 것을 골라 보세요. ------------------------------- [   ]

① 고려 때 만들어진 책이다.

② 신화나 전설 등 신비한 이야기도 다수 기록되어 있다.

③ 우리나라 역사가 고조선 시대부터 시작되었음을 알려주는 책이다.

④ 혼란한 시기에 백성들에게 자긍심을 되찾아 주기 위해 쓰인 책이다.

⑤ 실제 역사는 담지 않았기 때문에 현대에는 가치를 인정받지 못하는 책이다.

2 밑줄 친 ㉠에 가까운 '삼국유사'의 기록으로 알맞은 것에 ○표를 해 보세요.

어느 날 신문왕이 듣기를, 바다에서 움직이는 산이 나타났다 하여 기이한 일이라 생각하고 찾아갔다. 그곳에는 대나무가 하나 있었는데, 용이 나타나 그 대나무를 피리로 만들라 하여 피리를 만들어 보물로 삼았다. 피리를 불면 가뭄에는 비가 내리고, 장마에는 비가 개며, 적군이 쳐들어오면 스스로 물러가므로 이를 '만파식적'이라 불렀다.

[   ]

문무왕 13년(서기 673년) 9월, 당나라 군사가 거란, 말갈 군사와 연합하여 북쪽 국경을 넘어 쳐들어왔다. 군대가 즉시 나가 싸우니, 모두 아홉 번을 싸워 적군 2,000명을 무찔렀고 임진강과 한강에 빠트린 자는 셀 수 없이 많았다. 같은 해에 문무왕이 백제와의 국경에 군사를 다시 두니, 당 태종이 크게 노하여 이듬해 다시 쳐들어왔다.

[   ]

3 이 글에서 일연이 '눈 뜨고 볼 수 없었던' 것에 ○표를 해 보세요.

[1] 밖으로는 몽골의 침입이 거세고, 안으로는 지배층의 권력다툼이 극심하여 백성들이 고려 민족으로 태어난 것조차 원망하던 상황 --- [   ]

[2] 우리나라의 역사는 고조선부터임을 알려 주는 역사책이 단 한 권도 없었던 상황 ----- [   ]

[3] 불교가 고려의 뿌리임에도 유교를 받아들여 불교를 찬밥 취급하는 지배층의 모습 --- [   ]

[4~5] 다음 글을 읽고, 문제를 풀어 보세요.

> 조선의 왕 숙종은 백성들의 마음을 중요하게 생각했습니다. 어느 날 이관명이라는 신하가 숙종을 찾아왔습니다. 이관명은 암행어사로 1년 동안 백성들의 삶을 살핀 자였습니다.
>
> "전하, 다른 곳은 문제가 없으나 얼마 전 전하께서 후궁에게 주신 섬 하나에서 수탈이 극심합니다. 그곳 백성들의 삶이 궁핍하여 차마 ㉠눈 뜨고 볼 수 없을 정도입니다."
>
> 숙종은 그 말을 듣고 크게 화를 냈으나 이관명은 꿋꿋이 숙종의 잘못을 지적했습니다.
>
> "모든 신하는 지금부터 내 명을 들어라!"
>
> 숙종의 분노를 본 다른 신하들은 이관명이 죽을 것이라 생각해 눈을 질끈 감았습니다.
>
> "오늘부로 이관명을 승진시켜 판서로 임명한다!"
>
> 판서는 지금의 장관에 해당하는 무척 높은 벼슬이었습니다. 꼼짝없이 죽을 줄만 알았던 이관명은 어안이 벙벙했습니다. 그 모습을 본 숙종이 웃으며 말했습니다.
>
> "판서가 맡은 책임이 크고 무거우니, 앞으로는 숨 돌릴 틈도 없이 바쁠 것이오."
>
> 그 후, 크게 감격한 이관명은 충심으로 숙종을 도와 나라를 이끌어 나갔다고 합니다.

4 숙종이 크게 화를 내며 명령을 내리려 했을 때, 신하들이 예상한 상황과 실제 숙종의 명령은 무엇이었는지 각각 선으로 이어 보세요.

신하들이 예상한 상황	•	•	숙종의 화를 샀으니, 이관명을 죽이라 할 것이다.
실제 명령	•	•	이관명을 판서로 임명한다.

5 다음 중 '㉠눈 뜨고 볼 수 없을 정도'와 비슷한 뜻을 가진 사자성어에 ○표를 해 보세요.

금의환향(錦衣還鄉)	목불인견(目不忍見)	감탄고토(甘呑苦吐)
'비단옷을 입고 고향에 돌아온다'라는 뜻으로, 출세하여 고향에 돌아올 때 쓰는 말.	'차마 참고 보기가 힘들다'라는 뜻으로, 참고 보기 힘든 참담한 광경을 두고 쓰는 말.	'달면 삼키고 쓰면 뱉는다'라는 뜻으로, 마음에 드는 것만 옳다 하는 태도를 지적하는 말.
[ ]	[ ]	[ ]

1단계 다음 낱말에 알맞은 뜻을 선으로 이어 보세요.

[1] 후기 •
[2] 승려 •
[3] 서술 •

• ㉠ 스님
• ㉡ 일정 기간을 둘이나 셋으로 나누었을 때 맨 뒤 기간
• ㉢ 어떤 주제에 대해 적음

2단계 다음 문장이 자연스럽도록 빈칸에 알맞은 낱말을 [보기]에서 찾아 써 보세요.

[보 기]   자긍심   자존심

[1] 그는 ☐☐☐ 이 너무 강해서 고집을 꺾는 법이 없었다.

[2] 우린 유서 깊은 학교의 일원으로서 ☐☐☐ 을 가져야 한다.

3단계 다음 중 빈칸에 [보기]의 단어가 들어갈 수 <u>없는</u> 문장을 골라 보세요. ················ [   ]

[보 기] **기록**(記기록할 기 錄기록할 록): 어떤 주제를 글이나 그림 등으로 남겨 정리함
          편찬(編엮을 편 纂모을 찬): 여러 가지 자료를 모아 책으로 만듦
          서술(敍차례 서 述지을 술): 어떤 주제에 대해 글을 씀

① 나는 오늘의 일을 그림으로 ☐☐☐ 해두기로 했다.

② 얼마 전 신기술을 적용한 스마트폰이 ☐☐☐ 되었다.

③ 나는 등장인물의 마음을 ☐☐☐ 하는 것이 제일 어려웠다.

시간   끝난 시간 ☐시 ☐분   채점   **독해** 5문제 중   ☐ 개
       1회분 푸는 데 걸린 시간 ☐분   **어법·어휘** 6문제 중 ☐ 개

30회 상부상조(相 扶 相 助)*
서로 상 도울 부 서로 상 도울 조

인간은 사회적인 동물이라 혼자 살아가기는 무척 힘듭니다. 그렇기에 서로 도움을 주고받으며 생활하는 것입니다. '상부상조(相扶相助)'는 이처럼 '서로 도움을 주고받을 때' 쓰는 말입니다.

공부한 날 ☐ 월 ☐ 일 시작 시간 ☐ 시 ☐ 분

생태계^①에서 생물들은 다양한 관계를 맺습니다. 먹고 먹히는 관계나, 먹이나 공간을 두고 서로 다투는 관계, 그리고 어느 생물에게 일방적으로^② 피해를 주면서 이득을 취하는 관계 등이 있습니다. 그러나 모든 생물이 서로 다투거나 해를 끼치면서 살아가는 것은 아닙니다. 몇몇 생물들은 서로 도움을 주고받으며 살아가는데, 우리는 그러한 관계를 '공생'이라고 부릅니다.

공생의 대표적인 예로는 개미와 진딧물을 들 수 있습니다. 진딧물의 천적은 무당벌레인데, 진딧물 혼자서는 무당벌레를 당해 낼 수 없습니다. 그래서 진딧물은 꽁무니에서 나오는 단물을 개미들에게 제공하고, 개미들로 하여금 무당벌레로부터 자신들을 보호하게 합니다. 이렇게 진딧물은 천적으로부터 몸을 지키고, 개미들은 단물을 얻는 식으로 서로 도움을 주고받는 것입니다.

공생의 또 다른 예로는 말미잘과 흰동가리가 있습니다. 말미잘은 물고기를 마비시키는 독을 가지고 있는데, 흰동가리는 그 독에 면역^③이 있습니다. 그래서 흰동가리는 천적을 피해 말미잘의 촉수^④ 사이로 몸을 숨길 수 있습니다. 만약 흰동가리를 노리고 말미잘에 달려드는 물고기가 있더라도, 말미잘의 독에 중독되어 말미잘의 한 끼 식사가 될 뿐입니다. 이러한 관계 속에서 말미잘은 먹이를 얻을 수 있으며, 흰동가리는 천적을 피할 수 있는 안전한 보금자리를 가질 수 있습니다.

그리고 또 하나, 다른 생물들과 특이한 관계를 맺는 동물이 하나 있습니다. 바로 '청소놀래기'라는 이름의 물고기입니다. 청소놀래기는 몇 마리씩 무리를 지어 바다의 어느 구역을 벗어나지 않습니다. 그러다 다른 물고기가 그 구역에 가까이 오면, 청소놀래기들은 그 물고기의 겉에 붙은 이물질^⑤이나 기생충 따위를 먹어 청소해 줍니다. 그렇게 물고기는 병이나 기생충을 예방하고, 청소놀래기는 먹이를 얻는 것입니다. 청소놀래기와 다른 물고기들의 공생 관계는 꽤 끈끈해서, 물고기들은 일부러 청소놀래기의 서식지를 방문할 뿐만 아니라 청소놀래기를 먹지도 않는다고 합니다.

이처럼 생태계에는 상부상조[*]하며 살아가는 생물들이 많습니다. 생물들은 그렇게 서로 도움을 주고받으며 혼자서는 할 수 없는 일을 해내곤 합니다. 우리도 그러한 동물들의 모습을 본받아 남과 상부상조[*]하며 살아가는 태도를 가져야 할 것입니다.

↑ 개미와 진딧물

↑ 말미잘과 흰동가리

↑ 곰치와 청소놀래기

1 이 글의 중심 글감을 찾아 제목을 완성해 보세요.

→ 생물들의 ☐☐ 관 계

2 다음 중 이 글의 내용으로 알맞은 것을 골라 보세요. --- [   ]

① 생태계에서 생물들은 경쟁 관계만을 맺는다.

② 개미는 진딧물로부터 이득을 얻지만, 진딧물은 아무런 이득도 얻지 못한다.

③ 말미잘은 흰동가리가 오면 촉수에서 독을 뿜는 것을 멈춘다.

④ 흰동가리의 보금자리는 말미잘의 촉수 사이일 것이다.

⑤ 청소놀래기는 다른 물고기들에게 먹잇감으로 인식된다.

해설편 015쪽

3 이 글로 미루어 볼 때 '상부상조'하는 관계가 <u>아닌</u> 것에 ○표를 해 보세요.

진딧물과 무당벌레	말미잘과 흰동가리	청소놀래기와 다른 물고기들
[ ]	[ ]	[ ]

4 다음 중 '상부상조'와 어울리는 상황에 ○표를 해 보세요.

농사를 짓는 형과, 생선을 잡는 동생은 서로 필요한 것이 있을 때마다 도움을 주고받아 식탁이 늘 풍성하다.	둘 다 공부를 잘하는 형과 동생이 서로 경쟁하면서 더욱 높은 성취를 보이고 있다.	형이 기르는 개와 동생이 기르는 고양이는 사이가 좋지 않아 매일 싸운다.
[ ]	[ ]	[ ]

🧻 어려운 낱말 풀이 : ① **생태계** 여러 생물들이 서로 영향을 미치며 사는 세계 生날 생 態모양 태 系이을 계　② **일방적으로** 한쪽의 마음대로 —한 일 方모 방 的과녁 적 -　③ **면역** 독이나 병 따위에 걸리지 않는 상태 免면할 면 疫돌림병 역
④ **촉수** 뼈가 없는 돌기 모양의 기관 觸닿을 촉 手손 수　⑤ **이물질** 원래 가지고 있어야 하는 물질 외의 다른 물질 異다를 이 物만물 물 質바탕 질

[5~6] 다음 글을 읽고, 문제를 풀어 보세요.

2007년 겨울, 선박 사고로 태안 앞바다에 어마어마한 양의 기름이 유출되었습니다. 검고 끈적한 기름이 바다와 해안을 온통 검은빛으로 물들였고, 수많은 생물이 죽은 바다는 죽음의 바다를 떠올리게 만들었습니다.

태안에 사는 주민들은 절망에 빠졌습니다. 태안은 어업과 관광업으로 먹고사는 곳이었는데, 기름이 유출된 이상 둘 다 꿈도 꿀 수 없는 일이었기 때문이었습니다. 그런데 얼마 후, 태안 앞바다에 수많은 사람들이 몰려들기 시작했습니다. 모인 사람들은 제각각이었습니다. 얼마 전에 결혼한 신혼부부, 수학여행을 취소하고 온 학생들, 휴가 나온 군인 등등… 그들은 모두 절망에 빠진 태안 사람들을 돕기 위해 찾아온 자원봉사자들이었습니다.

100만 명에 달하는 자원봉사자들의 힘으로 태안 앞바다는 빠르게 본모습을 되찾기 시작했습니다. 단 두 달 만에 기름이 어느 정도 걷히며 태안에 사는 주민들은 점차 일상을 되찾기 시작했습니다. 모두가 불가능한 일이라고 말했지만, 수많은 사람의 협동이 불가능을 가능으로 바꾼 것입니다.

수많은 자원봉사자가 도움을 주는 경우는 그 외에도 많습니다. 강원도에 산불이 났을 때도 그랬고, 포항에 지진이 났을 때도 그랬습니다. 모두가 서로에게 큰일이 닥쳤을 때 협동해서 도움을 주고받는 것입니다. 태안 앞바다에 살던 주민들 또한 포항에서 지진이 났을 때 자원봉사를 갔습니다. ㉠**상부상조**의 정신은 이처럼 여러 기적을 만들어 내고 있습니다.

– 관련 교과: 초등 도덕 4 '4. 힘과 마음을 모아서'

5 윗글에서 가장 강조하고자 하는 것은 무엇인지 골라 보세요. -- [   ]

① 명예   ② 효율   ③ 금전
④ 협동   ⑤ 관광

6 다음 중 '㉠상부상조'와 비슷한 뜻을 가진 사자성어에 ○표를 해 보세요.

어불성설(語不成說)	설왕설래(說往說來)	상호부조(相互扶助)
'말이 설을 이루지 못한다'라는 뜻으로, 말이 이치에 조금도 맞지 않아 말 같지 않을 때 쓰는 말	'말이 서로 오고가다'라는 뜻으로, 서로 옥신각신 말을 주고받거나 말이 사이에서 오고감	'서로 도움'이라는 뜻으로, 도움을 주고받으며 공동생활을 하는 관계를 두고 하는 말
[ ]	[ ]	[ ]

1단계

다음 낱말에 알맞은 뜻을 선으로 이어 보세요.

[1] 생태계 •
[2] 면역 •
[3] 촉수 •

• ㉠ 독이나 병 따위에 걸리지 않음
• ㉡ 뼈가 없는 돌기 모양의 기관
• ㉢ 여러 생물들이 서로 영향을 주고받으며 사는 세계

2단계

밑줄 친 표현과 바꿔 쓸 수 있는 말을 골라 보세요.

[1] 흰동가리는 천적을 피하는 **보금자리**를 가질 수 있습니다. ────────── [   ]
　　　　　　　① 위험을 피하여 잠시 머무는 곳
　　　　　　　② 지내기에 포근하고 아늑한 곳

[2] **일방적으로** 피해를 주면서 이득을 취하는 관계도 있습니다. ────────── [   ]
　① 어느 한쪽만 혼자서
　② 결과만을 보았을 때

[3] 청소놀래기와 다른 물고기들의 공생 관계는 꽤 **끈끈합니다.** ────────── [   ]
　　　　　　　① 끈적끈적합니다.
　　　　　　　② 친밀합니다.

3단계

[보기]의 '맺다'는 다음 중 무슨 뜻으로 쓰인 것인지 골라 ○표를 해 보세요.

> [보기]　　　　생태계에서 생물들은 다양한 관계를 **맺는다.**

[1] 물방울이나 땀방울 따위가 생겨나 매달리다. ────────── [   ]

[2] 열매나 꽃망울 따위가 생겨나거나 그것을 이루다. ────────── [   ]

[3] 관계나 인연 따위를 만들거나 이루다. ────────── [   ]

시간　끝난 시간 [   ]시 [   ]분
1회분 푸는 데 걸린 시간 [   ]분

채점　독해 6문제 중 [   ]개
어법·어휘 7문제 중 [   ]개

설화의 종류

설화는 같은 민족 안에서 오랜 시간에 걸쳐 입에서 입으로 전해지는 구비 문학의 한 종류입니다. 설화는 계속 다른 사람의 입에서 전해져 왔기 때문에 단순하고 분명한 이야기 구조를 갖추고 있습니다. 우리가 알고 있는 수많은 옛날이야기는 다음과 같은 세 가지 종류의 설화로 나누어 볼 수 있습니다.

[신화]

'천지창조, 한 민족이나 나라의 시조 탄생을 다루는 신성한 이야기'를 신화라고 합니다. 주로 세상을 만들고 처음 이 땅에 나라를 세운 사람의 이야기와 위대한 영웅이 탄생한 배경을 다룹니다. 말하는 사람과 듣는 사람 모두 신화를 일상적인 이야기가 아니라 신성한 이야기로 받아들이며, 대표적인 건국 신화로 단군 신화가 있습니다.

예 이 그림에는 그리스 로마 **신화** 속 인물들이 여럿 등장한다.
  └→ 세상의 시작을 다루는 신성한 이야기

[전설]

신화와 달리 신성성을 가지고 있지는 않으나 역사와 풍습을 엿볼 수 있는 '지명이나 이름에 얽힌 이야기'를 말합니다. 보통 상상력을 불러일으키는 특이한 바위나 폭포, 마을의 이름이 어디에서 유래했는지를 다루고 있습니다. 대표적으로 '장자못 전설'은 호수의 이름이 붙여진 유래를 밝히고 있는데, 우리나라에서 장자못이라고 알려진 호수만 백여 곳이 넘는다고 합니다.

예 이 계곡에는 선녀가 목욕을 하러 내려온다는 **전설**이 전해진다.
  └→ 특정 지역이나 이름에 얽힌 이야기

[민담]

민담은 '흥미를 위해 창작된 재미있는 이야기'입니다. 언제 어디에서 일어났는지 구체적으로 드러나지 않고 풍자와 해학을 담고 있는 것이 대부분입니다. 신화와 전설이 진실성을 가진 것과 달리 민담은 명백하게 재미를 위해 꾸며낸 옛날이야기입니다. 어떤 사람이 선녀를 만나 행복해진 이야기, 우렁이가 각시가 된 이야기처럼 우리나라에는 수많은 민담이 전해 내려옵니다.

예 할아버지가 평범한 사람이 욕심 많은 양반을 놀려 주는 **민담**을 이야기해 주셨다.
  └→ 재미있는 옛날이야기

회차	영역	학습내용	학습계획일	맞은 문제수
31회	속담	**아 다르고 어 다르다** 방학하기 일주일 전, 일주일밖에 안 남았다며 기뻐할 수도 있고 일주일이나 남았다며 답답해할 수도 있습니다. 이러한 상황을 '아 다르고 어 다르다'라고 표현합니다. '**같은 상황이나 내용이라도 말하기에 따라 달라진다**'라는 의미를 가지고 있습니다.	월 / 일	독 해 5문제 중 ☐ 개 어법·어휘 5문제 중 ☐ 개
32회	관용어	**간에 기별도 안 가다** 배가 고플 때 아주 조금만 먹게 된다면 먹었다는 느낌이 전혀 들지 않을 것입니다. 그런 상황을 두고 '**간에 기별도 안 가다**'라고 표현합니다. 즉, 이 표현은 '**먹은 것이 너무 적어 먹으나 마나 하다**'라는 뜻입니다.	월 / 일	독 해 6문제 중 ☐ 개 어법·어휘 8문제 중 ☐ 개
33회	사자성어	**개과천선(改過遷善)** 나쁜 짓을 일삼던 사람이더라도 어떤 계기로 잘못을 뉘우치고 착한 사람이 될 수 있습니다 '개과천선(改過遷善)'은 이처럼 '**나쁜 짓을 일삼던 사람이 과거의 잘못을 뉘우치고 착하게 됨**'을 뜻합니다.	월 / 일	독 해 5문제 중 ☐ 개 어법·어휘 5문제 중 ☐ 개
34회	속담	**굼벵이도 구르는 재주가 있다** '굼벵이'는 아직 어른 곤충이 되기 전이라 별다른 재주가 없습니다. 이런 굼벵이는 몸이 통통해서 잘 구를 수는 있습니다. '**굼벵이도 구르는 재주가 있다**'는 말은 '**아무 능력이 없는 사람이라도 남을 놀라게 할 재주 정도는 부릴 수 있다**'라는 말입니다.	월 / 일	독 해 6문제 중 ☐ 개 어법·어휘 7문제 중 ☐ 개
35회	관용어	**불 보듯 뻔하다** 밝은 불이 있는 곳에서 어떤 것을 보면 더 선명하게 볼 수 있습니다. '**불 보듯 뻔하다**'는 말은 환하고 선명한 불을 보듯이, '**앞으로 일어날 일이 의심할 여지가 없이 아주 명백하다**'라는 뜻입니다.	월 / 일	독 해 5문제 중 ☐ 개 어법·어휘 8문제 중 ☐ 개

속 담 옛날부터 전해오는 지혜를 간단하고 깔끔하게 표현한 짧은 글

아 다르고 어 다르다*

방학하기 일주일 전, 일주일밖에 안 남았다며 기뻐할 수도 있고 일주일이나 남았다며 답답해할 수도 있습니다. 이러한 상황을 '아 다르고 어 다르다'라고 표현합니다. '같은 상황이나 내용이라도 말하기에 따라 달라진다'라는 의미를 가지고 있습니다.

공부한 날 [ ]월 [ ]일 시작 시간 [ ]시 [ ]분

프레이밍 효과란 하나의 상황을 어떤 **시각**^①으로 바라보느냐에 따라서 해석이 달라진다는 이론을 말합니다.

위 그림에서 두 표현은 모두 같은 상황을 말하고 있지만, 각자 다른 것에 **중점**^②을 두고 있습니다. '절반이나 남았네.'라는 말은 긍정적인 마음으로 상황을 바라보고 있습니다. 반면 '절반밖에 안 남았네.'라는 말은 부정적인 마음으로 상황을 바라보고 있습니다. 서로 다른 마음, 즉 서로 다른 시각은 다른 해석을 가져오게 됩니다.

또 다른 예를 들면, 돈을 잘 쓰지 않고 아끼는 사람을 어떻게 표현할 수 있을까요? 이것 역시 두 가지 시각에서 바라볼 수 있습니다. 만약 그가 돈을 쓰지 않으려고 애쓰는 모습, 즉 부정적인 면에 초점을 맞춘다면 '**구두쇠**^③'라고 표현할 수도 있습니다. 하지만 돈을 차곡차곡 모아서 **기부**^④를 하거나 큰일이 있을 때 사용하는 모습, 즉 긍정적인 면에 초점을 맞춘다면 '**검소한**^⑤ 사람'이라고 표현할 수도 있을 것입니다. 같은 사람을 보면서 갖는 생각이지만, '구두쇠'와 '검소한 사람'이라는 두 가지 표현은 매우 다른 느낌을 줍니다.

이러한 프레이밍 효과를 우리나라 속담에서는 '**아 다르고 어 다르다**[*]'라고 말합니다. '아'와 '어'는 비슷하게 생겼지만 결국 다른 글자입니다. '물이 절반이나 남았네', '물이 절반밖에 안 남았네' 두 표현의 차이는 **고작**^⑥ 세 글자이지만, 이 작은 차이로 인하여 상대방이 받아들이는 의미는 크게 달라질 수 있습니다.

🧻 어려운 낱말 풀이 | **① 시각** 사물을 관찰하고 파악하는 기본적인 자세 視볼 시 角뿔각 **② 중점** 가장 중요하게 여겨야 할 점 重무거울 중 點점 점 **③ 구두쇠** 돈이나 재물 따위를 쓰는 데에 몹시 인색한 사람 **④ 기부** 물건을 줌 寄부칠 기 付줄 부 **⑤ 검소한** 함부로 쓰지 아니하고 꼭 필요한 데에만 써서 아끼는 儉검소할 검 素본디 소 - **⑥ 고작** 아무리 좋고 크게 평가하려 하여도 별것 아님

1 다음 그림과 같이, 하나의 상황을 보고 말하는 내용이 다른 까닭을 골라 보세요. ········· [   ]

반이나 차 있네!

컵에 물이

반밖에 없네...

① 실제로 담겨 있는 물의 양이 달라서
② 사람마다 시선의 높낮이가 서로 달라서
③ 서로 다른 시각으로 상황을 바라보고 있어서
④ 사람의 눈이 가지고 있는 초점이 모두 달라서
⑤ 긍정적으로 받아들일 수 있는 상황이 아니라서

2 [보기]와 같은 사람을 각각 어떻게 표현할 수 있는지 빈칸에 알맞은 말을 써 보세요.

[보 기]	돈을 잘 쓰지 않고 아끼는 사람

부정적인 모습에 초점	긍정적인 모습에 초점
☐☐☐	☐☐☐ 사람

3 이 글의 내용을 바탕으로 프레이밍 효과에 대해 정리한 글입니다. 빈칸에 알맞은 속담을 써 보세요.

프레이밍 효과는 어떤 시각으로 상황을 바라보느냐에 따라서 해석이 달라진다는

이론을 말합니다. 우리나라에서는 이러한 말을 '[   ]'라는

속담에서 찾아볼 수 있습니다.

엄마의 정성이 담긴
건강 오렌지주스

㉠

광고에서는 문구 한 글자, 한 글자가 매우 중요합니다. '㉡**아 다르고 어 다르다**'라는 것을 확인할 수 있는 것이 바로 광고이기 때문입니다. 광고의 문구에 있는 말들의 효과는 곧바로 상품에 대한 구매로 드러납니다. 따라서 광고를 제작하는 사람들은 어떻게 해야 고객이 상품을 긍정적인 시각으로 바라볼 수 있을지 고민합니다. 즉, 상품이 가진 긍정적인 면을 강조할 수 있는 문구를 찾기 위해 노력하는 것입니다.

4 윗글의 빈칸 ㉠에 들어갈 알맞은 문구를 골라 보세요. ---------------------------- [   ]

① 설탕을 잔뜩 넣어 만든 달콤한 주스입니다.

② 오렌지 향을 내는 향료를 느낄 수 있습니다.

③ 유통 기한이 얼마 남지 않은 오렌지로 만들었습니다.

④ 오렌지 주스 속에는 갈아낸 귤이 99% 들어 있습니다.

⑤ 직접 농장에서 키워서 갈아낸 오렌지가 99% 들어 있습니다.

5 [보기]와 같은 상황에서 서희에게 해줄 조언을 밑줄 친 ㉡의 의미를 담아서 써 보세요.

[보기]   서희는 동생이 공부를 열심히 하기를 바라는 마음으로 "10문제 중에서 5개나 틀렸구나."라고 말했다.

아무리 좋은 마음으로 한 말이라도 ☐☐ 적인 면만 강조하면 상대방의

기분이 나쁠 수도 있어. 동생에게 ☐☐ 적인 면도 함께 말해 보는 건 어때?

1단계

다음 낱말에 알맞은 뜻을 선으로 이어 보세요.

[1] 구두쇠 •　　　　　　　• ㉠ 가장 중요하게 여겨야 할 점

[2] 검소한 •　　　　　　　• ㉡ 돈이나 재물 따위를 쓰는 데에 몹시 인색한 사람

[3] 중점 •　　　　　　　• ㉢ 함부로 쓰지 아니하고 꼭 필요한 데에만 써서 아끼는

2단계

밑줄 친 '시각'이 [보기]의 뜻으로 쓰인 것에 ○표를 해 보세요.

> [보 기]　　**시각**: 사물을 관찰하고 파악하는 기본적인 자세

[1] 개의 **시각**은 인간과 달리 색을 잘 인식하지 못한다. ────────── [　　　]

[2] 우리는 서로 다른 **시각**으로 사물을 본다. ──────────────── [　　　]

[3] 이 늦은 **시각**에 전화를 거는 건 예의가 아니다. ──────────── [　　　]

7주
31회

해설편
016쪽

3단계

밑줄 친 표현이 '시간'을 나타내는 낱말인 문장에 ○표를 해 보세요.

숙제를 하려는 **찰나**에 영호가 찾아왔다.	그분은 커피에 설탕을 **잔뜩** 넣어서 드셔.	인수는 햄버거를 **고작** 한 개만 사왔다.
[　　　]	[　　　]	[　　　]

시간　**끝난 시간** [　] 시 [　] 분
　1회분 푸는 데 걸린 시간 [　] 분

채점　**독해** 5문제 중　[　] 개
　어법·어휘 5문제 중　[　] 개

32회 간에 기별도 안 가다*

배가 고플 때 아주 조금만 먹게 된다면 먹었다는 느낌이 전혀 들지 않을 것입니다. 그런 상황을 두고 '간에 기별도 안 가다'라고 표현합니다. 즉, 이 표현은 '먹은 것이 너무 적어 먹으나 마나 하다'라는 뜻입니다.

공부한 날 ☐ 월 ☐ 일 시작 시간 ☐ 시 ☐ 분

현대 사회에서는 **비만**①을 **만병**②의 **근원**③이라고 말하고 있습니다. 그래서 비만인 사람들이 받는 스트레스는 어마어마합니다. 비만인 사람들은 살을 빼기 위해 먹는 양을 줄이면서 다이어트를 합니다. 심지어는 극단적으로 먹는 양을 줄이는 사람들도 있습니다. 그래서 음식을 먹지 않고 거부하는 거식증에 걸리기도 하고 오히려 더 스트레스를 받아 건강을 해치기도 합니다.

이처럼 극단적으로 먹는 양을 줄이면서 **간에 기별도 안 가게*** 먹는 습관은 결코 좋지 못합니다. ㉠급격하게 먹는 양을 줄이게 되면 우리 몸은 허약해지고 면역력도 약해져 건강에 매우 좋지 않습니다. 게다가 갑자기 먹는 양을 줄였기 때문에 우리 몸은 당황하게 됩니다. 그래서 조금이라도 음식이 들어오면 그 음식들을 모두 살을 찌우는 영양소로 사용하게 됩니다. 결국 오히려 살이 더 쉽게 찌는 체질이 될 수도 있습니다.

우리 몸을 관리할 때는 무엇보다 건강을 최우선으로 생각해야 합니다. 다이어트 역시 운동을 **병행**④하면서 건강한 방법으로 해야 합니다. 또한 남들에게 잘 보이기 위한 목적으로 다이어트를 해서는 안 됩니다. 다이어트의 **궁극적인**⑤ 목적은 바로 비만을 벗어나 우리의 건강을 지키는 것이기 때문입니다.

다이어트를 하면서 먹는 양을 급격하게 줄이는 것보다는 몸에 좋은 음식들을 골고루 적당히 먹으며 규칙적인 운동을 병행하는 것이 가장 좋습니다. 그러한 습관을 들인다면 급격한 다이어트보다는 살이 빠지는 데까지 시간이 조금 걸릴 수는 있어도 어느 순간 아주 건강해진 몸을 발견하게 될 것입니다.

어려운 낱말 풀이 ▶ ① **비만** 살이 쪄서 몸이 뚱뚱함 肥살찔 비 滿가득찰 만 ② **만병** 모든 병 萬일만 만 病병 병
③ **근원** 무슨 일이 비롯되는 가장 핵심적인 원인 根뿌리 근 源근원 원 ④ **병행** 둘 이상의 일을 한꺼번에 행함
竝아우를 병 行갈 행 ⑤ **궁극적인** 더할 나위 없이 가장 중요한 窮다할 궁 極다할 극 的과녁 적 -

1 다음 중 이 글을 읽고 알 수 <u>없는</u> 것을 골라 보세요. ────────────── [   ]

① 거식증이란 음식을 먹지 않고 거부하는 증상을 의미한다.

② 다이어트의 목적은 자신의 건강을 지키는 것이어야 한다.

③ 극단적인 다이어트 습관은 오히려 건강에 해로운 영향을 미친다.

④ 건강한 다이어트를 위해서는 적절한 식습관과 주기적인 운동이 필요하다.

⑤ 다이어트에 성공하기 위해서는 식사량을 빠르게 줄이는 것이 가장 중요하다.

2 다음은 이 글의 내용을 각 문단별로 정리한 것입니다. 빈칸을 알맞게 채워 보세요.

1문단	☐☐ 인 사람들 중 일부는 극단적으로 먹는 양을 줄이기도 합니다.
2문단	그러나 ☐ 에 ☐☐ 도 안 가게 먹는 식습관은 건강에 좋지 않습니다.
3문단	다이어트는 우리 몸을 지키는 것이므로 ☐☐ 을(를) 최우선으로 생각해야 합니다.
4문단	좋은 다이어트는 음식을 골고루 적당히 먹으며 ☐☐ 을(를) 병행하는 것입니다.

해설편 016쪽

3 다음은 '간에 기별도 안 가다'의 뜻을 풀이한 것입니다. 빈칸에 들어갈 내용으로 알맞은 것을 골라 보세요. ────────────── [   ]

'기별(奇別)'은 '소식을 전하다'라는 뜻입니다. 따라서 '기별도 안 간다'는 말은 소식이 전해지지 않는다는 것을 의미합니다. 그렇다면 왜 하필 '간'에 기별도 안 간다는 말이 생겼을까요? 우리가 음식을 먹으면 위장을 통해 소화되는데, 그때 얻은 영양소는 간에 저장됩니다. 따라서 음식을 먹으면 간으로 가야 다른 장기로 영양소를 골고루 나눠 줄 수 있는데, [   ] 간에 아무런 소식도 전달되지 못한다는 뜻입니다.

① 지나치게 배가 불러서   ② 소화 기관이 좋지 않아서   ③ 몸에 나쁜 음식을 먹어서

④ 간이 건강하지 않아서   ⑤ 먹은 것이 너무 적어서

4 밑줄 친 ㉠과 바꿔 쓸 수 있는 낱말을 골라 보세요. ────────────── [   ]

① 멀리서   ② 갑자기   ③ 또다시   ④ 조금씩   ⑤ 뜬금없이

세종대왕의 고기 사랑은 매우 유별났습니다. 세종은 고기 없이는 밥을 먹지 않을 정도로 고기를 좋아했기 때문에, 왕의 수라상을 담당하는 상궁들은 매끼마다 고기반찬을 반드시 올리곤 했습니다.

그러나 세종의 아버지인 태종은 고기를 좋아하고 운동하기를 싫어하는 아들이 매우 걱정되었습니다. 그래서 세종이 왕이 되자 이렇게 말했습니다.

"왕께서는 몸이 무거우시니 가끔 나와 사냥을 하여 건강을 챙기셔야 할 것입니다."

그럼에도 불구하고 세종은 자신의 습관을 쉽게 고치지 못했습니다.

"다들 저를 걱정하는 것을 잘 알고 있습니다. 하지만 고기를 먹지 않으면 ㉠간에 기별도 가지 않습니다."

이런 세종도 아버지의 병이 깊어졌을 때에는 아버지를 걱정하는 마음에 고기를 입에 대지 않았습니다. 태종은 자신이 세상을 떠난 후 삼년상을 치르면서 세종의 몸이 약해질 것이 걱정되었습니다. 그래서 미리 다음과 같은 유언을 남겼습니다.

"세종이 고기가 없으면 밥을 먹지 않으니, 내가 죽은 후에 혹시 건강을 해치지 않을까 걱정된다. 삼년상을 치를 때 고기반찬 없이 검소①하게 먹는다는 장례 예법을 따르지 않아도 좋다. 그러니 왕에게 고기를 꼭 챙겨 드시도록 권하라."

이렇게 고기를 좋아했던 세종의 모습을 돌아보면, 역사 속 위대한 인물도 어떤 면에서는 우리와 같이 평범한 사람이기도 했다는 것을 느끼게 됩니다.

5 다음 중 밑줄 친 ㉠과 바꾸어 쓸 수 있는 말을 골라 보세요. ──────────── [   ]

① "기분이 몹시 좋지 않습니다."
② "충분히 먹은 것 같지 않습니다."
③ "움직일 기운이 나지 않습니다."
④ "건강이 나빠집니다."
⑤ "맛이 없습니다."

6 윗글의 내용을 바르게 이해한 친구에 ○표를 해 보세요.

> **난희:** 세종 대왕의 몸이 무거웠던 것은 고기를 매우 좋아하고 운동을 싫어했던 세종 대왕의 식습관 때문이겠구나.

> **지인:** 태종은 세종의 건강이 걱정되어 삼년상을 치르는 동안에는 절대 고기반찬을 먹지 말라는 유언을 남겼구나.

[   ]   [   ]

어려운 낱말 풀이 | ① **검소** 사치부리지 않고 꾸밈없이 수수함 儉검소할 검 素본디 소

1 단계 밑줄 친 낱말의 알맞은 뜻을 골라 번호를 써 보세요.

[1] <u>극단적으로</u> 먹는 양을 줄이는 사람들도 있습니다. ―――――――――――――― [　　　　]

　① 큰 긴장이나 감동을 불러일으킬 만큼

　② 한쪽으로 심하게 치우쳐 더 나아갈 데가 없을 만큼

[2] <u>오히려</u> 살이 더 쉽게 찌는 체질이 될 수도 있습니다. ―――――――――――― [　　　　]

　① 기대한 것과는 전혀 반대로

　② 그럴 바에야 차라리

2 단계 다음 문장이 자연스럽도록 빈칸에 알맞은 말을 [보기]에서 찾아 써 보세요.

[보기]	습관	체질	목적

[1] ☐☐ 이(가) 허약한 사람은 건강해지기 위해 보약을 먹기도 해.

[2] 일찍 일어나는 ☐☐ 을(를) 가지는 것이 좋아.

[3] 독서의 ☐☐ 에 따라 읽어야 하는 책이 달라.

3 단계 밑줄 친 부분과 비슷한 뜻을 가진 낱말을 써 보세요.

[1] 복권에 당첨되면 **굉장한** 상금을 받는다.

→ ☐ㅇ☐ㅁ☐ㅇ☐ㅁ☐한

[2] 친구들에게 선물을 **빠짐없이** 나누어 주었다.

→ ☐ㄱ☐ㄱ☐ㄹ

[3] **몸이 병에 저항하는 힘**을 기르기 위해 고른 식사와 운동이 필요해.

→ ☐ㅁ☐ㅇ☐ㄹ

어떤 일에 대한 교훈이나 일어난 까닭을 한자 네 자로 표현한 말

개과천선(改 過 遷 善)*
고칠 개 잘못 과 옮길 천 착할 선

나쁜 짓을 일삼던 사람이더라도 어떤 계기로 잘못을 뉘우치고 착한 사람이 될 수 있습니다. '개과천선(改過遷善)'은 이처럼 '나쁜 짓을 일삼던 사람이 과거의 잘못을 뉘우치고 착하게 됨'을 뜻합니다.

공부한 날 [ ]월 [ ]일 시작 시간 [ ]시 [ ]분

↑ 아서 웰즐리

아서 웰즐리(1769~1852)는 영국의 군인이자 정치가입니다. 그는 당시 유럽을 **호령**^①했던 나폴레옹에게 있어 최대의 **호적수**^②이자, 영국 육군을 이끄는 총사령관이기도 했습니다. 그는 **강직한**^③ 군인으로 병사들을 엄격하게 대했는데, 어느 날은 그에게도 골칫거리가 생기고 말았습니다. 병사 하나가 자꾸 **탈영**^④을 했던 것입니다.

웰즐리는 그가 탈영을 더는 시도하지 않게 하기 위해 온갖 방법을 시도해 보았습니다. 처음에는 그를 불러 꾸짖기도 했고, 따로 교육을 시키기도 했으며, 무서운 벌을 주기도 했습니다. 그럼에도 말을 듣지 않자 그 병사를 감옥에 가두기까지 했습니다. 하지만 병사는 탈영을 멈추지 않았습니다.

결국 웰즐리는 어쩔 수 없이 그를 사형시키기로 했습니다. 웰즐리는 부하들을 모아놓고 그 병사를 불러 말했습니다.

(가)
> "나는 네가 탈영할 때마다 할 수 있는 일은 모두 다 해 보았다. 너를 꾸짖기도 했고, **징계**^⑤를 내리기도 했고, 감옥에 가둔 적도 있지. 그럼에도 너는 달라지지 않았구나. 어쩔 수 없이 너에게 사형을 내리겠다."
>
> 그런데 그때, 웰즐리의 부하 중 한 사람이 나서서 말했습니다.
>
> "하지만 장군님, 장군님께서 그에게 하지 않으신 일이 딱 하나 남아 있습니다."
>
> "그것이 무엇인가?"
>
> "바로 '용서'입니다, 장군님. 장군님께서는 단 한 번도 그를 대가 없이 용서하지 않으셨습니다."
>
> 그 말을 듣고 웰즐리는 잠시 침묵했습니다. 그리고는 천천히 입을 열었습니다.
>
> "좋다. 내가 너를 아무런 대가 없이 용서하겠다."

그러자 놀라운 일이 벌어졌습니다. 아무리 벌을 주어도 며칠이 지나면 다시 탈영을 시도하곤 했던 병사가 더는 탈영을 시도하지 않았습니다. 그 대신 훈련에 열심히 참여하며 용맹하게 전투에 나서기 시작했습니다. 그야말로 **개과천선***을 한 셈이었습니다.

구제불능^⑥이라 생각했던 병사가 **개과천선***하는 모습을 본 웰즐리는 **처벌**^⑦보다 더욱 효과적인 방법이 있음을 깨닫게 되었습니다. 그 후, 웰즐리는 병사들을 잘 이끌어 나폴레옹의 침략으로부터 조국을 지켜 냈고, 영국인에게 가장 존경받는 인물 중 하나가 되었습니다.

🧻 어려운 낱말 풀이

① **호령** 지휘하여 명령함 號부르짖을 호 令명령할 령 ② **호적수** 겨루기에 좋은 상대 好좋을 호 敵대적할 적 手손 수
③ **강직한** 마음이 꼿꼿하고 곧은 剛군셀 강 直곧을 직 - ④ **탈영** 군인이 허락 없이 근무지를 벗어나 도망침 脫벗을 탈 營경영할 영 ⑤ **징계** 잘못 따위를 뉘우치도록 주의를 주고 나무람 懲혼날 징 戒경계할 계
⑥ **구제불능** 도저히 돕거나 구하여 주는 것이 불가능한 사람 救건질 구 濟건널 제 不아니 불 能능할 능
⑦ **처벌** 죄에 대하여 벌을 줌 處다스릴 처 罰죄 벌

1 다음 중 이 글의 제목으로 가장 알맞은 것을 골라 보세요. --- [   ]

① 나폴레옹의 공포
② 아서 웰즐리의 탈영
③ 아서 웰즐리의 뒤늦은 후회
④ 용서의 힘! 아서 웰즐리의 깨달음
⑤ 아서 웰즐리와 나폴레옹의 끝나지 않는 싸움

2 다음은 이 글의 (가) 부분을 연극 대본으로 바꾸어 쓴 것입니다. 빈칸에 들어갈 알맞은 낱말을 [보기]에서 찾아 써 보세요.

[보 기]	침묵	결심	주름	이윽고	하지만

> **아서 웰즐리**: (엄숙한 목소리로) 나는 네가 탈영할 때마다 할 수 있는 일은 모두 다 해 보았다. 너를 꾸짖기도 했고, 징계를 내리기도 했고, 감옥에 가둔 적도 있지. 그럼에도 너는 달라지지 않았구나. 어쩔 수 없이 너에게 사형을 내리겠다.
>
> 탈영병, 아무 말도 없이 고개를 숙이고 있다. 그때, 웰즐리의 부하 중 하나가 나선다.
>
> **부　　하　1**: ☐☐☐ 장군님, 장군님께서 그에게 하지 않으신 일이 딱 하나 남아있습니다.
>
> **아서 웰즐리**: (호기심을 느낀 듯) 그것이 무엇인가?
>
> **부　　하　1**: 바로 용서입니다, 장군님. 장군님께서는 단 한 번도 그를 대가 없이 용서하지 않으셨습니다.
>
> 아서 웰즐리, ☐☐ 한다. 그의 이마에 ☐☐ 이 파이며 고민이 깊어진다.
>
> ☐☐☐ 아서 웰즐리가 탈영병을 보며 천천히 입을 연다.
>
> **아서 웰즐리**: (☐☐ 한 목소리로) 좋다. 내가 너를 아무런 대가 없이 용서하겠다.

3 이야기 속 문제의 병사가 어떻게 개과천선했는지를 생각하며 빈칸을 채워 보세요.

과거의 모습	어떤 벌을 주어도 자꾸 ☐☐ 을(를) 함
개과천선의 계기	아서 웰즐리가 아무런 대가 없이 그를 ☐☐ 함
개과천선 이후	더는 문제를 일으키지 않고, ☐☐ 에 열심히 참여하며 ☐☐ 에서도 용맹하게 나섬

[4~5] 다음 글을 읽고, 문제를 풀어 보세요.

> 레프 톨스토이(1828~1910)는 도스토예프스키와 함께 러시아의 **대문호**①로 알려진 사람입니다. 그는 귀족 가문에서 태어나 젊은 시절 삶에 피로를 느꼈는데, 그때 나쁜 길에 빠져들어 사치와 **방탕**②을 즐겼습니다. 그렇게 도박판에서 돈을 탕진하던 어느 날, 톨스토이는 장교로 크림 전쟁에 **참전**③하게 되었습니다.
>
> 전쟁은 끔찍했습니다. 사람이 살기 위해 죽고 죽이는 모습을 본 톨스토이는 인간에 대해 깊이 고민하기 시작했습니다. 그리고 전쟁이 끝난 후, 톨스토이는 곧바로 과거의 방탕한 삶을 반성하고 새로운 삶을 살기로 결심했습니다. 그렇게 ㉠**개과천선한** 톨스토이는 과거의 방탕했던 삶과 전쟁에서 겪었던 체험을 바탕으로 소설을 쓰기 시작했습니다.
>
> 레프 톨스토이는 작가로서 〈전쟁과 평화〉, 〈안나 카레니나〉, 〈이반 일리치의 죽음〉 등의 유명한 작품들을 남겼습니다. 그리고 그는 귀족 지위와 재산을 내려놓고 평생을 농부처럼 살아가고자 했습니다. 그의 독특한 삶과 생각이 녹아든 작품들은 아직까지도 위대한 작품 중 하나로 손꼽히고 있으며, 세계에서 가장 위대한 작가 중 하나로 남게 되었습니다.

4 다음 중 '레프 톨스토이'에 대한 설명으로 옳지 <u>않은</u> 것을 골라 보세요. ─────────── [　　　]

① 도스토예프스키와 함께 러시아의 대문호로 알려진 사람이다.

② 젊은 시절 사치와 방탕을 즐겼다.

③ 크림 전쟁에 장교로 참전하게 되었다.

④ 전쟁 직후 잠깐 사치와 방탕에 다시 빠져들었다.

⑤ 〈전쟁과 평화〉, 〈안나 카레니나〉, 〈이반 일리치의 죽음〉 등을 썼다.

5 '㉠개과천선한'과 같은 의미가 되도록 빈칸에 알맞은 말을 써 보세요.

젊은 시절 ☐☐ 와 ☐☐ 을 즐기던 삶을 ㅂ ㅅ 하고,

새로운 삶을 살기 시작한

어려운 낱말 풀이 ① 대문호 세상에 널리 알려진 매우 뛰어난 작가 大클 대 文글월 문 豪호걸 호
② 방탕 술과 도박 따위의 나쁜 짓에 빠짐 放놓을 방 蕩방탕할 탕　③ 참전 전쟁에 참여함 參간여할 참 戰싸울 전

144 뿌리깊은 초등국어 독해력 어휘편 5단계

1
단계

다음 낱말에 알맞은 뜻을 선으로 이어 보세요.

[1] 호령 ·   · ㉠ 지휘하여 명령함

[2] 징계 ·   · ㉡ 죄에 대하여 벌을 줌

[3] 처벌 ·   · ㉢ 잘못 따위를 뉘우치도록 주의를 주고 나무람

2
단계

다음 중 서로 '호적수'인 관계에 ○표를 해 보세요.

> 십자군 전쟁의 두 영웅 **리처드 1세와
> 살라딘**은 비록 적이었지만, 서로를
> 인정하는 라이벌이었습니다. 부딪칠
> 때마다 이기고 지고를 반복하던
> 와중에도 둘은 결코 상대에 대한 예의를
> 잊지 않았다고 합니다.

> '인왕제색도'를 그린 **조선시대 화가
> 정선과 그 친구 이병연**은 어린 시절부터
> 둘도 없는 친구였습니다. 정선이 그림을
> 그리고 싶을 때마다 이병연은 친구의
> 뜻을 알고 붓을 주었다고 합니다.

[   ]   [   ]

3
단계

[보기]를 읽고, 빈칸에 들어갈 낱말을 본문에서 찾아 써 보세요.

> [보 기] '◻◻◻◻'는 '머리'라는 뜻을 가진 '골치'와 '그렇게 될 만한 것'
> 이라는 뜻의 '거리'가 결합된 낱말입니다. '골치'는 '머리'라는 뜻으로, 홀로
> 쓰이지 않고 '앓다', '아프다' 등의 낱말과 함께 쓰입니다. 예를 들어 '골치가
> 아프다'라고 하면 '머리가 지끈거릴 만큼 성가신 문제가 생겼다'라는 뜻입니다.
> 다시 말해, '◻◻◻◻'는 '골치를 아프게 하는 것'이란 의미입니다.

→ ◻◻◻◻

시간   **끝난 시간** ◻시 ◻분   채점   **독해** 5문제 중   ◻개

1회분 푸는 데 걸린 시간 ◻분   **어법·어휘** 5문제 중   ◻개

34회 굼벵이도 구르는 재주가 있다*

'굼벵이'는 아직 어른 곤충이 되기 전이라 별다른 재주가 없습니다. 이런 굼벵이는 몸이 통통해서 잘 구를 수는 있습니다. '굼벵이도 구르는 재주가 있다'는 말은 '아무 능력이 없는 사람이라도 남을 놀라게 할 재주 정도는 부릴 수 있다'라는 말입니다.

공부한 날 [　]월 [　]일　시작 시간 [　]시 [　]분

옛날에 떡보라는 사람이 살았습니다. 떡보는 별다른 재주는 없지만 떡을 무척 좋아했습니다.

어느 날, 떡보는 길을 가다 한 소식을 들었습니다. 중국에서 온 **사신**①과의 지혜 겨루기에서 이기면 벼슬도 주고, 소원도 들어준다는 것이었습니다. 떡보는 떡을 실컷 먹을 수 있겠다는 생각에 지혜 겨루기에 나가기로 했습니다.

지혜 겨루기 날이 되었습니다. 떡보는 배가 고프면 머리도 안 돌아간다며 네모난 떡 다섯 개를 먹고 갔습니다. 중국 사신은 떡보에게 중국말로 무어라 말했습니다. 당연히 떡보는 한마디도 알아듣지 못했습니다. 사신은 중국말도 모르는 떡보를 **업신여기며**②, 손가락으로 문제를 내기로 했습니다. 사신은 떡보에게 손가락으로 동그라미를 만들어 보였습니다.

'㉠아니, 이 양반이 내가 떡 먹고 온 걸 어떻게 알았지? 그런데 나는 네모난 떡을 먹었지.'

떡보는 이렇게 생각하며 손으로 네모를 만들었습니다. 그러자 사신은 깜짝 놀랐습니다.

'㉡아니, **하늘은 둥글고 땅은 네모나다**③는 스승님의 가르침을 어떻게 알고 있는 거지?'

중국 사신은 놀란 마음으로 한 문제를 더 내기로 했습니다. 이번에 중국 사신은 손가락 세 개를 펼쳐 보였습니다. 떡보는 그것을 보고 속으로 생각했습니다.

'떡을 세 개 먹은 거냐고 물어보는군. 하지만 나는 오늘 다섯 개를 먹고 왔지.'

떡보는 손가락 다섯 개를 펼쳐 보였습니다. 그러자 중국 사신은 **까무러치게**④ 놀랐습니다.

'㉢아니 이럴 수가! 삼강을 아냐는 질문에 오륜도 안다고 대답하다니!'

삼강오륜⑤은 **유교**⑥의 가르침으로, 조선과 중국의 학자들이 모두 깊게 공부하는 것이었습니다. 중국 사신은 조선 사람은 떡보처럼 별 볼 일 없어 보이는 사람조차 유교의 깊은 가르침을 안다고 생각하며 깜짝 놀라 중국으로 돌아갔습니다. 그 모습을 본 사람들은 말했습니다.

"㉣별다른 재주도 없는 떡보가 중국 사신을 이기다니, **굼벵이도 구르는 재주가 있구나.***"

사람들을 놀라게 한 떡보는 덕분에 떡을 실컷 먹을 수 있었다고 합니다.

– 우리나라 전래 동화

1 이 이야기의 내용으로 알맞지 <u>않은</u> 것을 골라 보세요. ---------------------------------- [   ]

① 떡보는 결국 떡을 실컷 먹을 수 있었다.

② 중국 사신은 떡보의 대답에 깜짝 놀랐다.

③ 떡보는 자신의 재주를 알리기 위해 지혜 겨루기에 참가했다.

④ 사람들은 떡보가 지혜 겨루기에서 이겼다는 사실에 놀라워했다.

⑤ 떡보가 중국어를 알아듣지 못하자 중국 사신은 손을 이용해 문제를 냈다.

2 다음은 이 이야기에서 나온 중국 사신의 문제와 떡보의 답, 그리고 사신이 생각한 의미입니다. 이야기의 내용에 맞도록 각각 선으로 이어 보세요.

사신의 문제	떡보의 답	사신이 생각한 의미
손으로 만든 동그라미 ·	· 손가락 다섯 개 (떡 다섯 개) ·	· 하늘과 땅의 모양
손가락 세 개 ·	· 네모난 손 모양 (네모난 떡) ·	· 삼강오륜

7주 34회

해설편 017쪽

3 떡보가 지혜 겨루기에 앞서 먹은 것은 정확히 무엇이었는지 찾아 써 보세요.

→ ☐☐ 난 ☐ 다섯 개

어려운 낱말 풀이 ① 사신 왕이나 나라의 명령을 받고 나라를 대표하여 외국에 가는 신하 使부릴 사 臣신하 신
② 업신여기며 하찮게 여기고 깔보며 ③ 하늘은 둥글고 땅은 네모나다 옛날 사람들이 우주를 연구하며 가지고 있던 믿음 ④ 까무러치게 매우 크게 ⑤ 삼강오륜 유교에서 강조하는, 사람이 지켜야 할 세 가지의 강령과 다섯 가지의 도리 三석 삼 綱벼리 강 五다섯 오 倫인륜 륜 ⑥ 유교 공자의 가르침을 바탕으로 어진 정치와 도덕의 실천을 주장하는 사상 儒선비 유 敎가르침 교

4 다음 중 밑줄 친 ㉠~㉣의 공통점은 무엇인지 골라 보세요. ------------------------------------ [   ]

① 예상치 못한 말이나 결과에 놀란 모습이다.

② 예상치 못한 말이나 결과에 화가 난 모습이다.

③ 예상한 결과에 당황하지 않은 모습이다.

④ 예상한 결과에 화가 나지 않은 모습이다.

⑤ 깜짝 놀라 두려워하는 모습이다.

5 사람들은 어떤 의미로 떡보에게 '굼벵이도 구르는 재주가 있다'고 말했는지 써 보세요.

떡보가 ☐ 을(를) 먹는 것 말고는 잘하는 것이 없는 줄 알았는데 예상치 못하게

중국 사신과의 ☐☐ 겨루기에서 승리하는 것을 보고 '아무 능력없는

사람이라도 남을 놀라게 할 ☐☐ 정도는 있다'는 의미로 말한 것입니다.

6 다음 중 '굼벵이도 구르는 재주가 있다'를 올바르게 이해한 친구에 ○표를 해 보세요.

동우: 정현이는 공부도 잘하고 운동도 잘한다니까. 못하는 게 없는 것 같아. 역시 **굼벵이도 구르는 재주가 있다더니** 정현이를 두고 하는 말인가 봐.

[   ]

정윤: 도훈이는 무엇을 하든 항상 서툴러서 놀림을 받았었는데 음악 시간에 모두 어려워하는 악기를 자유자재로 다루더라고. **굼벵이도 구르는 재주가 있다더니** 말이야.

[   ]

1단계

밑줄 친 낱말의 알맞은 뜻을 골라 번호를 써 보세요.

[1] **별다른** 재료 없이 맛있는 음식을 만들었다. ————————— [   ]

　① 특별한

　② 평범한

[2] 아빠는 무엇을 고치는 데 **재주**가 있다. ————————— [   ]

　　　① 잘할 수 있는 소질

　　　② 쌓인 경험치

2단계

다음 문장이 자연스럽도록 빈칸에 알맞은 낱말을 [보기]에서 찾아 써 보세요.

[보 기]	사신	유교	소원

[1] 네 ☐☐ 이(가) 무엇이냐?

[2] 폐하, 이웃 나라의 ☐☐ 이(가) 도착하였습니다!

[3] 조선은 ☐☐ 을(를) 중히 여기는 나라였다.

3단계

다음 설명을 보고 아래 문장의 '주어'를 써 보세요.

나는　서점에서 책을 샀다.

↑ 주어　↑ '서점에서 책을 산' 것은 '나'니까!

'주어'란 문장을 이루는 성분 중 하나로, '누가' 혹은 '무엇이'에 해당하는 부분입니다. 다시 말해, 문장에서 어느 행동을 하거나, 어느 상태에 있는 사람이나 물건을 그 문장의 '주어'라고 할 수 있습니다.

[1] 사신은 중국으로 돌아갔다. ➔ (　　　　　　　)

[2] 학자들은 유교를 공부한다. ➔ (　　　　　　　)

시간

끝난 시간 ☐시 ☐분

1회분 푸는 데 걸린 시간 ☐분

채점

독해 6문제 중 ☐개

어법·어휘 7문제 중 ☐개

7주 34회

해설편 017쪽

35회 불 보듯 뻔하다*

밝은 불이 있는 곳에서 어떤 것을 보면 더 선명하게 볼 수 있습니다. '불을 보듯 뻔하다'는 말은 환하고 선명한 불을 보듯이, '앞으로 일어날 일이 의심할 여지가 없이 아주 명백하다'라는 뜻입니다.

공부한 날 [   ]월 [   ]일 시작 시간 [   ]시 [   ]분

↑ 태조 이성계

고려 말, **강성한**① 명나라는 우리나라 철령 북쪽의 땅을 달라고 요구했습니다. 명나라의 무리한 요구에 고려는 분노했습니다. 그리고 최영 장군을 중심으로 명나라에게 본때를 보여 줘야 한다는 의견이 주를 이루었습니다. 이때, 이성계 장군은 이를 반대했습니다. 그러나 고려의 왕을 비롯한 최영 장군의 의지가 무척 강했습니다. 고려는 명나라의 요동 반도를 정벌해 고려의 힘을 보여 주고자 했습니다. 군사를 이끌고 요동 반도로 가는 것은 이성계가 맡았습니다.

압록강에 있는 위화도에 도착한 이성계는 장마를 맞아 진군을 멈췄습니다. 멈춘 사이 이성계는 군사들을 돌아보았습니다. 그런데, 힘겨운 행군을 하느라 군사들의 **사기**②는 바닥을 쳤고 전염병마저 돌고 있었습니다. 이성계는 결국 명나라와 전쟁을 할 수 없다고 결론을 내렸습니다. 그리고 전쟁이 불가능한 네 가지 이유를 적어 고려의 왕과 최영에게 보냈습니다.

명나라와의 전쟁을 할 수 없는 네 가지 이유가 있습니다.

첫째, 작은 나라가 큰 나라를 상대로 전쟁을 일으키는 것은 이치에 맞지 않습니다.

둘째, 여름에 군사들을 동원하면 안 됩니다.

셋째, 온 나라의 군사들이 모여 요동으로 정벌을 간다면, 바다의 왜구들이 우리나라를 침범할 때 나라를 지킬 사람이 없습니다.

넷째, 장마철이라 활이 제대로 듣지 않고 전염병에 걸릴 것입니다.

이성계가 보기에도, 정벌을 나간 다른 군사들이 보기에도 명나라에게 패배할 것은 **불 보듯 뻔했습니다.*** 그러나 고려의 왕과 최영은 계속해서 진군해 요동을 정벌할 것을 명령했습니다. 이성계는 결국 명령을 어겼습니다. 그리고 위화도에서 군사를 돌려, 고려로 진군했습니다. 이 사건은 훗날 '위화도 회군'이라 불리며, 이성계가 조선을 건국하는 데 결정적인 사건이 되었습니다.

– 우리나라 역사 이야기

어려운 낱말 풀이 ┃ ① **강성한** 강해지고 번성한 強굳셀 강 盛성할 성 - ② **사기** 의욕과 자신감으로 가득찬 기세 士선비 사 氣기운 기

1 다음 중 이성계가 명나라와의 전쟁을 반대할 때 든 이유로 옳지 <u>않은</u> 것을 골라 보세요. … [   ]

① 장마철이라 활이 제대로 듣지 않음

② 장마철에는 전염병이 돌 위험이 있음

③ 겨울에는 추위와 배고픔으로 죽는 병사들이 많아 전쟁을 해선 안 됨

④ 온 나라의 군사들이 요동으로 간다면, 일본의 해적들을 막을 수 없음

⑤ 작은 나라가 큰 나라를 상대로 전쟁을 일으키는 것은 이치에 맞지 않음

2 다음은 이 글을 읽고 '위화도 회군'에 대해 정리한 것입니다. 빈칸을 알맞게 채워 보세요.

위화도 회군
• 처음에는 ☐ 나라와 전쟁을 하기 위한 군사들을 모았음
• ☐☐☐ 은(는) 네 가지 이유를 들어 전쟁을 그만두어야 한다고 주장함
• 그러나 고려의 왕과 최영은 요동으로 ☐☐ 하자는 뜻을 꺾지 않았음
• 결국 이성계는 명령을 어겼고, 이것이 ☐☐ 건국의 결정적인 사건이 됨

3 다음 중 '불 보듯 뻔하다'와 비슷한 뜻을 가진 사자성어에 ○표를 해 보세요.

명약관화(明若觀火)	고진감래(苦盡甘來)	금시초문(今時初聞)
'불을 보는 듯 환히 보인다'라는 뜻으로, 앞으로 벌어질 일이 의심의 여지 없이 분명하다는 말	'쓴 것이 지나면 단 것이 온다'라는 뜻으로, 괴로움을 참고 견디면 즐거움이 온다는 말	'지금 막 처음 들었다'라는 뜻으로, 모르고 있던 사실을 처음 듣게 되었을 때 쓰는 말
[ ]	[ ]	[ ]

다음 글을 읽고, 문제를 풀어 보세요.

때는 1792년, 프랑스는 왕이 아닌 국민이 주인이 되는 나라를 만들자며 들끓었습니다. 수도 없이 많은 국민들이 들고 일어났고, 그들은 프랑스 왕 루이 16세가 지내고 있는 왕궁을 습격했습니다. 루이 16세를 지키던 병사들은 모두 도망쳐 버렸습니다. 도저히 상대할 수 있는 숫자가 아니었기 때문이었습니다. 그러나 유일하게 남은 이들이 있었으니, 그들이 바로 용맹하고 충성스럽기로 유명한 스위스 **용병**①들이었습니다.

"그대들도 어서 도망치시오. 이대로 남아봐야, 저들에게 패배하고 말 것은 ㉠**불 보듯 뻔한** 일이오. 애꿎은 목숨을 희생할 필요는 없소."

루이 16세는 그렇게 말하며 스위스 용병을 내보내려 했지만, 스위스 용병은 단 한 사람도 도망치지 않았습니다. 그들은 용병이 아니고서야 먹고살 수 없는 스위스에서 태어났기 때문에, 계약을 어기면 **후대**②의 스위스 사람들이 용병이 되지 못해 굶어 죽을까 걱정이 되었기 때문이었습니다. 결국 스위스 용병들은 루이 16세를 지키며 끝까지 싸웠고, 그 자리에서 최후를 맞이하게 되었습니다.

↑ 빈사의 사자상

스위스 루체른에는 '**빈사**③의 사자상'이라는 조각이 있습니다. 지금은 루체른의 명물이 된 그 거대한 조각은 그때 그렇게 후대를 위해 희생한 스위스 용병들을 기리기 위해 만들어졌습니다. 피를 흘리면서도 방패를 지키는 사자의 그 모습은, 후대를 위해 계약을 지켜야만 했던 스위스 용병들의 서글픈 역사였던 것입니다.

4 다음 중 밑줄 친 ㉠과 바꿔 쓸 수 있는 말을 골라 보세요. ────────── [   ]

① 늘 있는　　　　　　② 알 수 없는　　　　　　③ 무언가 이상한
④ 멀리 봐야만 하는　　⑤ 의심할 여지가 없는

5 윗글을 읽고 알 수 있는 사실로 알맞은 것을 골라 보세요. ────────── [   ]

① 스위스 용병들은 배신을 자주 하기로 유명했다.
② 1792년 당시, 프랑스에서 왕의 자리는 굳건했다.
③ '빈사의 사자상'은 스위스 제네바에 위치하고 있다.
④ 1792년 당시, 스위스는 사람들이 먹고살 걱정을 안 해도 되는 곳이었다.
⑤ '빈사의 사자상'은 후대를 위해 희생한 스위스 용병들을 기리는 작품이다.

어려운 낱말 풀이 　① 용병 돈을 받고 누군가를 위해 싸우는 사람들 傭품팔이 용 兵군사 병
② 후대 뒤에 올 세대 後뒤 후 代시대 대　③ 빈사 거의 죽어감 瀕임박할 빈 死죽을 사

1
단계

다음 낱말에 알맞은 뜻을 선으로 이어 보세요.

[1] 정벌 •　　　　　　　　• ㉠ 군대를 나아가게 함

[2] 진군 •　　　　　　　　• ㉡ 적을 쳐서 무찌름

[3] 사기 •　　　　　　　　• ㉢ 의욕이나 자신감 따위가 가득 찬 기세

2
단계

밑줄 친 부분과 바꿔 쓸 수 있는 말을 골라 번호를 써 보세요.

[1] 그만 항복하자는 의견이 **주를 이루었다.** ·············· [　　　]

① 얼마 없었다.

② 대부분이었다.

[2] 나는 이번에야말로 **본때를 보여주리라** 결심했다. ·············· [　　　]

① 크게 혼쭐을 내 주리라

② 마음을 너그럽게 먹으리라

3
단계

다음 한자의 뜻과 음을 보고, 뜻이 <u>반대</u>인 한자와 선으로 이어 보세요.

初	低	前
처음 초	낮을 저	앞 전

•　　　　　•　　　　　•

•　　　　　•　　　　　•

高	後	末
높을 고	뒤 후	끝 말

시간　끝난 시간 [　　]시 [　　]분

1회분 푸는 데 걸린 시간 [　　]분

채점　**독해** 5문제 중 [　　]개

어법·어휘 8문제 중 [　　]개

간과 관련된 관용 표현

간은 우리 몸에서 방패와도 같은 기관입니다. 적의 무기를 막아내는 것처럼 우리 몸에 들어온 나쁜 물질을 붙잡아 깨끗하게 만드는 해독 작용을 하기 때문입니다. 이렇게 중요한 일을 하는 만큼 간은 우리말 관용 표현에서도 자주 등장합니다.

[간덩이가 붓다]

'덩이'는 덩어리라는 뜻으로, 간을 속되게 가리켜 간덩이라고 합니다. 이 표현은 '지나치게 대담해지다'라는 뜻입니다. 보통 자기 분수를 모르면서 큰일을 하려고 하거나 무모한 짓을 할 때 '간이 부었다'고 말합니다. 비슷한 말로 '간이 크다'는 표현이 있는데, 이 경우에는 큰 배포와 결단력을 가졌다는 긍정적인 뜻으로 주로 쓰입니다.

예 태권도를 시작한 지 얼마 안 되었으면서 검은 띠에게 덤비다니 **간덩이가 부었구나**.
  └ 지나치게 겁이 없구나.

[간 떨어지다]

'순간적으로 몹시 놀라다'를 가리켜 이렇게 표현합니다. 누군가 갑자기 놀라게 하거나 큰 소리를 들었을 때 우리 몸에는 가슴이 조여들고 심장이 마구 뛰는 느낌이 듭니다. 이런 느낌이 간이 떨어지는 것과 같다고 상상했는지, 사람들은 깜짝 놀랐을 때 "간 떨어지겠네!"라고 말하곤 합니다.

예 한밤중에 현관문 밖에서 쿵 소리가 나서 **간 떨어질 뻔했다**.
  └ 순간적으로 매우 놀랐다.

[벼룩의 간을 빼먹다]

벼룩은 매우 작은 곤충이기 때문에 눈에 잘 띄지 않는데, 그런 벼룩의 간은 눈으로는 볼 수도 없을 만큼 작을 것입니다. 또한 벼룩의 간을 꺼내 먹을 정도라면 매우 욕심이 많은 사람일 것입니다. 실제로 벼룩에게 간이 있는 것은 아니지만 이 표현은 '매우 가난한 사람을 도와주기는커녕 그 사람이 가지고 있는 것까지 **빼앗으려고 한다**'는 의미를 비유하는 말입니다.

예 일자리를 구하지도 못했는데 나한테 돈을 꿔 달라고 하다니, **벼룩의 간을 빼먹는구나**.
  └ 가난한 사람의 가진 것을 빼앗으려 하는구나.

8주차

한 주간의 계획을 먼저 세워보세요. 매일 학습을 마친 후 맞힌 문제의 개수를 쓰세요!

회차	영역	학습 내용	학습계획일	맞은 문제수
36회	고사성어	**형설지공(螢雪之功)** 가난한 형편에도 열심히 공부해 꿈을 이룬 사람들이 있습니다. 이런 사람들을 보고, **'형설지공(螢雪之功)'**으로 노력한 결과 결국 꿈을 이루어 냈다고 합니다. 이는 **'반딧불과 눈에 비친 빛으로 글을 읽으며 이루어 낸 성공'**이라는 뜻으로, 어려움을 이겨 내고 공부하여 얻는 보람을 말합니다.	월 □ 일 □	독해 6문제 중 □ 개 어법·어휘 3문제 중 □ 개
37회	속담	**산 입에 거미줄 치랴** 아무리 가난해도 먹고살 방법은 반드시 있다고 말할 때 **'산 입에 거미줄 치랴'**라고 표현합니다. 거미가 사람의 입안에 거미줄을 치려면 사람이 아무것도 먹지 않아야 하는데 그럴 일은 없으므로, **'아무리 살림이 어려워 식량이 떨어져도 사람은 그럭저럭 죽지 않고 먹고 살아가기 마련'**임을 비유적으로 이르는 말입니다.	월 □ 일 □	독해 6문제 중 □ 개 어법·어휘 7문제 중 □ 개
38회	관용어	**빙산의 일각** 어떤 사건이나 사실의 대부분이 숨겨져 있고 겉으로 드러난 것은 극히 일부분에 지나지 않을 때 이를 **'빙산의 일각'**이라고 표현합니다. 이 말은 바다 위로 드러나 보이는 것보다 바닷속에 감춰진 부분이 더 큰 빙산에 비유해 **'눈에 보이는 게 전부가 아니다'**라는 뜻입니다.	월 □ 일 □	독해 6문제 중 □ 개 어법·어휘 4문제 중 □ 개
39회	사자성어	**명실상부(名實相符)** 알려진 것과 실제가 딱 들어맞을 때를 일컬어 **'명실상부(名實相符)'**라고 합니다. 이 사자성어는 **'이름과 실상이 서로 들어맞음'**이라는 뜻으로 겉과 속이 같거나 명성과 실력이 일치하는 경우에 사용하는 말입니다.	월 □ 일 □	독해 6문제 중 □ 개 어법·어휘 6문제 중 □ 개
40회	속담	**모르는 게 약, 아는 게 병** 몰라도 되는 사실을 알게 되어 괴로워할 때, 차라리 **'모르는 게 약, 아는 게 병'**이라고 말하곤 합니다. 즉, **'아무것도 모르면 마음이 편해서 좋지만, 알고 있으면 걱정거리가 많아 오히려 해롭다'**라는 뜻입니다.	월 □ 일 □	독해 6문제 중 □ 개 어법·어휘 5문제 중 □ 개

36회

형설지공(螢雪之功)*
반딧불이 형 눈 설 ~의 지 공 공

가난한 형편에도 열심히 공부해 꿈을 이룬 사람들이 있습니다. 이런 사람들을 보고 '형설지공(螢雪之功)'으로 노력한 결과 결국 꿈을 이루어 냈다고 합니다. 이는 '반딧불과 눈에 비친 빛으로 글을 읽으며 이루어 낸 성공'이라는 뜻으로, 어려움을 이겨 내고 공부하여 얻는 보람을 말합니다.

공부한 날 ☐ 월 ☐ 일 시작 시간 ☐ 시 ☐ 분

어느 가난한 집안에 차윤이라는 소년이 살고 있었습니다. 하루하루 끼니를 때우기도 어려운 형편이었지만 소년은 매일 책 읽기를 게을리하지 않았습니다. 차윤은 늘 **어슴푸레한**① 밤까지 글공부를 하곤 했는데, 어느 날은 그만 등불이 꺼지고 말았습니다.

"등잔 기름이 다 닳았구나. 당장은 기름 살 돈이 없는데 어떡하면 좋지?"

그러자 어머니가 걱정 어린 목소리로 말했습니다.

"기름 살 돈이 생길 때까지만 잠시 쉬는 것은 어떠니? 낮에는 일하고 밤에는 책을 읽으니 몸이라도 상할까 봐 걱정이란다."

하지만 공부에 뜻을 둔 차윤의 대답은 **완고**②했습니다.

"걱정하지 마세요, 어머니. 저는 반드시 벼슬길에 올라 어머니께 효도를 다할 것입니다."

확신에 찬 듯 말했지만 차윤 역시 근심으로 마음이 무거웠습니다. 그때, 마치 차윤의 간절한 마음을 아는 것처럼 여름 반딧불이가 꽁지를 반짝이며 날아올랐습니다. 반딧불 한 마리의 빛은 아주 작았지만, 여러 마리가 모이자 그 불빛은 등잔보다 환했습니다. 차윤은 반딧불을 주머니에 담아 그 빛에 책을 비춰 보며 공부에 **매진**③할 수 있었습니다.

한편 멀지 않은 곳에 사는 손강이라는 사람 역시 매우 가난해, 공부할 때 사용할 등잔 기름을 살 수 없었습니다. 밤마다 어두운 방 안에서 한 글자라도 더 읽기 위해 노력하던 손강은 답답한 마음에 문을 열고 밖으로 나왔습니다. 추운 겨울 밤바람이 손강의 마음을 더욱 무겁게 만들었습니다.

"어서 과거에 **급제**④하여 나의 뜻을 이루고 싶은데, 밤이 이리 어두우니 내 눈도 어둡구나."

그때, 희미한 달빛이 손강의 마당에 소복이 쌓인 눈을 비추었습니다. 새하얀 눈에 달빛이 반사되어 환한 빛을 내고 있었습니다. 손강은 책을 가지고 나와 눈에 비친 빛에 대고 책을 읽기 시작했습니다. 코끝이 빨개지고 손이 아리도록 추웠지만 손강은 공부하기를 멈추지 않았습니다.

차윤과 손강은 어려운 처지에서도 최선을 다해 노력한 끝에 결국 나라를 다스리는 높은 벼슬에 올랐습니다. 두 사람의 뜻을 본받아, 어려운 형편에서도 공부를 멈추지 않아 이루어 낸 결과를 보고 반딧불과 눈의 도움이라는 뜻인 **형설지공**이라는 말이 생겼습니다.

어려운 낱말 풀이 | ① **어슴푸레한** 빛이 약하거나 멀어서 어둑하고 희미한 ② **완고** 융통성이 없이 올곧고 고집이 셈 頑완고할 완 固굳을 고 ③ **매진** 어떤 일을 전심전력을 다하여 해 나감 邁멀리 갈 매 進나아갈 진 ④ **급제** 시험이나 검사 따위에 합격함, 과거에 합격하던 일 及미칠 급 第차례 제

1 이 이야기에서 손강과 차윤이 어둠을 해결한 방법과 그에 따른 한자를 각각 선으로 이어 보세요.

차윤 ·

· 雪
눈 설

손강 ·

· 螢
반딧불이 형

2 차윤과 손강의 공통점을 잘못 설명한 것을 골라 보세요. ---------------- [   ]

① 공부를 열심히 하여 뜻을 이루려는 목표가 있었다.

② 가난한 형편에서도 공부하기를 포기하지 않았다.

③ 집안이 어려워 등잔 기름을 살 돈이 없었다.

④ 주변에서 찾을 수 있는 반딧불이나 눈을 등불 대신 사용했다.

⑤ 어머니께 효도하기 위해 관직에 오르고자 하였다.

3 다음 [보기]를 보고 두 사자성어의 공통된 의미에 ○표를 해 보세요.

> [보 기]   **형설지공(螢雪之功)**: 반딧불과 눈에 비친 빛으로 글을 읽어 이루어 낸 성공
>   **주경야독(晝耕夜讀)**: 어려운 환경 속에서 낮에는 밭을 갈고 밤에는 공부를 함

지난 잘못을 고치고 착한 사람이 됨	뜻이 맞는 사람들과 함께 공부함	어려운 상황 속에도 공부를 포기하지 않음
[ ]	[ ]	[ ]

8주 36회

해설편 018쪽

[4~6] 다음 글을 읽고, 문제를 풀어 보세요.

미국의 사회 복지 사업가이자 작가로도 이름을 날린 헬렌 켈러(1880~1968)는 어린 시절 앓은 병으로 인해 시력과 청력을 모두 잃었습니다. 절망에 빠진 어린 헬렌에게 ㉠가정교사인 설리번 선생님은 말과 글을 가르쳐 주고 세상과 소통할 수 있도록 도와주었습니다. ㉡헬렌은 어려운 여건 속에서도 공부하기를 멈추지 않았고, 부단한 노력 끝에 대학에 입학했습니다.

그러나 헬렌이 바라본 세상은 여전히 장애에 대한 차별과 편견으로 가득 차 있었습니다. 시청각 장애인으로서는 최초로 학사 학위를 취득하였지만, 사람들은 여전히 헬렌을 '대단한 장애인'으로 여길 뿐 장애인에 대한 현실적인 복지와 인권 문제에는 무관심하기만 했습니다. 그래서 ㉢헬렌은 사회 곳곳에서 어려운 환경을 이겨 내고자 노력하는 사람들을 위해 사회 복지 사업을 시작했습니다.

헬렌은 장애 인권과 여성 투표권을 위해 발벗고 나선 것은 물론, 장애인을 위한 병원 및 미국 자유 인권 협회의 설립에 크게 기여했습니다. 현실의 벽은 높고 험난했지만, ㉣결국 세상은 바뀌기 시작했고 장애인을 배려하는 법안과 여성 참정권이 당연한 사회가 되었습니다. ㉤1964년, 사람들은 장애인과 아동 및 여성과 같은 사회적 소외 계층의 인권을 위해 평생을 바친 헬렌 켈러에게 영광스러운 자유의 메달을 수여하였습니다.

헬렌 켈러는 이렇게 말했습니다. "세상은 고난으로 가득하지만, 고난의 극복으로도 가득하다."

4 ㉠ ~ ㉤ 중 '형설지공'과 어울리는 부분을 찾아 골라 보세요. ────────────── [   ]

① ㉠   ② ㉡   ③ ㉢
④ ㉣   ⑤ ㉤

5 다음 중 헬렌 켈러가 한 일이 <u>아닌</u> 것을 골라 보세요. ───────────────── [   ]

① 장애 병원 설립   ② 대학 학사 학위 취득
③ 여성 참정권 운동   ④ '자유의 메달' 재단 설립
⑤ 아동 인권 운동

6 '형설지공'의 의미를 바르게 이해한 친구에 ○표를 해 보세요.

| |
유민: 형설지공이라는 말처럼, 환경과 조건이 잘 따라 줄 때 조금 더 쉽게 성공할 수 있어.

성훈: 형설지공이라는 말이 있듯, 온갖 어려움에도 포기하지 않으면 언젠가 꿈을 이루어 낼 수 있어.

[   ]   [   ]

1단계 [보기] 속 빈칸에 들어갈 낱말이 <u>아닌</u> 것을 골라 보세요. ----------------- [   ]

[보 기]
- 과거 시험에서 ☐☐ 하는 영광을 누리는 사람은 매우 적은 숫자였다.
- 전에는 ☐☐ 이(가) 좋지 않아서 죽도 겨우 끓여 먹었다.
- 아버지는 둘째 형 때문에 ☐☐ 이(가) 많으신지 잠을 이루지 못하셨다.
- 아무리 간절하게 부탁해도 할아버지는 ☐☐ 하게 거절하실 뿐이었다.

① 형편   ② 확신   ③ 완고   ④ 근심   ⑤ 급제

2단계 다음 문장에 쓰인 밑줄 친 낱말과 뜻풀이를 알맞게 선으로 이어 보세요.

| 반딧불의 빛을 책에 비춰 보며 공부에 **매진**할 수 있었습니다. | • | • ㉠ | **매진** 賣팔 매 盡다할 진 하나도 남지 않고 모두 다 팔려 동이 남 |

| 겨우 도착했지만 이미 영화표가 **매진**되어 볼 수 없었습니다. | • | • ㉡ | **매진** 邁멀리갈 매 進나아갈 진 어떤 일을 전심전력을 다하여 해 나감 |

3단계 다음 중 밑줄 친 부분이 [보기]와 같은 의미로 쓰인 것을 골라 보세요.

[보 기]   **무겁다**: 밤바람이 손강의 마음을 더욱 **무겁게** 만들었습니다.

[1] 간식을 잔뜩 넣었더니 가방이 제법 **무거워졌습니다**. ----------------- [   ]

[2] 죄인이 반성하지 않자 **무거운** 벌을 내리기로 했습니다. ----------------- [   ]

[3] 친구가 지수를 위로했지만, 기분은 점점 **무거워졌습니다**. ----------------- [   ]

시간   끝난 시간 ☐시 ☐분   채점   **독해** 6문제 중 ☐개
1회분 푸는 데 걸린 시간 ☐분   **어법·어휘** 3문제 중 ☐개

37회 산 입에 거미줄 치랴*

아무리 가난해도 먹고살 방법은 반드시 있다고 말할 때 '산 입에 거미줄 치랴'라고 표현합니다. 거미가 사람의 입안에 거미줄을 치려면 사람이 아무것도 먹지 않아야 하는데 그럴 일은 없으므로, '아무리 살림이 어려워 식량이 떨어져도 사람은 그럭저럭 죽지 않고 먹고 살아가기 마련'임을 비유적으로 이르는 말입니다.

공부한 날 ☐ 월 ☐ 일 시작 시간 ☐ 시 ☐ 분

앞부분의 줄거리: 러시아의 추운 겨울, 가난한 구두장이인 세묜은 아직 받지 못한 구두값을 받으러 외출했다가 교회 앞에서 알몸으로 쓰러져 있는 한 젊은이를 발견한다. 세묜은 차마 지나칠 수 없어서 그 젊은이를 집으로 데리고 온다. 세묜의 부인인 마트료나는 모르는 사람을 데려온 남편에게 화가 났지만, 곧 가엾은 젊은이에게 먹을 것을 내준다.

마트료나는 식탁에 앉아 불쌍한 젊은이를 바라보았습니다.

하지만 젊은이는 마트료나에게 명랑한 얼굴로 웃어 보였습니다.

"젊은이는 어디서 왔어요? 왜 길바닥에 쓰러져 있던 거죠?"

"저는 이 고장① 사람이 아닙니다. 그리고 그 이유는 말씀드릴 수 없습니다."

"강도라도 만난 거예요?"

"아닙니다. 하나님의 벌을 받았습니다. 그래서 알몸으로 누워 있다가 얼어 죽을 뻔했지요. 그걸 세묜이 발견하고 불쌍히 여겨, 입고 있던 외투를 벗어 나에게 입혀 준 다음 여기까지 데려왔어요. 여기에 오니까 아주머니께서 저에게 먹고 마실 것을 주셨습니다. 하나님께서 두 분을 꼭 도우실 거예요."

마트료나는 일어나서 젊은이에게 세묜의 셔츠와 바지 한 벌을 찾아 주었습니다.

"이걸 입고 아무 데서나 자도록 해요. 침대 위든 난롯가든."

젊은 나그네는 외투를 벗고 셔츠와 바지를 입은 다음 침대 위에 누웠습니다. 마트료나는 등불을 끈 뒤 외투를 가지고 남편 곁으로 갔습니다. 외투를 덮고 누웠지만 젊은이 생각이 머릿속에서 떠나지 않았습니다. 젊은이에게 옷과 마지막 빵을 모두 줘 버렸다는 생각에 기분이 언짢아졌습니다.② 하지만 젊은이가 빵을 받고 미소 지은 모습을 떠올리자 괜스레 마음이 밝아지는 느낌이 들었습니다.

"세묜! 빵을 다 먹었으니 내일은 어떻게 하죠? 이웃에게 가서 좀 꾸어야③ 할까 봐요."

"㉠산 입에 거미줄이야 치겠소?*"

"저 젊은이는 좋은 사람인 것 같은데 왜 자기 이야기를 하지 않을까요?"

"말 못 할 사정④이 있겠지."

"우리는 남에게 주는데, 남들은 왜 우리에게 주지 않는 거죠?"

"다음에 이야기합시다."

세묜은 뭐라고 대답해야 좋을지 몰라 이렇게 대답하고는 돌아누워 잠들어 버렸습니다.

– 톨스토이, 「사람은 무엇으로 사는가」 중

1 **이 이야기를 바르게 이해한 것에 ○표, 잘못 이해한 것에 ×표를 해 보세요.**

[1] 잠을 자기 위해 누운 마트료나는 젊은이에게 호의를 베푼 것에 대해 몹시 후회했고, 젊은이의 미소를 생각하자 기분이 더 언짢아졌다. --- [   ]

[2] 세묜과 마트료나는 가난한 살림에도 불구하고 가엾은 젊은이를 위해 아낌없이 가진 것을 나누어 주었다. -- [   ]

[3] 세묜과 마트료나가 젊은이에게 쓰러진 이유를 묻자 젊은이는 숨김없이 대답을 해 주었다.
--- [   ]

2 **다음은 마트료나의 속마음이 변화하는 과정을 표로 만든 것입니다. 알맞은 것에 ○표를 해 보세요.**

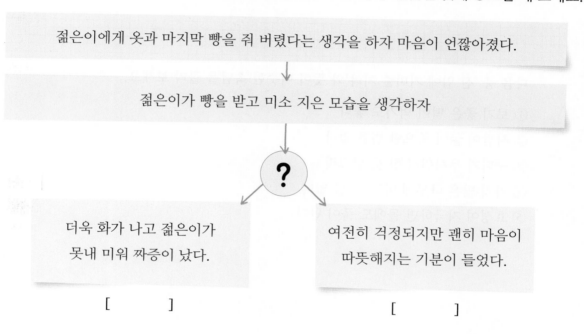

젊은이에게 옷과 마지막 빵을 줘 버렸다는 생각을 하자 마음이 언짢아졌다.

젊은이가 빵을 받고 미소 지은 모습을 생각하자

?

더욱 화가 나고 젊은이가 못내 미워 짜증이 났다.

[   ]

여전히 걱정되지만 괜히 마음이 따뜻해지는 기분이 들었다.

[   ]

8주 37회

해설편 019쪽

3 **다음 중 세묜이 밑줄 친 ㉠과 같이 말한 까닭으로 알맞은 것을 골라 보세요.** --------------------- [   ]

① 사실 숨겨 두었던 빵이 있었기 때문에

② 예전에 받지 못했던 구두값을 모두 받아 왔기 때문에

③ 세묜에게 돈을 빌려주기로 약속한 이웃이 있기 때문에

④ 당장은 어렵지만 어떻게든 먹고살 방법이 생길 거라고 생각하기 때문에

⑤ 이번에 도움을 준 젊은이가 언젠가 큰돈으로 갚을 거라고 생각하기 때문에

어려운 낱말 풀이 | ① **고장** 사람이 많이 사는 지방이나 지역   ② **언짢아졌습니다** 마음에 들지 않거나 좋지 않게 되었습니다
③ **꾸어야** 나중에 도로 갚기로 하고 남의 것을 빌려 써야   ④ **사정** 어떤 일의 형편이나 까닭 事일 사 情뜻 정

4 '산 입에 거미줄 치랴'를 올바르게 사용한 것에 ○표를 해 보세요.

> 가난했던 나의 어린 시절에는 그저 **산 입에 거미줄 치지** 않는 것에 감사하면서 살아야 했다.

------------------------------- [　　　]

> 어려운 시절을 극복하고 풍년이 들자 많은 사람이 쌀을 가득 수확하여 **산 입에 거미줄을 칠** 수 있게 되었다.

------------------------------- [　　　]

5 다음 중 '산 입에 거미줄 치랴'와 뜻이 비슷한 속담을 골라 보세요. -------------------------------- [　　　]

① 보기 좋은 떡이 먹기도 좋다
② 사람이 굶어 죽으란 법은 없다
③ 구더기 무서워서 장 못 담그랴
④ 가지 많은 나무에 바람 잘 날 없다
⑤ 효성이 지극하면 돌에도 풀이 난다

6 다음은 이 이야기를 읽고 친구들이 나눈 대화입니다. 빈칸에 들어갈 효선의 대답으로 알맞지 <u>않은</u> 것을 골라 보세요. -- [　　　]

> **덕희** : 이 글을 읽고 나니 젊은이에게 숨겨진 사연이 있을 거라는 생각이 들었어. 너는 어땠니?
> **효선** : 나는 이 글을 읽고 ＿＿＿＿＿＿＿＿＿＿＿ 생각이 들었어.

① 세묜과 마트료나처럼 남에게 베풀어야 한다는
② 없는 형편에도 다른 사람에게 베푸는 것은 어리석다는
③ 세묜과 마트료나 부부는 측은지심을 가진 사람들이라는
④ 만약 세묜이 도와주지 않았다면 젊은이는 큰일 날 뻔했다는
⑤ 젊은이를 도와준 것으로 인해 하나님이 세묜과 마트료나를 도우실 것 같다는

1 단계

[보기]의 단어를 이용해 알맞은 뜻이 되도록 빈칸을 채워 보세요.

[보 기]	습관	낭비	사정

[1] 물을 ☐☐ 하는 버릇은 고칠 필요가 있어.

[2] 매일 세 번 양치를 하는 ☐☐ 을(를) 들여야 해.

[3] ☐☐ 을(를) 들어 보니 매우 딱하구나. 내가 도와줄게.

2 단계

밑줄 친 표현의 알맞은 뜻을 골라 번호를 써 보세요.

[1] 젊은이의 웃는 모습을 생각하자 마음이 **밝아졌다.** -------------------- [   ]

　　　　　　① 불빛 따위가 환하게 켜졌다.

　　　　　　② 분위기나 기분이 환하고 좋아졌다.

[2] 지나치게 낙관적인 생각은 오히려 **독이 될** 수 있다. -------------------- [   ]

　　　　　　① 나쁜 결과를 가져올

　　　　　　② 긍정적인 영향을 끼칠

3 단계

[보기]를 읽고 문장의 뜻이 자연스럽도록 알맞은 단어를 써 보세요.

[보 기]	**낙천적**인 태도는 세상과 인생을 즐겁고 좋은 것으로 여기는 태도를 말합니다. 반대로 **비관적**인 태도는 인생을 어둡게만 보아 슬퍼하고 절망스럽게 여기며, 앞으로의 일이 잘 안될 것이라고 보는 태도입니다.

[1] 민주는 ☐☐ 적 인 성격을 타고나서 힘든 일이 생겨도 절망에 빠지거나 포기하지

않았다.

[2] 많은 사람들은 협상이 끝내 이루어지지 않을 거라는 ☐☐ 적 인 전망을 가지고 있다.

시간　**끝난 시간** ☐ 시 ☐ 분　　채점　**독해** 6문제 중　☐ 개

1회분 푸는 데 걸린 시간 ☐ 분　　　　**어법·어휘** 7문제 중　☐ 개

어떤 사건이나 사실의 대부분이 숨겨져 있고 겉으로 드러난 것은 극히 일부분에 지나지 않을 때 이를 '빙산의 일각'라고 표현합니다. 이 말은 바다 위로 드러나 보이는 것보다 바다 속에 감춰진 부분이 더 큰 빙산에 비유해 '눈에 보이는 게 전부가 아니다'라는 뜻입니다.

공부한 날 　 월 　 일 　 시작 시간 　 시 　 분

　　남극처럼 기온이 낮은 곳에서 눈이 녹지 않고 굳어서 생기는 두꺼운 얼음덩어리를 빙하라고 합니다. 바다 근처에 형성된 빙하에서는 가끔 **압력**과 햇빛으로 **균열**이 생기는데, 이렇게 금이 간 빙하에서 바다로 떨어져 나와 혼자 떠다니는 거대한 얼음덩어리를 빙산이라고 부릅니다.

　　특히 봄부터 여름까지 햇빛이 따뜻하게 내리쬐는 시기에는 균열이 발생하기가 쉬워, 더 많은 빙산이 바다로 떨어져 나옵니다. 이때 빙산의 크기는 피아노 정도로 작은 것부터 건물 10층 높이만큼 거대한 것까지 다양합니다. 더욱더 놀라운 점은, **수면** 위로 보이는 모습이 전부가 아니라는 것입니다. 평균적으로 빙산 크기의 10%만이 바닷물 위로 보일 뿐, 바닷속으로 들어가면 훨씬 거대한 빙산의 모습을 볼 수 있습니다. 이러한 빙산의 특징 때문에 사람들은 빙산의 물 밖으로 튀어나온 부분을 가리켜 **'빙산의 일각'**이라고 말하게 되었습니다. 일각이란 한 부분이라는 뜻으로, 말 그대로 빙산의 튀어나온 한 부분을 의미합니다.

↑ 빙산의 모습을 상상하여 그린 그림. 수면 위로 보이는 부분보다 수면 아래에 잠긴 부분이 훨씬 큽니다.

　　이렇게 빙산의 실제 크기는 겉으로만 봐서 알 수 없기 때문에, 옛날에는 빙산이 배와 **충돌**하면서 큰 사고가 일어나기도 했습니다. 영화로도 만들어진 타이타닉 호의 사고 역시 빙산 때문에 발생하였습니다. 눈으로 보기에는 작아 보이지만, 빙산은 바닷속에 엄청나게 큰 부분을 감추고 있기 때문에 그 거대한 타이타닉 호도 부딪쳐 침몰하고 말았던 것입니다. 게다가 빙산은 바람의 영향에 따라 빠른 속도로 바다 위를 움직이기도 하므로, 바다를 항해하는 배들에게는 매우 위험한 존재였습니다. 하지만 요즘은 인공위성 기술이 발달한 덕분에 레이더를 통해 빙산을 미리 **탐지**할 수 있게 되었습니다. 배가 미리 빙산을 피해 가는 안전한 항해가 가능해진 것입니다.

　　이렇게 빙산은 한때 위험한 존재였지만, 최근에는 새로운 역할로 ⓐ주목받고 있습니다. 빙산은 바닷물이 아니기 때문에, 녹여서 그 물을 마실 수 있기 때문입니다. 많은 나라에서 마실 물이 부족해서 고통 받고 있는 지금, 거대한 빙산을 끌어와 식수로 활용할 수 있다면 무척 훌륭한 대안이 될 것입니다. 물론 아직까지는 기술의 부족과 막대한 비용 문제로 실행되지 않고 있지만, 빙산은 앞으로 물 부족 문제를 해결할 수 있는 보물 창고일지도 모릅니다.

🧻 어려운 낱말 풀이 ┊ ① **압력** 두 물체가 서로 누르는 힘 壓누를 압 力힘 력　② **균열** 금이 가서 갈라져 터짐 龜터질 균 裂찢을 열
③ **수면** 물의 겉표면 水물 수 面얼굴 면　④ **충돌** 움직이는 두 물체가 서로 부딪침 衝찌를 충 突갑자기 돌
⑤ **탐지** 드러나지 않은 사실이나 물건을 더듬어 찾아서 알아냄 探찾을 탐 知알 지

1 다음은 이 글을 문단별로 요약한 것입니다. 빈칸에 알맞은 말을 본문에서 찾아 써 보세요.

1문단	빙산은 압력과 ☐☐ 때문에 빙하에서 바다로 떨어져 나온 거대한 ☐☐ 덩어리입니다.
2문단	빙산의 크기는 바닷속에 숨겨진 부분이 더 거대하기 때문에, 빙산의 튀어나온 작은 일부분을 가리켜 '빙산의 ☐☐'이라고 합니다.
3문단	이처럼 빙산의 크기는 겉보기로 알 수 없기 때문에 옛날에는 ☐가 빙산과 부딪치는 사고가 발생하기도 했습니다.
4문단	최근에는 물 부족 현상을 해결하기 위해 빙산을 녹여 ☐☐로 사용하는 대안이 주목받고 있습니다.

2 다음 중 빙산에 대한 설명으로 알맞지 <u>않은</u> 것을 골라 보세요. ---------------- [   ]

① 대부분의 국가에서는 빙산을 식수로 활용하고 있다.
② 빙산은 따뜻한 날씨에서 더 많이 바다로 떨어져 나온다.
③ 빙산의 크기는 아주 작은 것부터 매우 큰 것까지 다양하다.
④ 인공위성 기술 덕분에 빙산을 피해서 안전하게 항해할 수 있다.
⑤ 바닷물 위로 보이는 빙산은 평균적으로 전체 크기의 10%에 해당한다.

3 다음 중 '빙산의 일각'이라고 표현할 수 있는 상황을 골라 보세요.

이곳은 사진만 보면 사람이 없어 보이지만, 실제로는 사진 속에 보이는 것보다 훨씬 사람이 많다.	과자 상자가 커서 많이 들어 있을 거라고 기대했는데, 정작 열어 보니 과자가 너무 적고 맛이 없다.	아무런 단서가 없었기 때문에 지갑을 훔쳐 간 범인이 누구인지 결국 밝혀낼 수 없었다.
[ ]	[ ]	[ ]

4 밑줄 친 ⓐ와 바꿔 쓸 수 있는 표현으로 알맞은 것을 골라 보세요. ---------------- [   ]

① 관심을 받고 있습니다   ② 고정되고 있습니다   ③ 잊혀져 가고 있습니다
④ 무시를 받고 있습니다   ⑤ 이해되고 있습니다

다음 글을 읽고, 문제를 풀어 보세요.

우리의 입안에는 몇 개의 치아가 있을까요? 먼저 어른과 어린이의 치아 개수는 차이가 있습니다. 어린이의 치아를 유치라고 부르는데, 유치의 개수는 위에 열 개와 아래에 열 개로 총 스무 개입니다. 하지만 초등학교 고학년이 될 때까지 이러한 유치는 모두 빠지고 영구치로 교체됩니다. 이때 유치가 영구치로 바뀌면서 큰 어금니 열두 개가 더 나오기 때문에, 어른이 되면 모두 서른두 개의 치아를 갖게 됩니다.

이렇게 새로 나오는 영구치 중에는 '사랑니'가 포함되어 있습니다. 사랑니는 사람에 따라 나기도 하고 나지 않기도 합니다. 사랑니는 보통 첫사랑을 알게 되는 나이에 나온다고 해서 붙여진 이름이라는 설도 있고, 사랑니가 날 때의 통증이 첫사랑의 가슴앓이와 비슷하다고 하여 붙여진 이름이라고도 합니다.

하지만 사랑니가 삐뚤게 자라면 통증이나 염증을 유발하기도 합니다. 잇몸 안에서 아직 나오지 않은 사랑니의 일부분이 신경을 건드리기 때문입니다. 더구나 다른 치아들과 달리, 사랑니는 다 자라지 않고 치아의 일부만 나온 채 나머지는 잇몸 속에 숨어 있는 경우가 많습니다. 따라서 사랑니의 겉으로 드러난 부분은 ㉠<u>**빙산의 일각**</u>일 때가 많으므로, 사랑니가 나기 시작하면 반드시 검진을 받아 치료 여부를 결정해야 합니다.

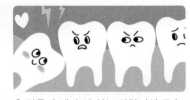
↑ 잇몸 속에 숨어 있는 사랑니의 모습

5 밑줄 친 ㉠과 같이 표현한 까닭을 골라 보세요. -- [　　　]

① 사랑니는 통증을 유발하는 원인이 되기 때문에
② 사랑니의 개수는 어른의 치아 개수에 포함되지 않기 때문에
③ 사랑니는 사람에 따라 나기도 하고 나지 않기도 하기 때문에
④ 사랑니가 나기 전에 반드시 미리 치과 검진을 받아야 하기 때문에
⑤ 사랑니의 겉으로 드러난 부분보다 잇몸 안쪽 부분이 더 크기 때문에

6 윗글을 읽고 친구들이 나눈 대화입니다. 빈칸에 알맞은 말을 골라 보세요. -------------------- [　　　]

소이 : 왜 사랑니라는 이름이 붙었을까?
정아 : 그건 ＿＿＿＿＿＿＿＿＿＿＿＿＿ 때문이야. 사랑니는 대부분 18살에서 20살 사이에 나기
　　　시작하는데, 이 이름을 붙인 사람은 보통 이 나이에 첫사랑을 하게 된다고 생각했나 봐.

① 사랑니가 나는 시기　　② 사랑니가 나는 원인　　③ 사랑니가 나는 위치
④ 사랑니를 처음 발견한 사람　　⑤ 사랑니가 통증을 유발하는 까닭

① 단계

다음은 서로 다른 의미로 쓰인 다의어입니다. 알맞은 뜻을 선으로 이어 보세요.

| 학교 운동장에서 친구가 큰 소리로 나의 이름을 <u>부른다</u>. | • | • ㉠ | 무엇이라고 가리켜 말하거나 이름을 붙이다 |

| 빙하에서 떨어져 나온 거대한 얼음 덩어리를 빙산이라고 <u>부른다</u>. | • | • ㉡ | 말이나 행동 따위로 다른 사람의 주의를 끌거나 오라고 하다 |

② 단계

밑줄 친 말과 바꿔 쓸 수 있는 말을 골라 보세요.

[1] 빙산은 물 부족 문제의 효과적인 **대안**이 될 수 있다. ------------------------------ [   ]

① 원인   ② 사유   ③ 방안

[2] 타이타닉 호의 사고는 빙산 때문에 **발생했다**. --------------------------------------- [   ]

① 초래했다.   ② 일어났다.   ③ 발견됐다.

③ 단계

[보기]에 제시된 표현과 비슷한 관계로 짝지어진 것을 골라 보세요.

| [보 기] | 뜻하다 – 의미하다 |

| 크다 – 거대하다 | 튀어나오다 – 들어가다 | 부딪히다 – 넘어지다 |

[   ]   [   ]   [   ]

시간 **끝난 시간** [   ]시 [   ]분

1회분 푸는 데 걸린 시간 [   ]분

채점   **독해** 6문제 중   [   ]개

어법·어휘 4문제 중   [   ]개

명실상부(名 實 相 符)*
이름 명　열매 실　서로 상　부신 부

알려진 것과 실제가 딱 들어맞을 때를 '**명실상부(名實相符)**'라고 합니다. 이 사자성어는 '이름과 실상이 서로 들어맞음'이라는 뜻으로 겉과 속이 같거나 명성과 실력이 일치하는 경우에 사용하는 말입니다.

공부한 날 ⬜월 ⬜일　시작 시간 ⬜시 ⬜분

　하늘에 뜬 별들의 위치를 표시한 그림을 천문도라고 합니다. 지금처럼 기술이 발전하기 전에는 사람이 직접 그린 천문도를 통해 별들의 위치와 움직임을 기록하고 확인했습니다. 이런 옛 천문도는 전 세계적으로 많지 않은데 우리나라에는 세계에서 두 번째로 오래된 천문도인 '천상열차분야지도'가 있습니다.

↑ 천상열차분야지도
(서울역사박물관 소장)

　천상열차분야지도는 '하늘의 뜻을 담고, 그것을 **형상화**① 하여 차례대로 분야에 따라 그린 그림'이라는 뜻으로 조선 시대에 만들어진 천문도입니다. 여기서 '천상'은 별과 별자리를 말하고, '열차'는 하늘을 **적도**②를 따라 12차로 나누어 차례대로 배열한 것을 의미하며, '분야'는 **북극성**③으로 하늘의 구역을 28수로 나눈 것을 말합니다. 쉽게 말하면, 별과 별자리를 관찰하여 그 각각에 따라 마치 우리가 사는 땅에서처럼 하늘에도 구역을 만들어 나누었다는 것입니다. 별과 별자리들이 각각 거대한 도시이자 국가인 것처럼 말입니다.

　천상열차분야지도는 왜 만들어졌던 걸까요? 사실 주된 이유는 왕의 권위를 바로 세우기 위해서였습니다. 옛날의 정치는 왕이 하늘의 뜻에 따라 행하는 것이었기 때문에 하늘의 뜻을 기록해 놓은 천문도가 아주 중요한 것이었습니다. 그 때문에 조선이 막 **건국**④되었던 시기, 무력을 통해 왕이 된 태조 이성계가 자신의 권위를 세우기 위해 고구려 시대의 천문도를 수정하여 '천상열차분야지도'를 제작했던 것입니다.

　천상열차분야지도는 왕의 권위를 위해 만들어졌지만 그보다 많은 역할을 해냈습니다. 계절과 날씨 예측에 중요하게 쓰여 백성들의 농사에도 큰 도움이 되었고, 1,464개의 별이 기록되었을 정도로 굉장히 정밀하고 명확해 국내외의 천문학 발전에도 크게 **기여**⑤하였습니다. 그렇기에 하늘의 뜻을 담았다는 이름 그대로 **명실상부*** 우리나라뿐 아니라 전 세계적으로 천문학의 보물로서 인정받고 있습니다.

－ 관련 교과: 초등 과학 5-1(2015 개정) '2. 태양계와 별'

어려운 낱말 풀이

① **형상화** 추상적인 것을 구체적인 형상으로 나타냄 形모양 형 象모양 상 化될 화
② **적도** 천구상의 상상선으로 지구의 적도면과 천구와의 교선 赤붉을 적 道길 도
③ **북극성** 작은곰자리에서 가장 밝은 별 北북녘 북 極다할 극 星별 성
④ **건국** 나라를 세움 建세울 건 國나라 국
⑤ **기여** 도움이 되도록 이바지함 寄주다 기 與돕다 여

1 이 글에서 설명하는 천문도의 이름을 써 보세요.

→ ☐☐☐☐☐☐☐☐

2 다음은 '천상열차분야지도'의 뜻풀이입니다. 낱말과 뜻이 맞도록 선으로 이어 보세요.

이름

뜻

천상 •

• 북극성으로 하늘의 구역을 28수로 나눔

열차 •

• 별과 별자리

분야 •

• 하늘을 적도를 따라 12차로 나누어 차례대로 배열

3 이 글의 대한 내용으로 알맞은 것을 골라 보세요. ································· [   ]

① 천문도는 정치와 관련이 없었다.

② 천문도로는 별의 위치를 알 수 없다.

③ 천문도는 고구려 시대에도 있었다.

④ 천상열차분야지도는 세계적으로 인정받지 못했다.

⑤ 천상열차분야지도는 온전히 백성들을 위해 만들어졌다.

4 다음 친구들의 대화를 읽고 빈칸에 들어갈 알맞은 말을 [보기]에서 골라 채워 보세요.

[보기]	실제	인정	이름

성호: 이 글을 읽고 천상열차분야지도가 세계적으로 인정받는 천문학의 보물이라는 것을 처음
     알게 되었어. 그런데 왜 '명실상부'라고 표현한 걸까?

현택: 명실상부는 '이름과 실상이 딱 들어맞는다'라는 뜻이잖아. 천상열차분야지도도
     하늘의 뜻을 담았다는 ☐☐ 에 걸맞게 ☐☐ 로도 ☐☐ 을(를) 받고
     있기 때문이야.

우리나라의 '직지심체요절'은 금속활자로 인쇄된 책 중에 세계에서 가장 오래된 책입니다. 많은 사람들이 독일의 '구텐베르크 성서'를 가장 오래된 책으로 알고 있지만 '직지심체요절'은 그보다 78년이나 앞서 만들어졌습니다.

'직지심체요절'은 불교의 여러 경전과 법문의 가르침 중 일부를 편집해 실어 놓은 책입니다. 책은 (㉮) 총 두 권으로 나뉘어 있는데 현재는 아쉽게도 두 번째 책만 남아 있습니다. 그마저도 우리나라가 아닌 프랑스 국립도서관에 남아 있어 (㉯) 더욱더 안타까운 상황입니다.

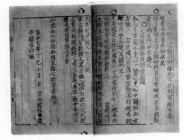
↑ 직지심체요절

'직지심체요절'은 (㉰) 처음에 금속활자로 인쇄된 최초의 책으로 인정받지 못했습니다. 하지만 우리나라의 박병선 박사가 자신의 연구와 자료 수집을 바탕으로 그 주장의 근거를 뒷받침했고 2001년, 그 사실을 인정받아 유네스코 세계 기록 유산으로 등재되어 전 세계의 인정을 받을 수 있었습니다. '직지심체요절'은 세계 최초의 금속활자 인쇄본이라는 사실 그대로 우리나라의 인쇄 기술이 얼마나 앞서 있었는지를 (㉱) 전 세계에 증명하고 있는 소중한 유산입니다.

5 ㉮ ~ ㉱ 중 '명실상부'가 들어갈 부분으로 가장 적절한 곳을 골라 보세요. -------------------- [   ]

① ㉮   ② ㉯   ③ ㉰   ④ ㉱

6 윗글의 내용을 제대로 이해하지 <u>못한</u> 친구에 ○표를 해 보세요.

추곤: '직지심체요절'이 그 가치를 인정받아 정말 다행이야. 하지만 두 권 모두 프랑스에 있다니 정말 슬픈 일이야.

[   ]

유진: '직지심체요절'이 유네스코 세계 기록 유산에 등재될 수 있었던 건 박병선 박사 같은 분이 계셔서야. 정말 본받고 싶어.

[   ]

1 단계

다음 문장이 자연스럽도록 빈칸에 알맞은 낱말을 [보기]에서 찾아 써 보세요.

> [보 기]　　　　기록　　　　권위　　　　정밀

[1] 방학 동안 어떤 책을 읽었는지 □□ 했니?

[2] 우리 집 시계는 아주 □□ 해서 시간이 딱 맞아.

[3] □□ 만 내세우는 지도자는 필요 없어.

2 단계

밑줄 친 낱말의 알맞은 뜻을 골라 번호를 써 보세요.

[1] 그건 **마치** 얼음으로 만든 성처럼 보였다. ━━━━━━━ [　　　]
　　　① 흡사
　　　② 언제나

[2] 그들은 **각각** 생각이 달랐다. ━━━━━━━━━━━━ [　　　]
　　　① 따로따로
　　　② 하나같이

3 단계

[보기] 속 빈칸에 들어갈 낱말이 <u>아닌</u> 것을 골라 보세요. ━━━━━ [　　　]

> [보 기]
> • 아주머니의 주장에는 □□ 이(가) 없었다.
> • 할아버지의 □□ 은(는) 오래된 책 한 권이었다.
> • 틀린 글자를 전부 □□ 하느라 하루를 다 썼다.
> • 모두의 □□ 을(를) 받기 위해서는 그만큼의 노력이 필요했다.

① 수정　　　② 무력　　　③ 인정　　　④ 유산　　　⑤ 근거

8주 39회

해설편 020쪽

시간　　끝난 시간 □시 □분
1회분 푸는 데 걸린 시간 □분

채점　　**독해** 6문제 중 □개
　　　어법·어휘 6문제 중 □개

40회 모르는 게 약, 아는 게 병*

몰라도 되는 사실을 알게 되어 괴로워할 때, 차라리 '모르는 게 약, 아는 게 병'이라고 말하곤 합니다. 즉, '아무것도 모르면 마음이 편해서 좋지만, 알고 있으면 걱정거리가 많아 오히려 해롭다'라는 뜻입니다.

공부한 날 [   ] 월 [   ] 일 시작 시간 [   ] 시 [   ] 분

신라 시대 어떤 마을에 지은이라는 이름의 아이가 살고 있었습니다. 지은은 어려서 아버지를 **여의었기**^① 때문에 혼자 어머니를 모시며 살았습니다. 어머니를 떠나고 싶지 않아 결혼도 **마다하였으며**^②, 아침저녁으로 어머니에게 **문안**^③을 올리고 곁에 머물렀습니다. 그런 지은의 ⓐ성품을 알고 있는 사람들은 하나같이 입을 모아 **효성**^④이 **지극**^⑤하다고 칭찬했습니다.

지은의 집안은 가난했기 때문에, 지은은 어머니께 드릴 먹을 것이 다 떨어지면 남의 집에 가서 일하거나 구걸을 해야만 했습니다. 지은은 날마다 먹을 것이 ⓑ부족하여 마음 편한 날이 없었습니다. 고민 끝에 지은은 남의 집의 일꾼으로 들어가기로 결심했습니다. 지은은 온종일 **뼈** 빠지게 남의 집에서 일한 뒤 쌀을 얻어 돌아왔습니다. 이토록 어렵게 구한 쌀로 지은 밥을 먹은 어머니가 지은에게 물었습니다.

"요즘 네가 많이 지쳐 보이는구나. 그래서 그런지 예전에는 밥이 거칠어도 맛있게 느껴졌는데, 지금은 쌀밥을 먹고 있어도 전처럼 맛이 좋지 않아. 네 모습을 보니 ㉠밥을 먹어도 마음을 칼날로 찌르는 것처럼 저리고 아프니 어찌 된 일이냐?"

지은은 어머니께 ⓒ사실대로 말씀드리고 싶지 않았습니다. **모르는 게 약, 아는 게 병**[*]이라는 말처럼 자신이 매일 그토록 힘들게 일한다는 사실을 알면 어머니께서 몹시 마음이 아프실

것이기 때문이었습니다. ⓓ그러나 어머니께 거짓말을 할 수 없었던 지은은 결국 모든 것을 털어놓았습니다. 지은의 말을 들은 어머니가 말했습니다.

"네가 나를 위해 남의 집에서까지 일을 하다니! 마음이 아파서 견딜 수가 없구나."

어머니는 지은을 끌어안고 목 놓아 ⓔ울었습니다. 그때 마을을 지나던 한 **화랑**^⑥이 그 울음소리를 들었습니다. 안타까운 이야기를 알게 된 화랑은 자신의 곡식과 옷가지를 지은의 집에 주었습니다. 그리고 지은에 대한 이야기를 임금님께 전했습니다. 이 소식을 전해들은 임금님 또한 지은의 효성에 깊이 감동하여 큰 상을 내렸다고 합니다.

– 우리나라 설화

어려운 낱말 풀이 | **① 여의었기** 부모나 사랑하는 사람이 죽어서 이별하였기   **② 마다하였으며** 거절하거나 싫다고 하였으며   **③** 문안 웃어른께 안부를 여쭘. 또는 그런 인사 問물을 문 安편안 안   **④** 효성 마음을 다해 부모님을 섬기는 정성 孝효도 효 誠정성 성   **⑤** 지극 매우 엄청남 至이를 지 極다할 극   **⑥** 화랑 신라 시대의 청소년들이 수양하던 단체. 문벌과 학식이 있고 외모가 단정한 사람들로 조직되었으며, 사회를 이롭게 하기 위해 노력하였음 花꽃 화 郎사내 랑

1 어머니가 밑줄 친 ⊙과 같이 말한 까닭을 골라 보세요. ────────────── [   ]

① 예전에 먹던 거친 밥을 다시 먹고 싶었기 때문에

② 쌀을 구해 오는 지은의 모습이 전보다 더 지쳐 보였기 때문에

③ 자신의 몸이 예전과 달리 하루하루 건강이 나빠지는 것 같아서

④ 자신에게 사실대로 말하지 않는 지은을 타이르기 위해서

⑤ 자신보다 지은이 더 밥을 많이 먹었으면 해서

2 ⓐ~ⓔ 중 비슷한 의미의 단어와 짝지어지지 <u>않은</u> 것을 골라 보세요. ────────── [   ]

① ⓐ 성품 – 마음씨   ② ⓑ 부족하여 – 만족하여

③ ⓒ 사실대로 – 솔직하게   ④ ⓓ 그러나 – 하지만

⑤ ⓔ 울었습니다 – 통곡했습니다

3 속담 '모르는 게 약 아는 게 병'을 이 이야기의 내용과 알맞게 이어 보세요.

속담 표현		이야기의 내용
모르는 게 약 •	•	어머니께서 지은이 남의 집 일을 한다는 사실을 모르시는 것
아는 게 병 •	•	어머니께서 지은이 매일 힘들게 일한다는 것을 알게 되는 일

4 '모르는 게 약, 아는 게 병'이라는 말을 해주고 싶은 친구에 〇표를 해 보세요.

의담: 내가 이미 산 옷을 다른 가게에서 더 싸게 팔고 있다는 사실을 알고 나니, 서둘러서 구매한 것이 후회돼.	**기선**: 자전거를 사고 싶어서 자전거에 대해 미리 알아 봤더니, 내게 딱 맞는 좋은 자전거를 저렴하게 살 수 있었어.	**순수**: 시험 범위를 미리 확인하지 않고 공부하기 시작했더니, 뭘 알아야 하는지 몰라서 제대로 공부할 수가 없었어.
[ ]	[ ]	[ ]

다음 글을 읽고, 문제를 풀어 보세요.

> 플라시보 효과(Placebo effect)는 의사가 효과 없는 가짜 약을 주었는데도, 그 약이 효과가 있다는 환자의 긍정적인 믿음만으로 병이 나아지는 현상을 말합니다. 환자의 좋아질 것이라는 믿음과 기대가 심리적인 효과를 내어 실제로도 좋은 영향을 미치는 것입니다. 특히 환자가 의사와 병원을 신뢰할수록, 새로운 경험을 긍정적으로 받아들이는 사람일수록 플라시보 효과가 크게 작용한다고 합니다.
>
> 이 효과는 반드시 약에서만 일어나는 것이 아니라 일상생활에서도 발생합니다. 예를 들면 무알코올 맥주를 진짜 맥주라고 믿고 마신 사람들이 정말 취한 증상을 보이기도 하는 사례가 있습니다. 이러한 플라시보 효과는 믿음의 힘이 얼마나 큰 것인지를 깨닫게 합니다. 비록 윤리적 문제 때문에 실제로 가짜 약을 처방하는 일은 일어나지 않지만, 플라시보 효과는 ㉡**긍정적인 믿음이 우리 삶에 좋은 영향을 끼칠 수 있다**는 점을 알려 줍니다.

5 다음은 윗글을 읽은 친구가 한 말입니다. 빈칸에 들어갈 말을 골라 보세요. ·························· [   ]

> 태빈 : 플라시보 효과에서는 '모르는 게 약, 아는 게 병'이라는 말이 딱 맞아. 왜냐하면 가짜 약이라는 것을 모르면 긍정의 힘으로 정말로 상태가 괜찮아질 수 있지만 _____ 때문이야.

① 가짜 약이라는 것을 알게 되면 마음이 편하기
② 가짜 약이라는 것을 알게 되면 걱정하지 않게 되기
③ 가짜 약이라는 것을 알게 되어도 아무런 소용이 없기
④ 가짜 약이라는 것을 알게 되어도 진짜 약이라고 믿게 되기
⑤ 가짜 약이라는 것을 알게 되면 상심해서 오히려 몸 상태가 안 좋아질 수 있기

6 다음 중 밑줄 친 ㉡의 사례로 알맞은 것에 ○표를 해 보세요.

> 원하는 학교에 반드시 진학할 수 있을 거라는 믿음을 갖고 공부한 결과 무사히 합격할 수 있었다. ·························· [   ]

> 맛있게 마시고 있던 주스의 유통 기한이 지났다는 것을 알게 되자 갑자기 맛이 이상하게 느껴지기 시작했다. ·························· [   ]

1 단계 빈칸에 알맞은 낱말을 [보기]에서 찾아 써 보세요.

[보 기] 결심 신뢰 발생

[1] 새해에는 일찍 일어나 아침 운동을 하기로 ☐☐ 했어.

[2] 화재가 ☐☐ 한 지역을 위해 모금을 하는 중이야.

[3] ☐☐ 하는 사람에게는 내 비밀도 털어놓을 수 있어.

2 단계 [보기]에 제시된 낱말과 비슷한 관계로 짝지어진 것에 ○표를 해 보세요.

[보 기] 모르다 – 알다

쉽다 – 어렵다 먹다 – 마시다 달리다 – 걷다

[ ] [ ] [ ]

3 단계 '입을 모으다'라는 표현을 **잘못** 사용한 문장을 골라 보세요. ─────── [ ]

① 아이들은 **입을 모아** 놀이동산에 가자고 졸랐다.

② 의사들은 담배가 해롭다고 **입을 모아** 이야기한다.

③ 마을 어른들은 가영이의 선행을 칭찬해야 한다고 **입을 모았다**.

④ **입을 모은** 사람들은 제각각 다른 의견을 내놓았다.

⑤ 우리들은 함께 크리스마스 캐럴을 부르기로 **입을 모았다**.

시간 **끝난 시간** ☐시 ☐분
1회분 푸는 데 걸린 시간 ☐분

채점 **독해** 6문제 중 ☐개
어법·어휘 5문제 중 ☐개

치아의 다양한 명칭

밥을 먹고 말을 하기 위해서 치아는 반드시 필요합니다. 성인이 되면 우리 입안에는 약 서른두 개의 치아가 있습니다. 이때 각각의 치아는 위치와 모양에 따라 비슷하지만 다른 일을 합니다. 순우리말에는 이렇게 각각 다르게 생긴 치아를 가리키는 다양한 표현이 있습니다.

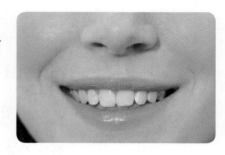

[어금니]

'안쪽에 있는 크고 평평한 이빨'을 어금니라고 합니다. 가운데가 오목하기 때문에 음식물을 잘게 씹어 삼킬 수 있습니다.

예 칫솔질을 입 안까지 꼼꼼히 하지 않으면 **어금니**가 썩을 수도 있다.
　　　　　　　　　　└→ 입 안쪽의 크고 평평한 이빨

[사랑니]

어금니가 다 나고 나서도 '입 안의 맨 뒤에 새로 나는 작은 어금니'를 가리켜 사랑니라고 합니다. 사랑니는 좁은 자리를 비집거나 앞의 이를 누르면서 나와 매우 아픈데, 그 아픔이 첫사랑을 할 때 마음앓이를 하는 것과 비슷하다고 이러한 이름이 붙여졌다고 합니다.

예 **사랑니**를 뽑고 났더니 너무 아파서 하루 종일 죽만 먹어야 했다.
　　└→ 입 안 맨 뒤에 새로 나온 어금니

[송곳니]

'앞니와 어금니 사이에 있는 뾰족한 이빨'이 송곳과 닮았다고 해서 송곳니라고 합니다. 끝이 날카롭기 때문에 동물들은 송곳니로 사냥을 하거나 고기를 찢기도 합니다.

예 거미는 독이 든 **송곳니**로 사냥감을 찔러 마비시킨다.
　　　　　　　└→ 뾰족한 이빨

[뻐드렁니]

입안이 비좁으면 가끔 치아의 위치가 잘못 잡혀 곧지 않은 이빨이 나기도 합니다. 이렇게 '밖으로 뻗어 나온 앞니'를 뻐드렁니라고 합니다.

예 유정이가 웃으면 그 아이 특유의 **뻐드렁니**가 도드라져 보였다.
　　　　　　　　└→ 밖으로 튀어나온 앞니

이 책에 쓰인 사진 출처

회차	제목	출처	쪽수
05회	나우루 섬	https://commons.wikimedia.org/wiki/File:Nauru_satellite.jpg	18쪽
10회	구립 도서관	https://commons.wikimedia.org/wiki/File:Stockholm_Public_Library_stacks.jpg	40쪽
11회	율곡 이이	https://commons.wikimedia.org/wiki/File:Sitting_Yi_I.jpg	46쪽
3주차 부록	나도밤나무	국립수목원	66쪽
3주차 부록	너도밤나무	국립수목원	66쪽
17회	[월드컵] 손흥민의 슈팅	연합뉴스	72쪽
19회	석빙고	https://ko.wikipedia.org/wiki/%ED%8C%8C%EC%9D%BC:Korea-Gyeongju-Seokbinggo_3740-06.jpg	80쪽
21회	탈놀이의 보물찾기	고성 미래 신문 (http://m.gofnews.com/news/articleView.html?idxno=3165)	90쪽
21회	하회 별신굿 탈놀이	안동 하회마을 홈페이지 (http://www.hahoe.or.kr/coding/sub3/sub1_2.asp)	90쪽
26회	안토니오 메우치	https://ko.m.wikipedia.org/wiki/%ED%8C%8C%EC%9D%BC:Antonio_Meucci.jpg	112쪽
29회	삼국유사	https://ko.m.wikipedia.org/wiki/%ED%8C%8C%EC%9D%BC:Memorabilia_of_the_Three_Kingdoms_in_museum.jpg	124쪽
33회	아서 웰즐리	https://ko.m.wikipedia.org/wiki/%ED%8C%8C%EC%9D%BC:Francisco_Goya_-_Portrait_of_the_Duke_of_Wellington.jpg	142쪽
35회	태조 이성계	https://commons.wikimedia.org/wiki/File:King_Taejo_Yi_02.jpg	150쪽
35회	빈사의 사자상	https://ko.m.wikipedia.org/wiki/	152쪽
39회	천상열차분야지도	서울역사박물관	168쪽

뿌리깊은 국어 독해 시리즈

	뿌리깊은 초등국어 독해력	뿌리깊은 초등국어 독해력 어휘편	뿌리깊은 초등국어 독해력 한자	뿌리깊은 초등국어 독해력 한국사
	하루 15분으로 국어 독해력의 기틀을 다지는 초등국어 독해 기본 교재	국어 독해로 초등국어에서 반드시 익혀야 할 속담·관용어·한자성어를 공부하는 어휘력 교재	하루 10분으로 한자 급수 시험을 준비하고 초등국어 독해력에 필요한 어휘력의 기초를 세우는 교재	하루 15분의 국어 독해 공부로 초등 한국사의 기틀을 다지는 새로운 방식의 한국사 교재
	• 각 단계 40회 구성 • 매회 어법·어휘편 수록 • 독해에 도움 되는 읽을거리 8회 • 배경지식 더하기·유형별 분석표 • 지문듣기 음성 서비스 제공 (시작~3단계)	• 각 단계 40회 구성 • 매회 어법·어휘편 수록 • 초등 어휘력에 도움 되는 주말부록 8회 • 지문듣기 음성 서비스 제공 (1~3단계)	• 각 단계 50회 구성 • 수록된 한자를 활용한 교과 단어 • 한자 획순 따라 쓰기 수록 • 한자 복습에 도움이 되는 다양한 주간활동	• 각 단계 40회 구성 • 매회 어법·어휘편 수록 • 한국사능력검정시험 대비 정리 노트 8회 • 지문듣기 음성 서비스 제공 • 한국사 연표와 암기 카드

시작단계 — 예비 초등

독해력 시작단계
- 한글 읽기를 할 수 있는 어린이를 위한 국어 독해 교재
- 예비 초등학생이 읽기에 알맞은 동요, 동시, 동화 및 짧은 지식 글 수록

1단계 — 초등 1·2학년

독해력 1단계
- 처음 초등국어 독해 공부를 시작하는 학생을 위한 재밌고 다양한 지문 수록

어휘편 1단계
- 어휘의 뜻과 쓰임을 쉽게 공부할 수 있는 이솝 우화와 전래 동화 수록
- 맞춤법 공부를 위한 받아쓰기 수록

한자 1단계
- 한자능력검정시험 (한국어문회) 8급 한자 50개

한국사 1단계 (선사시대~삼국 시대)
- 한국사를 쉽고 재미있게 이해할 수 있는 다양한 유형의 지문 수록
- 당시 시대를 보여 주는 문학 작품 수록

2단계 — 초등 1·2학년

독해력 2단계
- 교과 과정과 연계한 다양한 유형의 지문 수록
- 교과서 수록 작품 중심으로 선정한 지문 수록

어휘편 2단계
- 어휘의 쓰임과 예문을 효과적으로 공부할 수 있는 다양한 이야기 수록
- 맞춤법 공부를 위한 받아쓰기 수록

한자 2단계
- 한자능력검정시험 (한국어문회) 7급 2 한자 50개

한국사 2단계 (남북국 시대)
- 한국사능력시험 문제 유형 수록
- 초등 교과 어휘를 공부할 수 있는 어법·어휘편 수록

3단계 — 초등 3·4학년

독해력 3단계
- 초대장부터 안내문까지 다양한 유형의 지문 수록
- 교과서 중심으로 엄선한 시와 소설 수록

어휘편 3단계
- 어휘의 뜻과 쓰임을 다양하게 알아볼 수 있는 여러 가지 종류의 글 수록
- 어휘와 역사를 한 번에 공부할 수 있는 지문 수록

한자 3단계
- 한자능력검정시험 (한국어문회) 7급 한자 50개

한국사 3단계 (고려 시대)
- 신문 기사, TV드라마 줄거리, 광고 등 한국사 내용을 바탕으로 한 다양한 유형의 지문 수록

4단계 — 초등 3·4학년

독해력 4단계
- 교과 과정과 연계한 다양한 유형의 지문 수록
- 독해에 도움 되는 한자어 수록

어휘편 4단계
- 공부하고자 하는 어휘가 쓰인 실제 문학 작품 수록
- 이야기부터 설명문까지 다양한 종류의 글 수록

한자 4단계
- 한자능력검정시험 (한국어문회) 6급 한자를 세 권 분량으로 나눈 첫 번째 단계 50개 한자 수록

한국사 4단계 (조선 전기)(~임진왜란)
- 교과서 내용뿐 아니라 조선 전기의 한국사를 이해하는 데 알아 두면 좋은 다양한 역사 이야기 수록

5단계 — 초등 5·6학년

독해력 5단계
- 깊이와 시사성을 갖춘 지문 추가 수록
- 초등학생이 읽을 만한 인문 고전 작품 수록

어휘편 5단계
- 어휘의 다양한 쓰임새를 공부할 수 있는 다양한 소재의 글 수록
- 교과 과정과 연계된 내용 수록

한자 5단계
- 한자능력검정시험 (한국어문회) 6급 한자를 세 권 분량으로 나눈 두 번째 단계 50개 한자 수록

한국사 5단계 (조선 후기)(~강화도 조약)
- 한국사능력시험 문제 유형 수록
- 당시 시대를 보여 주는 문학 작품 수록

6단계 — 초등 5·6학년

독해력 6단계
- 조금 더 심화된 내용의 지문 수록
- 수능에 출제된 작품 수록

어휘편 6단계
- 공부하고자 하는 어휘가 실제로 쓰인 문학 작품 수록
- 소설에서 시조까지 다양한 장르의 글 수록

한자 6단계
- 한자능력검정시험 (한국어문회) 6급 한자를 세 권 분량으로 나눈 세 번째 단계 50개 한자 수록

한국사 6단계 (대한 제국~대한민국)
- 한국사를 쉽고 재미있게 이해할 수 있는 다양한 유형의 지문 수록
- 초등 교과 어휘를 공부할 수 있는 어법·어휘편 수록

중학 — 예비 중학~예비 고1

1단계 (예비 중학~중1)

2단계 (중2~중3)

3단계 (중3~예비 고1)

뿌리깊은 중학국어 독해력
- 각 단계 30회 구성
- 독서 + 문학 + 어휘 학습을 한 권으로 완성
- 최신 경향을 반영한 수능 신유형 문제 수록
- 교과서 안팎의 다양한 글감 수록
- 수능 문학 갈래를 총망라한 다양한 작품 수록

※ 단계별로 권장 학년이 있지만 학생에 따라 느끼는 난이도는 다를 수 있습니다. 학생의 독해 실력에 맞는 단계를 공부하는 것이 좋습니다.
※ <뿌리깊은 초등국어 한자>는 해당 학년을 참고하시기보다는 학생의 실력에 맞는 단계를 선택해 주세요. ※ <뿌리깊은 초등국어 독해력 한국사>의 단계는 독해력 난이도가 아닌 시대 순서를 바탕으로 구성되었습니다.

1주차

뿌리깊은 초등국어 독해력 어휘편 5단계

01회 본문 002쪽
                                                        1주차

1 ③　　　2 [3]에 ○표　　　3 예성에 ○표
4 없어, 먹고살기　　　5 두 번째 칸에 ○표　　　6 ②

어법·어휘편

[1단계]
[1] 가사 도우미 - ㉠ 일정한 돈을 받고 집안일을 …
[2] 부랑자 - ㉢ 사는 곳과 하는 일 없이 …
[3] 식기 - ㉡ 음식을 담는 그릇

[2단계]
[4]에 ○표

[3단계]
세 번째 칸에 ○표

---

1. 글의 마지막 부분을 보면 알 수 있듯 장 발장은 미리엘 신부의 말에 감동을 받고, 정직한 사람이 되어 많은 사람을 도왔습니다.

2. 미리엘 신부는 장 발장이 은식기를 훔쳐 가기 전부터, 은식기와 은촛대를 팔아 어려운 사람들을 도와주기를 원했기 때문에 은식기를 돌려받지 않았습니다.

3. 신부는 은식기를 훔친 장 발장을 용서해 주었습니다. 장 발장의 눈물은 신부의 용서에 대한 감사의 눈물이었습니다.

4. '목구멍이 포도청'이란 먹고 살기 위해서 무엇이든지 해야 한다는 의미를 가진 말입니다. 장 발장은 가진 것이 아무 것도 없어 어쩔 수 없이 신부의 물건을 훔쳐야 했습니다. 따라서 가진 것이 없어 먹고살기 위해 물건을 훔쳤다는 내용이 정답입니다.

5. 배고픔을 견디지 못한 어느 한 대학생이 삼각 김밥을 훔쳤습니다. 다시 말해 목구멍이 포도청이라 어쩔 수 없이 훔친 것이므로 두 번째 신문이 정답이 됩니다.

6. 둘 다 어려운 형편에서의 먹고사는 것에 대한 표현입니다.

어법·어휘편 해설

[1단계] '가사 도우미'는 일정한 돈을 받고 집안일을 대신 해 주는 사람이며, '부랑자'는 사는 곳과 하는 일 없이 떠돌아다니는 사람입니다. '식기'는 음식을 담는 그릇을 말합니다.

[2단계] '인분'은 사람을 대상으로 합니다. 따라서 사람이 아닌 고양이의 경우 '개'를 사용합니다.

[3단계] 스님이 있는 곳은 절이고, 목사님이 있는 곳은 교회입니다. 즉 절과 교회는 스님과 목사님이 있는 장소입니다. 따라서 성당과 신부님이 정답입니다. 머리와 어깨는 신체의 한 부분이며, 강아지와 개는 송아지와 소와 같은 관계입니다.

02회 본문 006쪽
                                                        1주차

1 포스트잇　　　2 ④　　　3 ⑤
4 ③　　　5 ⑤　　　6 ⑤

어법·어휘편

[1단계]
②

[2단계]
그 사고는 … - ㉢ 사람에 의하여 일어난 재난
좋은 인재를 … - ㉠ 재능이 뛰어난 사람

[3단계]
[1] 가을, 사과　　　[2] 철수, 길, 손

---

1. 실버 스펜서는 잘 떼어지는 접착제를 개발했고, 아서 프라이는 포스트잇을 발명했습니다.

2. 아서 프라이는 잘 떼어지는 접착제의 발표회에 참가했지만 그 당시에는 그 접착제의 쓰임새를 알 수 없었습니다. 그리고 포스트잇은 판매 후 그 편리함 덕분에 20세기의 10대 상품에 들었습니다.

3. 아서 프라이는 실버 스펜서가 개발한 잘 떼어지는 접착제를 활용하여 포스트잇을 만들었습니다.

4. 새로운 것을 만든 것이므로 '개발했습니다'가 정답이 됩니다. 제정은 제도나 법 따위를 만드는 것이고, 결성은 단체 등을 만든다는 뜻입니다.

5. 유재론이라는 제목에서 알 수 있듯이 이 글은 '인재를 버리는 것에 대한 내용'입니다. 글을 보면 집의 형편에 따라 관리가 되기도 하고, 관리가 되더라도 이름난 집의 자식이 아니면 좋은 벼슬자리를 얻지 못했습니다. 따라서 정답은 ⑤번입니다.

6. ㉢의 앞을 보면 출신에 상관없이 관리가 된 사람들은 그들의 재능을 발휘했습니다.

어법·어휘편 해설

[1단계] 한꺼번에 쏟아지는 질문을 답하는 것은 곤란한 일입니다. 따라서 첫 번째 빈칸에는 '곤혹'이 적절합니다. 출신과 배경으로 사람을 뽑으면 안 된다는 내용의 두 번째 문장에는 '등용'이 들어가야 적절합니다. 세 번째 문장은 물건의 쓰임새와 관련된 문장이므로 '용도'가 사용될 수 있습니다. 마지막으로 배울 점이 있는 사람들의 이야기이므로 '위인'이 정답입니다.

[2단계] 인재는 '재능이 뛰어난 사람(人才)'과 '사람으로 인해 생긴 재난(人災)'이라는 뜻을 가지고 있습니다. 조심하지 않아 생긴 사고는 '인재(人災)'가 되고, 좋은 재앙이란 있을 수 없으므로 좋은 '인재'는 사람을 뜻합니다.

[3단계] 명사는 사람이나 사물의 이름입니다. 따라서 가을, 사과, 철수, 길, 손이 명사입니다.

03회 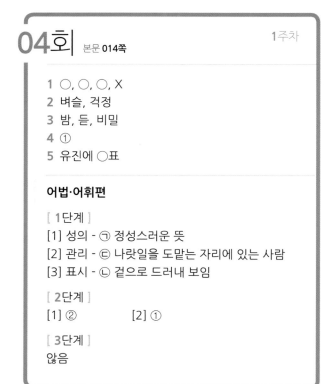본문 010쪽

1 담금질, 튼튼, 수백 번, 크고
2 ④
3 ②
4 큰 그릇은 늦게 이루어진다(만들어진다).
5 대기만성
6 준우에 ○표

어법·어휘편

[1단계]
[1] 관직 - ㉡ 나랏일을 도맡아 다스리는 직책
[2] 험담 - ㉢ 남을 헐뜯어 말함
[3] 성품 - ㉠ 사람의 성질이나 됨됨이

[2단계]
①

[3단계]
[1] ㉡   [2] ㉠

04회 본문 014쪽

1 ○, ○, ○, X
2 벼슬, 걱정
3 밤, 듣, 비밀
4 ①
5 유진에 ○표

어법·어휘편

[1단계]
[1] 성의 - ㉠ 정성스러운 뜻
[2] 관리 - ㉢ 나랏일을 도맡는 자리에 있는 사람
[3] 표시 - ㉡ 겉으로 드러내 보임

[2단계]
[1] ②   [2] ①

[3단계]
않음

---

1. 작은 솥은 크기가 작기 때문에 몇 번의 '담금질'로 금세 만들 수 있지만 얇고 '튼튼'하지 못합니다. 그러나 큰 솥은 크기 때문에 '수백 번'의 담금질이 필요하고 시간도 많이 걸립니다. 하지만 더 '크고' 튼튼합니다.

2. 이야기를 보면 '큰 솥' 즉 큰 그릇(大器)은 최림을 가리킵니다.

3. 글의 두 번째 단락을 보면 "왜냐하면 최림에게는 남들이 모르는 강한 끈기가 있다는 것을 알았기 때문입니다."라는 문장이 있습니다. 따라서 ②번이 정답이 됩니다.

4. 대기만성에서 대기(大器)는 큰 그릇을 뜻하며, 만성(晚成)은 늦게 이루어진다는 뜻입니다.

5. '큰 그릇은 늦게 완성된다'는 뜻의 고사성어는 '대기만성'입니다.

6. 처음에는 그 결과가 보이지 않더라도 꾸준히 노력한다면 뜻하던 바를 이룰 수 있습니다. 따라서 노력하여 최고의 운동선수가 된 '준우'가 대기만성(大器晚成)이라는 말에 가깝습니다. 참고로 설윤의 경우 '일모도원(日暮途遠 : 할 일은 많은데 시간이 없음)'이라는 말을 사용할 수 있습니다.

어법·어휘편 해설

[1단계] '관직'은 나랏일을 맡아 다스리는 직책이며, '험담'은 남을 헐뜯는 말입니다. 그리고 '성품'이란 사람의 됨됨이를 뜻합니다.

[2단계] '외향적'은 적극적으로 속내를 표현한다는 뜻입니다. 따라서 '내성적'이 반대말이 됩니다. 비슷한 말로 '내향적'이 있습니다.

[3단계] 벼슬길은 지위나 신분이기에 ㉡이 정답이고, 산을 오르는 것은 산 위쪽으로 움직이는 것이기에 ㉠이 적절합니다.

---

1. 관리는 사내가 주는 금덩이를 끝내 받지 않았습니다. 관리는 재물을 탐내서는 안 된다고 믿었기 때문입니다.

2. 관리가 금덩이를 거절했을 때, 사내는 관리가 비밀이 새어나가는 것을 '걱정'한다고 생각했습니다. 하지만 관리가 믿는 것은 '벼슬'을 하는 사람이라면 재물을 탐내서는 안 된다는 것이었습니다.

3. 모르는 단어, 속담, 사자성어 등이 나오더라도 글의 흐름을 보고 그 뜻을 추측할 수 있습니다. '낮말은 새가 듣고 밤말은 쥐가 듣는다'는 말의 뜻을 몰라도 내용을 보고 추측한다면 '아무리 비밀스럽게 나눈 말이라도 어떻게든 새어 나간다'라는 뜻을 유추해 낼 수 있습니다.

4. 만적의 비밀스러운 반란 계획이 그 자리에 있던 한 노비로 인해 새어 나갔습니다. 이를 통해 ①번이 정답임을 알 수 있습니다.

5. 만적과 그 동료들은 남의 집에서 하찮은 일을 하던 사람들로 노비 신분이었습니다. 따라서 태산의 말은 옳지 못합니다.

어법·어휘편 해설

[1단계] '성의'는 정성스러운 뜻을 말합니다. 일반적으로 '성의를 다하다', '성의를 보이다', '성의가 부족하다'라는 표현을 씁니다. '관리'는 나랏일을 맡아 다스리는 자리에 있는 사람으로 지금의 공무원입니다. 그리고 '표시'는 겉으로 드러낸다는 뜻입니다.

[2단계] '무안'은 너무 수줍거나 창피하여 얼굴을 들 수 없다는 뜻입니다. '진짜'는 거짓 없고 참된 것입니다. 따라서 '진정한'이 답이 됩니다. 참고로 '진기한'은 보기 드물게 귀한 것을 뜻합니다.

[3단계] '불(不)'은 아님, 아니함, 어긋남을 뜻하는 말로서 단어의 앞에 붙습니다. 예를 들어 평등(차별 없이 고르고 한결같음) 앞에 '불(不)'이 붙으면 '불평등'이 되고 '평등하지 않음'이 됩니다. 따라서 불확실의 경우 '확실' 앞에 '불'이 붙어 '확실하지 않음'을 뜻합니다.

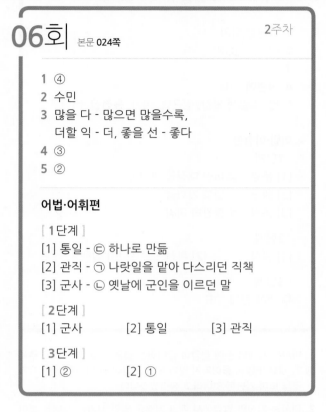

05회 본문 018쪽

1 ④   2 ㉰, ㉣, ㉢, ㉠, ㉲
3 두 번째 칸에 ○표   4 [2]에 ○표
5 ④
6 [1] 바닥을 긁다 - ㉢ 생계가 매우 어렵다
  [2] 바닥을 치다 - ㉡ 더 나빠질 수 없을 만큼 …
  [3] 바닥에 깔다 - ㉠ 바탕에 두다

어법·어휘편

[1단계]
[1] ①   [2] ②

[2단계]
[1] 가난   [2] 척박한   [3] 잦아서

[3단계]
④

1. 인광석도 자원이기에 끊임없는 채굴에 바닥을 드러냈습니다. 따라서 '아무리 써도 줄어들지 않는 영원한 자원'이라는 말은 옳지 않습니다.

2. 나우루에서 인광석이 발견되고(㉰), 인광석이 전세계로 팔리기 시작했습니다(㉣). 나우루의 국민들은 인광석을 판 돈으로 부자가 되어 호화스러운 생활을 하였습니다(㉢). 하지만 인광석이 바닥을 드러내기 시작했고(㉠), 나우루는 다시 빈곤해지고 인광석을 파낸 만큼 섬의 높이가 낮아져 나우루 섬이 바다에 가라앉을 위험에 처하게 되었습니다(㉲).

3. 나우루의 주민들은 인광석이 바닥을 드러내도 그들의 호화스러운 삶을 포기하지 않았습니다. 따라서 두 번째가 정답이 됩니다.

4. '바닥이 드러나다'는 어떠한 것을 남김없이 소비하여 그 끝이 보인다는 뜻입니다. 따라서 새 물건에 사용하기에 적절하지 않습니다. 따라서 [2]번이 잘못 쓰인 표현입니다.

5. '바닥이 드러나다'는 숨겨져 있던 의도나 생각이 드러난다는 뜻도 있습니다. 따라서 ④번이 정답으로 적절합니다.

6. '바닥을 긁다'는 무리 안에서 바닥인 지위에 맴도는 것을 뜻합니다. 따라서 생계가 매우 어렵다는 뜻으로도 사용됩니다. '바닥을 치다'는 더 이상 나빠질 수 없음을 뜻하며, '바닥에 깔다'는 말 그대로 바닥 혹은 바탕에 두다는 뜻입니다.

어법·어휘편 해설

[1단계] '풍요롭게'의 본말은 '풍요롭다'이며 '흠뻑 많아서 넉넉함이 있다'는 뜻입니다. 따라서 '여유롭고 넉넉하게'가 정답입니다.

[2단계] '빈곤'은 '가난'을 뜻하며, 몹시 메마른 상태를 '척박하다'라고 합니다. 또한 연달아 자주 일어나는 것을 '잦다'로 바꾸어 쓸 수 있습니다.

[3단계] '불티나게 팔리다'는 어떤 물건이 매우 인기가 좋아 내놓기가 무섭게 빨리 팔린다는 뜻입니다.

1주차 주말부록 정답   본문 022쪽

① 발하는 / 발하는

06회 본문 024쪽   2주차

1 ④
2 수민
3 많을 다 - 많으면 많을수록,
  더할 익 - 더, 좋을 선 - 좋다
4 ③
5 ②

어법·어휘편

[1단계]
[1] 통일 - ㉢ 하나로 만듦
[2] 관직 - ㉠ 나랏일을 맡아 다스리던 직책
[3] 군사 - ㉡ 옛날에 군인을 이르던 말

[2단계]
[1] 군사   [2] 통일   [3] 관직

[3단계]
[1] ②   [2] ①

1. "저한테 군사란 많으면 많을수록 좋은 것입니다."라는 말은 병사가 아주 많아도 모두 거느리고 지휘하는 데 전혀 문제가 되지 않을 만큼 자신의 능력에 자신이 있다는 뜻입니다.

2. '다다익선'은 많으면 많을수록 좋다는 뜻입니다. 따라서 책을 얼마나 읽을지 고민하는 수민이에게 해주기 좋은 표현입니다.

3. 다다익선(多多益善)은 많으면 많을수록(多多) 더(益) 좋다(善)고 풀어쓸 수 있습니다.

4. '다다익선'은 좋은 의미로 주로 사용되지만, 경우에 따라서는 주의 깊게 사용해야 합니다. 음식을 많이 먹는 것이 다다익선이 될 수 없는 것처럼 말입니다. 욕심 역시 다다익선과 어울리지 않습니다.

5. '다다익선'은 많으면 많을수록 좋다는 의미입니다. 반대로 과유불급(過猶不及)은 '너무 많은 것은 부족한 것만 못하다'라는 뜻입니다. 예를 들어 운동을 지나치게 해서 몸이 다친다면 안 하는 것에 미치지 못합니다.

어법·어휘편 해설

[1단계] '관직'은 '나랏일을 맡아 다스리는 직책'으로 '왕으로부터 받은 벼슬'을 뜻하기도 합니다. '군사'란 '옛날의 군인'입니다.

[2단계] 전쟁과 관련된 단어는 '군사'이며, 우리는 남과 북으로 나뉜 분단국가이기에 '통일'이라는 단어를 사용할 수 있습니다. 또한 높은 '관직'은 훌륭한 사람들이 받았습니다.

[3단계] '뛰어난'은 '뛰어나다'의 활용형으로 '훌륭한'의 의미입니다. '거느리다'의 경우 '군사를 거느리다'와 같이 손아랫사람이나 부하, 군대 등을 '이끌다'라는 뜻입니다.

1 가난한 화가
2 ○, ○, ○, X
3 ②
4 성민에 ○표
5 빵, 적갈색 물감, 원근법, 화가, 동정심, 버터

어법·어휘편

[1단계]
[1] 운영 - ⓒ 어떤 대상을 관리함
[2] 원근 - ⓒ 멀고 가까움
[3] 동정 - ㉠ 불쌍히 여김

[2단계]
[1] 관심　　　　[2] 확신　　　　[3] 실행

[3단계]
두 번째 칸에 ○표

1 ⑤
2 빵집 주인 마사 - 빵에 몰래 … - 멋대로 …
　화난 사내 - 빵을 지우개 … - 수 개월간 …
3 신영
4 ⑤
5 오지랖, 참견, 버터, 설계도
6 세 번째 칸에 ○표

어법·어휘편

[1단계]
②

[2단계]
[1] ①　　　　[2] ①

[3단계]
지난주에는 자동차를 … - ⓒ 고장 난 데를 고침
제출한 사직서가 수리되었다 - ㉠ 서류를 받아서
처리함

1. 마사는 사내의 손에 물감이 묻어있는 것을 보고 '화가'라고 추측했고, 재료가 많이 들어가지 않아 맛없고 값이 싼 딱딱한 빵만 사가는 것을 보며 가난할 것이라고 생각했습니다.

2. 마사는 자신의 빵집에서 매일 딱딱한 빵만 사가는 사내를 보며 '물감 값마저 부족할 정도로 가난한 화가'일 것이라고 지레 짐작했습니다. 때문에 동정심이 생겨서 사내 몰래 빵에 버터를 듬뿍 발라주었습니다.

3. '확신'은 굳게 믿는다는 뜻입니다.

4. 앞 문장에서 마사가 '사내는 그림에 열중하여 말라 가고 있다'고 생각한 것으로 보아, 영양이 부족하여 건강이 나빠질 것을 걱정하면서 사용한 표현임을 알 수 있습니다.

5. 마사는 딱딱한 빵과 물감을 통해 사내가 '가난한 화가'일 것이라고 짐작했습니다. 게다가 사내가 원근법을 지적하자 화가임을 확신하며, 가난하다는 추측 또한 사실이라고 믿게 되었습니다. 그의 가난에 동정심을 느낀 마사는 맛있는 빵을 먹게 해줄 마음으로, 몰래 빵에 버터를 발라두었습니다.

어법·어휘편 해설

[1단계] '운영'은 '어떤 대상이나 조직을 관리함'을 뜻하며, '원근'은 한자의 뜻 그대로 '멀고 가까움'을, '동정'은 '딱하고 불쌍하게 여김'을 뜻합니다.

[2단계] 마음이나 주의가 끌릴 때 '관심'이 생겼다고 표현하며, '확신'은 굳게 믿는 것을 의미합니다. 계획을 실제 행동으로 옮기는 것을 '실행'한다고 합니다.

[3단계] '허허, 사각사각'은 모양이나 움직임이 아닌 소리를 흉내내는 말입니다.

1. 마사는 아침 일찍 빵집 문을 열었고, 그때 사내가 씩씩대며 들어왔습니다. 화난 사내는 블룸버그라는 이름의 설계사이며, 지우개 대신 딱딱한 빵을 사용하다가 (마사가 넣어준) 버터가 발라진 빵을 설계도에 문질렀고, 그 바람에 설계도를 망쳐 중요한 대회에 나가지 못해 화가 난 것이었습니다. 대회를 못 나가므로, 당연히 상금도 받을 수 없었습니다.

2. 사내는 지우개 대신 늘 마사의 빵을 사용했는데, 난데없이 버터가 들어있어서 설계도를 망쳐 화가 났습니다. 한편 마사는 사내에 대해 마음대로 추측하고 동정하여 빵에 버터를 넣는 바람에 오히려 사내에게 피해를 준 셈이 되었습니다.

3. 본문 외의 내용을 지나치게 추측하지 않도록 조심해야 합니다.

4. 마사의 행동으로 인해 사내가 설계도를 망친 일은, 지나친 판단과 참견이 실수로 이어지기도 한다는 것을 보여줍니다.

5. '오지랖'이 넓으면 다른 부분을 침범하게 되는 것처럼, 괜한 '참견'이 피해를 불러오는 것을 비유하는 말입니다. 본문에서는 '버터'를 발라 '설계도를 망친' 일을 가리킵니다.

6. '다른 친구의 책상'을 마음대로 건드리다가 '물건을 망가뜨린' 진우는 오지랖이 넓어 실수를 한 상황이라고 볼 수 있습니다.

어법·어휘편 해설

[1단계] '소규모'의 '소'와 '소형'의 '소'는 小(작을 소)가 쓰여 크기가 작다는 것을 의미합니다. 그러나 '소원'의 '소'는 所(바 소)로 어떠한 '것'을 가리킵니다.

[2단계] '상상했다'는 떠올렸다는 의미로 '생각했다'에 가깝습니다. '손을 쓸 수 없다'는 것은 방법이 없었다는 것으로 ①과 같은 뜻입니다.

[3단계] '수리'는 '고치다'와 '처리하다' 등 여러 뜻을 가지고 있는 낱말입니다.

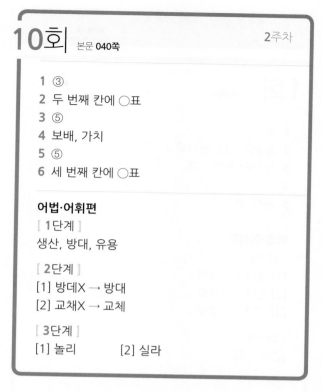

1 숲, 나뭇잎 그림에 ○표
2 두 번째 칸에 ○표
3 쓴, 단
4 고진감래
5 설상가상 - 산 넘어 산이다, 자업자득 - 뿌린 대로 거둔다, 고진감래 - 고생 끝에 낙이 온다

어법·어휘편

[1단계]
[1] 의   [2] 에

[2단계]
[1] ①   [2] ②

[3단계]
사람

---

1. 도종의는 '숯'으로 글공부를 했고, 마른 '나뭇잎'을 모아 종이처럼 사용했습니다.

2. '고진감래'는 '힘든 일을 잘 버티면 언젠가 좋은 일이 생긴다'는 뜻입니다. '매일 책을 읽고, 글을 쓸 수 있다면 얼마나 좋을까?'는 도종의가 바라는 삶의 모습이었는데, 여기에는 '힘든 일을 버티는' 내용은 없으므로 고진감래와 관계가 멉니다.

3. 고진감래는 '쓴(苦)' 것이 다하면(盡) '단(甘)' 것이 온다(來)는 뜻입니다.

4. 바람의 언덕을 오를 때는 가파른 오르막과 세찬 바람 때문에 힘들고 고생스러웠습니다. 하지만 도착하니 아름다운 경치를 볼 수 있었습니다. 따라서 '고진감래'가 알맞습니다.

5. '설상가상'은 이미 눈이 내렸는데 거기에 서리까지 겹친다는 말로, 갈수록 곤란한 일이 생긴다는 '산 넘어 산이다'와 비슷한 뜻입니다. '자업자득'은 자신이 저지른 일이 고스란히 돌아온다는 뜻이므로, '(자신이) 뿌린 대로 거둔다'는 속담과 의미가 비슷합니다. '고진감래'와 같은 뜻의 속담으로는 '고생 끝에 낙이 온다'가 있습니다.

어법·어휘편 해설

[1단계] 하늘에 있는 별이기에 '하늘의 별', 우물이라는 장소에서 숭늉을 찾는 것이므로 '우물에 가서'가 정답이 됩니다. 참고로 '의'는 세 가지로 발음됩니다. 의사, 의자, 의원 등 단어의 맨 앞에 나올 때는 [의]로 발음합니다. 상의, 탈의실, 주치의 등 단어 맨 앞이 아닐 경우 [의]나 [이]로 발음될 수 있습니다. 마지막으로 소유를 나타내는 나의 가방, 철수의 책 등에서의 '의'는 [의]나 [에]로 읽어도 됩니다.

[2단계] '딱한'은 불쌍한, '빼놓을 수 없다'는 중요하다는 뜻입니다.

[3단계] 교육가는 교육을 전문적으로 하는 '사람'입니다.

---

1 ③
2 두 번째 칸에 ○표
3 ⑤
4 보배, 가치
5 ⑤
6 세 번째 칸에 ○표

어법·어휘편

[1단계]
생산, 방대, 유용

[2단계]
[1] 방데X → 방대
[2] 교채X → 교체

[3단계]
[1] 놀리   [2] 실라

---

1. 매일 방대한 자료가 생산된다고 하더라도, 모든 자료가 유용한 것이 아닙니다. 따라서 유용한 정보를 찾아내는 자료 과학자가 필요합니다. 그리고 2017년 기준 '하루'에 전 세계에서 생산되는 자료는 책 6,500억 권의 분량입니다.

2. 자료 과학자는 모든 자료를 사용할 수 있도록 정리하는 것이 아니라, '자료를 분석해 유용한 자료를 도출'합니다. 참고로 도출이란 결론 따위를 이끌어 낸다는 말입니다.

3. '자료 과학자'에게 필요한 것은 통계, 수학, 컴퓨터 지식입니다. 따라서 논리적 사고력을 키우는 수학 공부를 하라는 조언이 알맞습니다.

4. 많은 구슬이라도 꿰어야 '보배'가 되고 '가치'가 있습니다.

5. 구슬은 세상에 넘쳐나는 자료이고, 꿰어서 보배를 만드는 것은 자료 과학자가 하는 일입니다.

6. 주혜가 퀴즈 대회에서 여러 단계의 문제를 모두 풀어 우승한 것은 그동안 꾸준히 많은 책을 읽었기 때문입니다. 아무리 많은 책이 있더라도 틈틈이 다양한 책을 읽어서 폭넓은 지식을 갖추지 않았다면, 많은 문제를 풀 수 없었을 것입니다.

어법·어휘편 해설

[1단계] '생산'은 인간이 생활하는 데 필요한 물건을 만드는 일이며, '방대'는 규모나 양이 매우 크거나 많다는 뜻입니다. 또한 '유용'은 쓸모가 있다는 뜻입니다. 따라서 석유가 나오는 지역은 '석유 생산 지역'이고 많은 양의 석유 자원은 '방대한 석유 자원'이 되며, 우리에게 필요한 물건과 어울리는 말은 '유용'입니다.

[2단계] '규모나 양이 매우 크거나 많다'의 경우 '방대'입니다. '방데'와 발음이 비슷하지만 차이가 있습니다. '대'는 입을 크게 벌리고 혀의 위치를 가장 낮추어 말합니다. '데'는 보통으로 입을 열고 혀의 높이를 중간으로 하여 발음합니다. 그리고 '바꾸다'라는 뜻의 '교채'는 '교체'가 올바른 말입니다.

[3단계] '논리'의 '논'은 받침 'ㄴ'이 뒷글자의 첫소리 'ㄹ'과 만나 'ㄹ'이 되어 [놀리]로 읽습니다. 마찬가지로 신라의 경우 [실라]로 발음됩니다.

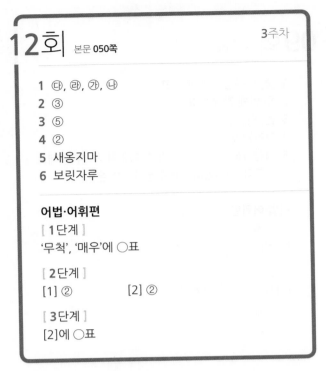

11회 본문 046쪽

1 ④
2 호랑이, 나도 밤나무
3 세 번째 칸에 ○표
4 ①
5 자식, 창자

어법·어휘편

[1단계]
[1] 총명 - ⓒ 영리
[2] 금세 - ⓒ 금방
[3] 정녕 - ㉠ 정말

[2단계]
[2]에 ○표

[3단계]
[2]에 ○표

1. 승려로 변장해 있던 호랑이는 이이를 잡아먹으려고 했으나, 자기도 밤나무라고 주장하는 이름도 알 수 없는 나무 한 그루 덕분에 살아남을 수 있었습니다. 따라서 '숨어 자라던 밤나무'가 아니라 '나도 밤나무'라고 주장하는 나무 덕분에 목숨을 건지게 되었습니다.

2. 율곡 이이가 '호랑이'에게 물려 죽을 위기에 처했을 때, 한 나무가 "나도 밤나무요."라고 말했습니다. 이 일로 그 나무는 '나도밤나무'라는 이름이 붙여지게 되었습니다. 참고로 띄어 쓰지 않고 '나도밤나무'라고 씁니다.

3. 너무나도 사랑하는 딸은 '눈에 넣어도 아프지 않은 존재'입니다. 마찬가지로 아끼는 강아지 역시 '눈에 넣어도 아프지 않은 존재'입니다.

4. 장군은 "너희들도 누군가에게는 눈에 넣어도 아프지 않을 자식이 아니겠느냐?"라고 말하였습니다. 여기서 '눈에 넣어도 아프지 않을'은 '소중하고, 사랑스럽고, 귀중한' 등의 의미입니다. '중요한'도 틀린 말은 아니지만 '소중한'이 '눈에 넣어도 아프지 않을'의 느낌을 더 잘 살립니다.

5. '단장'은 말 그대로 '창자가 끊어짐'의 의미입니다. 지문에서는 '자식'을 잃은 부모처럼 '창자'가 끊어지는 듯한 슬픔이라는 확장된 의미를 보여주고 있습니다.

어법·어휘편 해설

[1단계] '총명'은 '영리'와 같은 말이고, '금세'는 '금방', 그리고 '정녕'은 '정말'의 뜻입니다. '영리'는 눈치가 빠르고 똑똑하다'는 의미입니다.

[2단계] '마디', '도막', '동강', 모두 '짧게 잘라진 것을 세는 단위'입니다. '매우 짧은 시간'에는 '순간, 찰나, 일순' 등이 있으며, '칼로 무언가를 썰 때 밑에 받치는 것'은 '도마'입니다.

[3단계] [보기]의 '구하다'는 '필요한 것을 찾다'라는 의미입니다. 따라서 [2]번이 답이 됩니다. [3]의 '구하다'는 상대편이 어떻게 해 주기를 청하는 것이며, [1]의 '구하다'는 위험하거나 어려운 지경에서 벗어나게 해 준다는 의미입니다.

12회 본문 050쪽

1 ㉐, ㉑, ㉮, ㉯
2 ③
3 ⑤
4 ②
5 새옹지마
6 보릿자루

어법·어휘편

[1단계]
'무척', '매우'에 ○표

[2단계]
[1] ②   [2] ②

[3단계]
[2]에 ○표

1. 노인의 말이 오랑캐 땅으로 달아났지만(㉐), 얼마 후 다른 말을 데리고 왔습니다(㉑). 그런데 며칠 후 노인의 아들이 오랑캐 땅에서 온 말을 타다가 떨어져 절름발이가 되어 버렸습니다(㉮). 1년 후 오랑캐가 쳐들어 와(㉯), 마을의 남자들은 모두 전쟁에 나가 다치거나 죽었지만 노인의 아들은 절름발이라서 전쟁의 피해에서 벗어날 수 있었습니다.

2. 살면서 항상 좋은 일만 있는 것도 아니고 항상 불행한 일만 생기는 것도 아니므로 너무 좋아하거나 슬퍼할 필요가 없습니다. 앞으로의 일은 아무도 모르기 때문입니다. 하라의 말은 이야기와 관련이 없기에 정답이 됩니다.

3. '새옹지마'와 비슷한 말로 '전화위복(화가 복이 된다)', '음지가 양지 되고 양지가 음지 된다'는 말이 있습니다. '음지'란 '볕이 잘 들지 않는 그늘진 곳'이고 '양지'란 '볕이 바로 드는 곳'입니다.

4. '의기양양'은 '뜻한 바를 이루어 만족한 마음이 얼굴에 나타난 모양'입니다. 노새는 주인의 사랑을 받아 만족스럽고 우쭐한 표정을 짓고 있습니다. 따라서 정답은 ②의 '우쭐해서'입니다.

5. '세상일은 어떻게 될지 아무도 알 수 없다'는 '새옹지마'의 뜻입니다.

6. 도적들은 값비싼 물건을 탐내었기에 '보릿자루'보다 '돈 자루'에 관심을 가졌습니다.

어법·어휘편 해설

[1단계] '아주'는 일상에서 매우 자주 쓰는 말입니다. 그 뜻은 '보통 정도보다 훨씬 더 넘어선 상태'입니다. 따라서 '매우', '무척'이 비슷한 말입니다. 참고로 '매우'보다 '아주'가 그 정도가 더 큽니다.

[2단계] '표정'은 '얼굴 등에 드러난 마음의 모습'입니다. 그리고 '하찮다'는 '그다지 훌륭하지 아니하다'의 뜻입니다. '하찮다'는 '보잘 것없다'와 같은 말입니다. '보잘것없다'는 한 단어라는 점에 주의해야 합니다.

[3단계] [보기]의 '넘다'는 '높은 무언가의 위를 지나가다'는 의미입니다. 따라서 [2]번이 정답입니다.

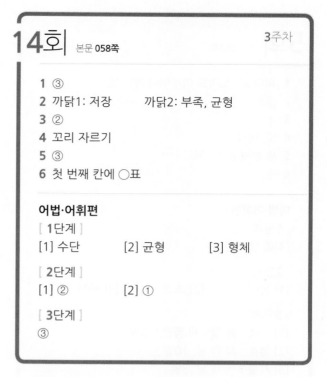

13회 본문 054쪽

1 두 번째 칸에 ○표
2 간신, 충신, 새
3 ④
4 김용환
5 첫 번째 칸에 ○표

어법·어휘편
[1단계]
[1] 즉위 - ㉤ 왕의 자리에 오름
[2] 방탕 - ㉢ 술이나 노름 따위의 나쁜 것을 즐김
[3] 간언 - ㉠ 윗사람에게 충고함

[2단계]
[1] 부패   [2] 간신   [3] 충심

[3단계]
세 번째 칸에 ○표

14회 본문 058쪽

1 ③
2 까닭1: 저장   까닭2: 부족, 균형
3 ②
4 꼬리 자르기
5 ③
6 첫 번째 칸에 ○표

어법·어휘편
[1단계]
[1] 수단   [2] 균형   [3] 형체

[2단계]
[1] ②   [2] ①

[3단계]
③

---

1. 나라를 다스리지 않고 밤낮으로 놀기만 한 왕에게, 어느 신하가 수수께끼를 내었습니다. 그 이유는 나랏일을 돌보지 않는 왕이 자신의 잘못을 깨닫기를 바랐기 때문입니다.

2. ㉠과 같이 왕은 직접적으로 말하지 않고, 아주 큰 새가 한 번 날아오르면 하늘 끝까지 오르고 세상을 놀라게 할 것이라고 돌려 말했습니다. 왕은 자신을 '새'에 빗대었고 그가 아직 날아오르지 않은 것은 누가 '충신'이고 '간신'인지 모르기 때문이었습니다. (간신과 충신은 순서가 바뀌어도 됩니다.)

3. 두 번째 신하는 직설적으로 '더 이상 이렇게 지내서는 안 됩니다'라고 간언했습니다. 따라서 돌려서 말했다는 ④번이 옳지 않습니다.

4. 이 글은 독립운동가 김용환의 이야기입니다. 파락호라고 알고 있던 김용환이 실상 독립운동 자금을 대기 위해 노름에 빠진 척 연기를 했다는 이야기는 유명합니다.

5. 김용환이 죽기 전까지 사람들은 그의 속내를 알지 못했습니다. 따라서 "열 길 물속은 알아도 한 길 사람 속은 모른다더니, 어떻게 그렇게 감쪽같이 속일 수 있었을까. 참 대단하신 분이셨는데 비웃었던 게 부끄러워져."가 적절한 반응입니다.

어법·어휘편 해설

[1단계] '즉위'는 '왕의 자리에 오르는 것'을 뜻하며, '방탕'은 '술이나 노름 등의 나쁜 것을 즐긴다'는 뜻입니다. '간언'은 '아랫사람이 윗사람에게 충고하는 것'입니다.

[2단계] 문맥상 정치인이 붙잡혀 재판을 받으므로 '부패'가 적절합니다. 그리고 '폭군의 아래에는 간신', '인간을 충심으로 따른다'가 정답으로 어울립니다.

[3단계] [보기]는 반대말입니다. 따라서 '충신 - 간신'이 정답입니다.

---

1. 이 글은 도마뱀이 천적으로부터 도망치는 방법에 대해 정리한 글입니다. 특히 꼬리 자르기에 대해 자세히 이야기하고 있습니다. 따라서 정답은 '도마뱀 최후의 수단: 꼬리를 내놓고, 목숨을 구한다.'가 적절합니다.

2. 도마뱀의 꼬리 자르기가 최후의 수단인 까닭은 첫째로 꼬리에 많은 영양분을 '저장'하므로 잃는 것이 많기 때문이고, 둘째로 다시 자란 꼬리는 원래의 꼬리에 비해 많은 면에서 '부족'해 위급한 상황일 때 '균형'을 잡지 못할 수도 있기 때문입니다.

3. '꽁무니를 빼다'는 '슬그머니 사라지거나, 달아난다'는 뜻입니다. 따라서 거짓말이 들통난 사기꾼이 도망치는 상황에서 쓸 수 있습니다.

4. '꼬리 자르기'는 '집단의 위기 상황에서 문제를 일으킨 사람들을 내쫓기'라는 말로 확대되어 쓰이고 있습니다.

5. '최치원'이 반란을 일으킨 '황소'에게 글을 쓴 까닭은 '황소를 위협하고 그의 항복을 끌어내기 위해서'입니다.

6. '토황소격문'을 보고 '황소'는 겁을 먹어 침상에서 떨어질 정도였다고 합니다. 따라서 꽁무니를 빼고 달아났을 것이라는 생각이 적절합니다.

어법·어휘편 해설

[1단계] '수단'은 '무엇을 하기 위한 솜씨와 꾀'를 뜻하며, '방법'은 '어떤 목적을 달성하기 위하여 취하는 방식'을 의미합니다. 따라서 [1]의 정답은 '수단'입니다. '균형'이란 '어느 한쪽으로 기울거나 치우치지 아니하고 고른 상태'를 뜻합니다. 따라서 [2]는 '일과 삶의 균형'이 적절합니다. '형체'란 물건의 생김새 등을 말하는데 '형체도 없다'는 흔적이 없다는 뜻입니다.

[2단계] '독특하다'는 '특별하게 다르다'이고 '떨치다'는 '널리 알리다'입니다.

[3단계] 음식에 라면이 속해 있습니다. 얼굴에 이마, 의복에 바지, 동물에 토끼, 필기구에 지우개가 속해 있습니다. 반면 과학과 사회는 서로 속하지 않는 대등한 관계입니다.

15회 본문 062쪽

1 '미아로', '노라드 아주머니'에 ○표
2 ③
3 ④
4 학, 머리
5 세 번째 칸에 ○표
6 ⑤

어법·어휘편
[1단계]
[3]에 ○표

[2단계]
[1] 양식   [2] 초조   [3] 세례

[3단계]
[1] 보름 - ㉣ 열닷새 동안, 15일
[2] 열흘 - ㉤ 열 날, 10일
[3] 사흘 - ㉠ 세 날, 3일
[4] 나흘 - ㉢ 네 날, 4일

16회 본문 068쪽

1 ③   2 ㉤, ㉠, ㉢, ㉣, ㉤   3 ⑤
4 선다 싱 - 다친 사람을 … - 따뜻한 체온을 …
   여행자 - '내 코가 석 자'라며 … - 마을 어귀에서 …
5 콧물, 길게, 내, 남   6 두 번째 칸에 ○표

어법·어휘편
[1단계]
[1] 어귀 - ㉢ 드나드는 목의 첫머리, 입구
[2] 제안 - ㉠ 의견이나 원하는 바를 내놓음
[3] 회복 - ㉤ 원래의 상태로 되돌아가거나 차차 나아짐

[2단계]
[1] ②   [2] ②

[3단계]
[4]에 ○표

---

1. '나'에게 친구라고는 책 몇 권과 양떼뿐이었습니다. 때문에 주인공은 마을의 소식을 전해주는 '꼬마 미아로'와 '노라드 아주머니'를 눈이 빠지도록 기다렸습니다.

2. '나'는 미아로와 노라드 아주머니가 가지고 오는 보름치 식량을 학수고대했고, 마을의 소식을 듣기를 원했습니다.

3. 미아로와 노라드 아주머니를 기다렸지만 오지 않았기에 주인공은 초조한데, 그 순간 방울 소리가 들린 것입니다. 따라서 주인공의 기분은 '애타게 기다리던 중이라 무척 기뻤을 것'이라고 추측됩니다. 따라서 정답은 ④번입니다.

4. '학수고대(鶴首苦待)'는 '학(鶴)'처럼 머리(首)를 길게 빼고 애타게(苦) 기다린다(待)'는 뜻입니다.

5. '학수고대'는 누군가를 애타게 손꼽아 기다리는 모습입니다. 따라서 '멀리 이사 갔던 친구가 놀러 온다는 말을 듣고 목을 빼고 기다리는 훈석'이 '학수고대'의 상황과 어울립니다.

6. 이 글에서 '학수고대'와 어울리는 장면은 '많은 사람이 한시라도 빨리 비가 내려 주기를 간절히 기다리고 있습니다'입니다. 이처럼 '학수고대'를 순우리말로 바꾸면 '간절히 기다리다.', '간절히 바라다.', '애타게 기다린다' 등으로 바꿀 수 있습니다.

어법·어휘편 해설

[1단계] '권'은 '책을 세는 단위'로 사용됩니다. 따라서 '이 책은 한 권뿐이야', '도서관에는 책이 도대체 몇 권이 있을까'에서 '권'은 책을 세는 단위임을 알 수 있습니다. [3]의 경우 '나는 현금으로 만 원짜리 3장이 전부야.'라고 해야 합니다.

[2단계] '양식'이란 '살기 위해 필요한 먹을거리'를 뜻합니다. '세례'는 '어떤 종교의 신자가 될 때 죄를 씻는 표시로 베푸는 의식'을 뜻합니다. '초조'는 '애가 타서 마음이 조마조마한 상태'입니다.

[3단계] 날짜를 셀 때 '하루(1일), 이틀(2일), 사흘(3일), 나흘(4일), 닷새(5일), 엿새(6일), 이레(7일), 여드레(8일), 아흐레(9일), 열흘(10일), 보름(15일)'이라는 말을 씁니다.

1. 이야기의 배경은 어느 추운, 눈 덮인 히말라야 산맥의 산입니다.

2. 선다 싱은 어느 히말라야 산맥의 산을 오르고 있었습니다. 그리고 한 여행자를 만나 동행을 하게 되었습니다(㉤). 그런데 눈 위에 다쳐 쓰려져 있는 사람을 보고(㉠), 이 사람을 데리고 가야 하는가로 여행자와 다투게 되었습니다(㉢). 결국 선다 싱만 다친 사람을 업고 산을 걸었고(㉣), 혼자 떠난 여행자는 마을 어귀에서 얼은 죽은 채 발견되었습니다(㉤).

3. '그렇다고'는 앞 문장의 내용을 인정하지만 그렇게 할 수 없다는 뜻을 가진 이어주는 말입니다. '게다가' 역시 앞뒤 문장을 이어주는 말로서, '그러한 데다가'의 뜻을 가지고 있습니다.

4. '내 코가 석 자'라며 떠난 여행자는 추위에 얼어 죽었습니다. 그러나 선다 싱은 다친 사람에게 사랑을 베풀었고, 그 사랑이 따뜻한 체온으로 돌아와 살아남을 수 있었습니다.

5. '콧물'이 '길게' 늘어져 '내' 처지가 곤란해지자 '남'을 돌볼 수 없게 된다는 말입니다.

6. '내 코가 석 자'는 내 처지가 곤란하여 남을 돌볼 여력이 없다는 뜻입니다. 지호는 칭찬을 듣고 으쓱한 상태입니다. 이런 모습은 '콧대가 높다'라고 표현합니다.

어법·어휘편 해설

[1단계] '어귀'는 무엇인가의 '입구'를 뜻하며, '제안'은 '생각이나 의견 등 원하는 것을 제시하는 것'입니다. '회복'은 '원래의 상태로 돌아간다'는 뜻입니다.

[2단계] 거절을 할 때 '고개를 가로젓다'라고 말하고, 마음이 언짢거나 좋지 않을 때 '혀를 차다'라는 표현을 씁니다.

[3단계] 거친 눈보라에서 '거친'은 파도나 바람 따위가 험하고 거세다는 뜻입니다. 따라서 정답은 [4]번입니다. 참고로 '거친 땅'은 농사짓기 어려운, '거칠게 두드리는'은 사납고 점잖지 못하게 두드리는, '거친 삼베'는 삼베의 올이 성기고 굵다는 뜻입니다.

17회 | 본문 072쪽

1 ③
2 "1%의 가능성만 있어도 도전해야 한다."
3 재호에 ○표
4 넣어, 확신하게
5 ⑤
6 세 번째 칸에 ○표

어법·어휘편
[1단계]
[1] ①   [2] ①

[2단계]
[1] 예리한 - ㉁ 둔한
[2] 게을리 - ㉠ 부지런히
[3] 앞서다 - ㉢ 뒤지다

[3단계]
[1]에 ○표

18회 | 본문 076쪽

1 ④
2 산, 끈기, 노력
3 첫 번째 칸에 ○표
4 ⑤
5 우공이산

어법·어휘편
[1단계]
[1] 끈기   [2] 노력

[2단계]
[1] 며칠   [2] 흙과 돌

[3단계]
[3]에 ○표

---

1. 전반 25분, 손흥민이 찬 공은 골대 모서리를 살짝 비켜나갔습니다. 첫 골은 추가시간 4분이 지났을 때 김영권이 넣었습니다.

2. 축구 전문가들은 한국이 독일을 이길 확률을 1%로 예상했습니다. 하지만 신태용 감독은 "1%의 가능성만 있어도 도전해야 한다." 라며 선수들을 격려했습니다.

3. 독일전에서 한국 선수들은 끝까지 최선을 다해 2-0으로 승리했습니다.

4. 추가 4분 김영권이 골을 넣었지만 1점차이기에 언제든지 승패가 갈릴 수 있었습니다. 그런데 손흥민이 골을 '넣어' 승리를 '확신' 할 수 있게 되었습니다. 이럴 때 '승리에 쐐기를 박았다'고 말합니다.

5. '쐐기를 박다'는 '더 이상 다른 상황이 생기지 않도록 미리 단단하게 만들어버리는 경우'입니다. 예를 들어 확실히 약속을 잡아 다른 말이 나오지 않도록 했을 때도 '쐐기를 박다'라는 표현을 활용할 수 있습니다.

6. 다른 말이 나오지 않도록 쐐기를 박는다면 말을 함부로 바꿀 수 없을 것입니다.

어법·어휘편 해설

[1단계] '북돋아 주다'는 용기를 내도록 격려해 주는 것입니다. 따라서 '높여 주었다'가 정답입니다. '자아내다'는 '어떤 생각이 저절로 들게 하다'는 뜻입니다. 따라서 어떤 것이 다른 것을 일어나게 한다는 뜻을 가진 '유발'이 적절합니다.

[2단계] '앞서다'의 반대의 의미를 가진 '뒤지다'를 반의어라고 부릅니다. 끝이 뾰족하고 날이 선 상태의 '예리한'의 반의어는 '둔한'입니다. 그리고 '게으르다'의 반의어는 '부지런하다'입니다.

[3단계] 많은 것 중에서 다섯 손가락 안에 든다는 것은 뛰어나다는 뜻입니다. 따라서 [1]번이 정답입니다.

---

1. 우공은 마을 사람들이 힘겹게 산을 넘는 모습을 안타깝게 여기어 산을 옮기고자 하였습니다. 따라서 ④번이 정답입니다.

2. 우공이 큰 '산'을 옮기겠다고 말하자, 사람들은 불가능하다며 우공을 비웃었지만 우공은 끝까지 포기하지 않았습니다. 그러다가 결국 옥황상제가 우공의 '끈기'와 노력에 감동하여 하늘에서 가장 힘이 센 사람을 보내 산을 옮겨주었습니다. '우공이산'은 불가능해 보이는 일이더라도 꾸준히 '노력'하면 결국은 해낼 수 있다는 뜻입니다.

3. 병원으로 가는 거리를 좁히기 위해 22년이라는 긴 시간 동안 산을 파서 길을 뚫은 '다쉬랏 만지'의 이야기는 '우공이산'의 좋은 예라 할 수 있습니다.

4. 젊은이는 연세가 든 할아버지가 혼자서 넓은 황무지에 도토리를 전부 심는다는 것이 불가능하다고 보았습니다.

5. 오랜 기간 할아버지는 묵묵히 도토리를 황무지에 심었습니다. 그리고 그 황무지는 아름다운 숲이 되었습니다. 따라서 '우공이산' 이라는 고사성어와 그 뜻이 통합니다.

어법·어휘편 해설

[1단계] '끈기'는 '끈끈하다'는 말에서 나와 '쉽게 포기하지 않고 일을 꾸준히 해 나가는 힘'이라는 뜻을 갖고 있습니다. 따라서 첫 번째는 '끈기'가 정답입니다. 그리고 '어떤 일을 해내기 위해 애쓰는 것'은 '노력'입니다.

[2단계] '몇 날 며칠'은 많은 사람들이 실수하는 맞춤법입니다. 잘 모르는 수를 나타내는 '몇'에 '날'을 붙이면 '몇 날'이 맞습니다. 하지만 '며칠'은 '몇'과 '일'이 합쳐져서 만들어진 말이 아니라 그냥 하나의 단어로 취급합니다. 흙은 [흑]으로 발음이 됩니다. 하지만 쓸 때는 흙으로 적어야 합니다. 예를 들어 닭 역시 [닥]으로 발음되지만, 닭으로 씁니다.

[3단계] '따르다'라는 말이 각각 '다른 이의 뒤에서 같이 가다', '앞선 대상을 좇다', '의견을 실행하다'라는 의미로 활용되었습니다.

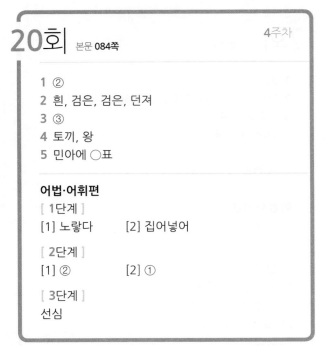

1 얼음 창고, 여름, 겨울, 내빙고, 규모, 쓰임새
2 ②
3 ②
4 ③
5 혜경에 ○표

어법·어휘편

[1단계]
[1] 보관　　　　　[2] 순서　　　　　[3] 차이

[2단계]
다친 손으로 … - ⓒ 사람의 팔목 끝에 이어진 부분
바쁠 때에는 … - ㉠ 일을 할 수 있는 일손

[3단계]
[1] ①　　　　　[2] ②

1 ②
2 흰, 검은, 검은, 던져
3 ③
4 토끼, 왕
5 민아에 ○표

어법·어휘편

[1단계]
[1] 노랗다　　　　　[2] 집어넣어

[2단계]
[1] ②　　　　　[2] ①

[3단계]
선심

---

1. 이 글은 4개의 문단으로 구성되어 있습니다. 먼저 서빙고의 한 자에서 서쪽에 있는 '얼음 창고'라는 뜻을 설명하였습니다. 그리고 '여름'에 구한 얼음을 '겨울'까지 보관하기 위한 서빙고의 쓰임새에 대해 이야기하고 있습니다. 3번째 문단에서는 조선 시대 한양에 있던 서빙고, 동빙고, '내빙고'를 말하고 있습니다. 마지막으로 세 얼음 창고의 '규모'와 '쓰임새'에 대해 구별하여 적고 있습니다.

2. '내빙고'는 궁궐 안에 있기 때문에 '내빙고'라고 이름이 붙여졌습니다. 따라서 ②번이 정답이 됩니다.

3. 하늘에 있는 별을 따는 것은 '거의 불가능할 만큼 어려운 일'입니다.

4. '하늘의 별 따기'란 매우 어려운 일입니다. 따라서 ⓒ의 '매우 힘들고 어려운 일'이 정답이 됩니다.

5. 혜경의 "이 배우의 공연 티켓을 구하는 건 정말 어려워."라는 말에서 '하늘의 별 따기'라는 말을 유추해 낼 수 있습니다.

어법·어휘편 해설

[1단계] 중요한 물건을 금고에 두는 것이기에 '보관', 한 명씩 차례대로 입장하는 것이므로 '순서', 그리고 기린과 얼룩말을 비교하는 것이므로 '차이'가 정답으로 적절합니다.

[2단계] '손'은 '사람의 신체 일부'에서 '일을 할 수 있는 일손'으로 뜻이 확대되었습니다. 따라서 일할 사람이 부족해 누구의 '손'이라도 빌리고 싶다고 할 때는 '일을 할 수 있는 일손'의 뜻입니다.

[3단계] '공통점'이란 둘 또는 그 이상의 여럿 사이에 두루 통하는 점입니다. 따라서 '유사점'과 의미가 통합니다. 또한 '선물로 취급되었다'에서 '취급되다'는 어떤 태도로 대한다는 뜻입니다. 따라서 '여겨졌습니다'가 정답입니다.

---

1. 상인이 돈을 갚으러 갔지만, 빚을 부풀리기 위해 고리대금업자는 온갖 핑계를 대며 상인을 만나 주지 않았습니다. 따라서 ②번이 정답이 됩니다.

2. '흰' 돌과 '검은' 돌이 든 주머니에서 상인이 승리하기 위해서는 흰 돌을 뽑아야 하지만, 주머니에는 사실 검은 돌만 들어 있었습니다. 하지만 딸은 주머니에서 돌을 꺼내 멀리 '던져' 버리고 주머니 안에 남은 검은 돌을 보여주어 상인이 이기게 됩니다.

3. 너무 큰 충격을 받아 정신이 아찔하고 힘이 쭉 빠질 때 '하늘이 노랗다'는 말을 사용합니다. 상인은 고리대금업자와의 내기에서 이길 수 없을거라 생각했기에 하늘이 노래지는 느낌을 받았습니다.

4. 장화 신은 고양이는 마른풀을 먹으러 온 '토끼'를 붙잡아 '왕'에게 바치었습니다.

5. ㉠의 앞 부분을 보면 '갑자기 아무 재산도 없이 쫓겨나게 된 셋째는'라는 말이 있습니다. 따라서 민아의 감상이 정답으로 적절합니다.

어법·어휘편 해설

[1단계] '노랗다'는 [노라타]로 발음됩니다. 이와 같은 예로 놓고 [노코], 많고 [만코] 등이 있습니다. '집어넣어'는 [지버너어]가 됩니다.

[2단계] 눈으로 된 덩어리를 눈덩이라고 합니다. 그런데 이 눈덩이는 순식간에 커집니다. 따라서 '눈덩이처럼 불어나다'는 '순식간에 엄청나게 불어나다'라는 뜻으로 사용됩니다. '악명'은 나쁘다는 소식이나 평판을 뜻합니다. 따라서 '악명 높다'는 '지독하기로 유명한'의 의미를 가지고 있습니다.

[3단계] 선심(善心: 착한 선, 마음 심)은 착한 마음, 선량한 마음을 뜻합니다. 이러한 뜻에서 '남에게 베푸는 후한 마음'이라는 뜻이 나왔습니다. 그런데 '선심 쓰듯'을 보면 '듯'이라는 글자가 붙어 있습니다. '-듯'은 그런 것 같기도 하고 아닌 것 같기도 하다는 의미로서, '선심 쓰듯'은 선심을 쓰는 것 같기도 하고 아닌 것 같기도 하다는 의미입니다. 이에 '선심 쓰듯'은 부정적 의미를 가지게 되었습니다.

21회 본문 090쪽

1 탈놀이
2 ④
3 ○, ○, ○, X
4 ②
5 마음
6 허심탄회

어법·어휘편
[1단계]
[1] ①　　　　[2] ①

[2단계]
②

[3단계]
(윗칸) 신분, (아래칸) 임금, 양반, 백성

---

1. '글감'이란 글의 내용이 되는 재료를 뜻합니다. 같은 말로 '글거리'라고도 하는데, 이 글의 글감은 조선 시대의 '탈놀이'입니다.

2. 탈놀이에서 사람들이 '탈'로 얼굴을 가린 이유는, 그 당시의 신분 제도때문에 일반 백성들은 함부로 양반에 대해 말할 수 없었기 때문입니다. 따라서 ④번이 정답입니다.

3. [1], [2], [3]은 모두 탈놀이에 대해 잘 설명하고 있습니다. 그런데 탈놀이는 주로 장터나 사람이 많이 모이는 곳에서 공연되었습니다. 따라서 [4]번은 옳지 못합니다.

4. 사람들은 많은 양반이 겉으로는 점잖은 척했지만 속으로는 자신의 높은 신분을 자랑하는 데에만 온 생각이 팔려 있다고 믿었습니다. 그런데 탈놀이에서 겉과 속이 다른 양반들을 놀릴 수 있었으니 얼마나 속이 시원했을까요?

5. '허심탄회'는 '마음(心)을 비우고(虛), 품은 생각(懷)을 거리낌 없이(坦) 말하다'라는 뜻입니다.

6. 민수는 선생님에게 혼이 날까 두려웠습니다. 선생님은 이런 민수에게 거리낌 없이 말하라고 했습니다. 따라서 빈칸에 들어갈 말은 '허심탄회'입니다.

어법·어휘편 해설

[1단계] '멀리'는 '한 시점이나 지점에서 시간이나 거리가 몹시 떨어져 있는 상태'입니다. 따라서 '한참'이 정답이 됩니다. '예약'은 '미리 약속함. 또는 미리 정한 약속'을 뜻합니다.

[2단계] '무료'는 문맥에 따라 뜻이 다릅니다. 예를 들어 '그 휴지는 무료다'의 '무료'는 '요금이 없다'라는 뜻입니다. 반면 '기다리기 무료했다'에서 '무료'는 '심심하고 지루함'을 의미합니다.

[3단계] '신분'이란 개인의 사회적인 위치나 계급을 뜻합니다. 따라서 '신분'에는 임금, 양반, 백성이 있습니다. 참고로 조선 시대의 신분 제도는 크게 '양인'과 '천민'으로 나뉘었고, '양인'은 '양반, 중인, 상민'으로 나누어졌습니다.

22회 본문 094쪽

1 ②
2 양녕대군 - 방탕하게 … - 왕세자 자리에서 …
　충녕대군 - 공부를 … - 태종의 뒤를 이어 …
3 소라
4 ③
5 꼴뚜기, 공부, 방탕
6 세 번째 칸에 ○표

어법·어휘편
[1단계]
[1] ①　　　　[2] ①

[2단계]
[1] 으뜸　　[2] 험담　　[3] 소문

[3단계]
[1] 반대　　[2] 의젓

---

1. 조선의 왕 태종은 영특하고 비범한 셋째 왕자인 충녕에게 왕위를 물려주기를 원하였습니다. 하지만 유교 사상에 따르면 첫째가 왕이 되는 것이 수순이었습니다. 이에 양녕대군은 일부러 방탕한 생활을 하였고, 효령에게도 몰래 찾아가 왕세자 자리에서 물러날 것을 부탁하였습니다.

2. 양녕대군은 일부러 방탕하게 지내고 매일 놀러 다녔습니다. 그 결과 왕세자 자리에서 물러나게 되었습니다. 한편 충녕대군은 공부를 열심히 하여 태종의 뒤를 이어 조선의 왕이 되었습니다.

3. 효령대군은 양녕대군의 뜻을 알지 못했습니다. 그렇기에 양녕대군은 효령대군을 몰래 찾아가 "너도 왕세자에서 물러나거라."라고 말을 했습니다.

4. ㉠의 '유유자적'은 '속세를 떠나 아무 속박 없이 자기 마음대로 자유롭고 마음 편히 사는 모습'을 뜻합니다. 그리고 양녕대군은 '나는 셋째가 다스리는 나라에서 내가 좋아하는 시나 읊으며 유유자적 살고 싶구나.'라고 말했습니다. 결국 그가 바라던 유유자적한 삶이란 시를 읊으며 한가롭게 사는 삶을 말합니다.

5. 태종이 양녕대군을 보고 어물전 망신은 '꼴뚜기'가 시킨다고 말했던 까닭은, 첫째 왕자가 '공부'는 하지 않고 '방탕'하게 지냈기 때문입니다.

6. '어물전 망신은 꼴뚜기가 시킨다'는 무엇을 대표하여 망신을 시킨다는 부정적인 의미입니다. 여기에서는 '외국의 어느 식당에서 뛰어놀며 한국인들에 대한 인상을 나쁘게 만드는 지영'이 알맞은 예라고 할 수 있습니다.

어법·어휘편 해설

[1단계] '비범하다'는 '매우 뛰어나다'의 뜻이며, '영특'은 '남달리 뛰어나고 훌륭함'을 의미합니다.

[2단계] '으뜸'은 '첫째가는 것'이며, '험담'은 '남을 헐뜯는 말'입니다. 따라서 '우리 학교에서 으뜸이잖아', '험담하면 안 돼', '소문이 사실이야?'가 정답으로 적절합니다.

[3단계] 반발은 '반대', 점잖다는 '의젓하다'로 바꾸어 쓸 수 있습니다.

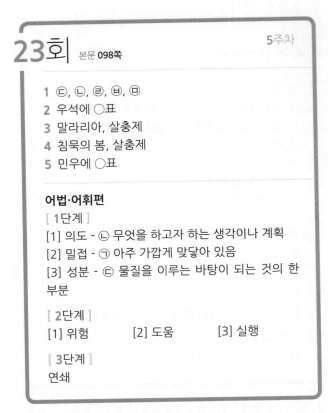

23회 | 본문 098쪽

1 ㉢, ㉡, ㉣, ㉤, ㉥
2 우석에 ○표
3 말라리아, 살충제
4 침묵의 봄, 살충제
5 민우에 ○표

어법·어휘편
[1단계]
[1] 의도 - ㉡ 무엇을 하고자 하는 생각이나 계획
[2] 밀접 - ㉠ 아주 가깝게 맞닿아 있음
[3] 성분 - ㉢ 물질을 이루는 바탕이 되는 것의 한
부분

[2단계]
[1] 위험   [2] 도움   [3] 실행

[3단계]
연쇄

24회 | 본문 102쪽

1 ①
2 ④
3 ⑤
4 ㉢, ㉣, ㉠, ㉡
5 ②
6 ⑤

어법·어휘편
[1단계]
[1] ①   [2] ②

[2단계]
[1] 표시   [2] 현실   [3] 고집

[3단계]
융통성

---

1. 글의 사건을 시간의 흐름으로 정리하면 다음과 같습니다. 말라리를 옮기는 모기로 인해 골치를 썩이던 보르네오 섬 사람들은 살충제를 대량으로 뿌렸습니다. 그 결과 모기는 죽었지만 살아남은 바퀴벌레의 몸에 살충제 성분이 축적되었고, 바퀴벌레를 먹은 도마뱀은 장애가 생기기 시작하였습니다. 그리고 도마뱀을 먹은 고양이가 살충제 성분으로 죽어 나가기 시작합니다. 이에 쥐들이 빠르게 늘어나 더 큰 전염병이 퍼지고 결국 영국 공군의 도움을 받아 고양이를 투입합니다.

2. 눈앞의 문제를 해결하기 위하여 자연을 함부로 훼손하면 더 큰 재앙을 맞이할 수 있습니다. 따라서 우석이 바르게 말했습니다.

3. '말라리아를 옮기는 모기'라는 급한 불 때문에 '살충제'를 뿌렸습니다.

4. 이 글은 미국의 생물학자 '레이첼 카슨'이 쓴 '침묵의 봄'에 대한 내용입니다. 그리고 이 책에서는 '살충제'의 문제를 지적했습니다.

5. 농부들은 '당장의 문제를 해결하기 위해' 살충제를 뿌렸지만 그것이 부메랑이 되어 환경과 인간을 파괴하였습니다. 따라서 '민우'가 바르게 감상하였습니다.

어법·어휘편 해설

[1단계] '의도'는 '무엇을 하고자 하는 생각이나 계획'을 말합니다. 그리고 '밀접'은 '아주 가깝게 맞닿아 있음'을 뜻하며, '성분'은 '물질을 이루는 바탕이 되는 한 부분'입니다.

[2단계] 문맥상 '위험에서 벗어나다'가 적절하며, 119에 연락을 하여 도움을 받는 것이므로 '도움을 청하다'가 정답입니다. 그리고 '계획을 실행에 옮기다'가 바른 표현입니다.

[3단계] '연쇄'는 '연결된 사슬'을 뜻합니다. 그리고 여기서는 '사물이나 현상이 사슬처럼 서로 이어져 있음'을 의미합니다. 예를 들어 '연쇄 작용', '연쇄 충돌', '연쇄 사건' 등으로 쓰입니다.

---

1. 젊은이는 칼을 강에 빠트렸습니다. 그리고 나중에 그 칼을 찾기 위해, 품속에서 단검을 꺼내 뱃전에 칼이 떨어진 위치를 표시하였습니다.

2. ①, ②, ③, ⑤의 '칼'은 젊은이가 강에 빠트린 것입니다. 그리고 ④의 '단검'은 칼이 빠진 위치를 표시하기 위해 꺼낸 칼입니다.

3. (가)에 들어갈 말로 '그러자', '바로 그때'가 있습니다. 그리고 (나)의 경우 앞뒤의 상황이 반대이므로 '하지만'이 어울립니다.

4. 젊은이는 허리춤에서 칼을 뺐습니다. 그리고 그 칼을 실수로 강물에 빠뜨립니다. 나중에 그 칼을 찾기 위해 품속에서 단검을 꺼내어, 뱃전에 칼이 빠진 위치를 표시합니다. 이후 젊은이는 칼이 빠진 위치를 표시한 뱃전에서 칼을 찾고자 강물로 뛰어듭니다.

5. 이 글은 '각주구검(刻舟求劍)'의 유래를 설명하고 있습니다.

6. '각주구검'은 '융통성 없고 어리석은 사람'을 가리키는 말입니다. 문제에서는 '석구'가 각주구검이라고 할 수 있습니다. 지우개를 찾으려면 책상이 옮겨진 곳이 아니라 옮기기 전의 장소에서 살펴야 하기 때문입니다.

어법·어휘편 해설

[1단계] '예민하다'는 '자극에 대한 반응이나 감각이 지나치게 날카롭다'는 뜻입니다. 따라서 ①이 정답입니다. 그리고 '잠잠하다'는 '분위기나 활동 따위가 소란하지 않고 조용하다'는 말입니다. 따라서 ②번이 정답입니다.

[2단계] '읽은 부분까지 표시', '지긋지긋한 이 현실에서 벗어나고 싶다', '그의 고집대로만 행동했다'가 적절한 표현입니다.

[3단계] '융통성'은 상황에 따라 적절하게 일을 처리하는 능력입니다. 예를 들어 '상황에 맞춰 융통성 있게 행동했다', '그는 융통성이 없는 사람이다' 등으로 쓰입니다.

25회 | 본문 106쪽

1 ⓝ, ⓡ, ⓣ, ⓐ
2 ①
3 첫 번째 칸에 ○표
4 ④
5 ④
6 담금질, 단단

어법·어휘편

[1단계]
[1] 업적 - ⓛ 사업이나 연구 따위에서 세운 공적
[2] 정치 - ⓔ 국가의 주권자가 그 영토 및 …
[3] 낙선 - ⓖ 선거에서 떨어짐

[2단계]
[1] 명언   [2] 주변   [3] 성공

[3단계]
[1] 탈락   [2] 상점   [3] 계속

26회 | 본문 112쪽

1 전화기   2 최초, 임시, 발명, 특허
3 ②   4 ⑤
5 두 번째 칸에 ○표   6 ②

어법·어휘편

[1단계]
[1] 고소 - ⓛ 다른 사람이 잘못한 일이나 …
[2] 특허 - ⓔ 어떤 사람이 혼자만 가질 수 있는 권리
[3] 판결 - ⓖ 잘잘못을 판단하여 결정함

[2단계]
[1] 비슷한   [2] 마음대로   [3] 처음으로

[3단계]
[1] ⓖ   [2] ⓔ   [3] ⓛ

---

1. 링컨이 미국의 대통령이 되기까지 많은 일이 있었습니다. 우선 상점과 우체국에서 일하다 변호사가 되었고, 정치에 뜻을 두고 일리노이 주 의원 선거에 도전했지만 낙선하였습니다. 또한 부통령 후보 경선에도 나섰지만 낙선되었습니다. 이후 1860년 마침내 대통령에 당선되었습니다.

2. 갈등과 어려움을 잘 해결하면 오히려 그런 노력이 사람들을 더욱더 강하게 만듭니다. 따라서 ①번이 정답입니다.

3. '비가 온 뒤에 땅이 굳는다'는 '힘들고 어려운 일을 겪더라도 그 과정을 거치고 나면, 땅이 굳는 것처럼 더욱 강해지게 된다'는 뜻입니다. 따라서 '윤호와 진호'의 이야기가 '비가 온 뒤에 땅이 굳는다'는 말에 어울립니다.

4. 초롱이의 말처럼 링컨이 사람들의 충고를 받아들였다면 어떻게 되었을까요? 링컨은 대통령이 될 수 없었을 것입니다.

5. 실패는 있을 수 있습니다. 그리고 그 실패를 발판 삼아 더욱 '노력'한다면 더 좋은 결과를 얻을 수 있습니다. 따라서 정답은 '노력'입니다.

6. '비 온 뒤에 땅이 굳어진다'는 어려움을 극복하면 더욱 단단해진다는 말입니다. 그리고 '담금질' 역시 금속을 더욱 '단단'하게 만드는 것입니다.

어법·어휘편 해설

[1단계] '업적'이란 '사업이나 연구 따위에서 세운 공적'을 뜻하며, '정치'란 '국가의 주권자가 그 영토 및 국민을 통치함'을 의미합니다. '낙선'은 '선거에서 떨어짐'을 말합니다.

[2단계] 모든 사람을 감동시키는 것으로는 '명언'이 어울립니다. 그리고 나의 친구들에게 배우는 것이므로 '주변에 있는 친구들'이 좋습니다. 또한 '성공하는 사람들의 습관'은 자주 쓰는 말입니다.

[3단계] '떨어지다'는 '탈락하다'와 비슷한 말이고, '가게'는 '상점'과 같습니다. 그리고 '꾸준히'는 '계속해서'입니다.

1. 안토니오 메우치는 병원에 입원해 있는 부인과 대화를 하기 위해 '전화기'를 발명하였습니다.

2. 안토니오 메우치는 전화기를 '최초'로 발명했지만 돈이 없어 '임시' 특허를 신청할 수밖에 없었습니다. 반면 알렉산더 그레이엄 벨은 메우치의 전화기와 유사한 전화기를 '발명'했다며, 250달러라는 큰돈을 내고 '특허'를 신청했습니다. 참고로 '발견'은 미처 찾아내지 못하였거나 아직 알려지지 아니한 사물이나 현상 따위를 찾아내는 것이고, '발명'은 아직까지 없던 기술이나 물건을 새로 생각하여 만들어 내는 것입니다.

3. 알렉산더 그레이엄 벨이 아니라 메우치가 알렉산더 그레이엄 벨을 고소했습니다. 재판을 통해 특허권을 받게 된 사람은 알렉산더 그레이엄 벨입니다.

4. 메우치는 "벨이라고? 무척 얼굴이 두꺼운 놈이군! 나의 전화기를 자기가 발명했다고 거짓말을 해?"라 말하면서 화를 내었습니다.

5. 화가 난 사람은 돈이 없어서 자신이 발명한 전화기의 특허 신청을 못해 알렉산더 그레이엄 벨을 고소한 메우치입니다.

6. ⓖ의 '무척 얼굴이 두꺼운 놈이군!'을 다른 말로 표현하면 '정말 뻔뻔한 사람이군!', '부끄러움을 모르는 사람이군!' 정도로 바꿀 수 있습니다.

어법·어휘편 해설

[1단계] '고소'는 '다른 사람이 잘못한 일이나 범죄 사실을 법원에 신고'하는 일을 말하며, '특허'는 '어떤 사람이 혼자만 가질 수 있는 권리'를 뜻합니다. '판결'이란 '잘함과 잘못함을 판단하여 결정'한다는 의미입니다.

[2단계] '유사하다'는 '비슷하다'이며, '함부로'는 '마음대로', '최초로'는 '처음으로'와 같은 뜻입니다.

[3단계] '네 말이 정말 다 맞았어'에서 '맞다'는 '문제에 대한 답이나 사실이 틀리지 않다'는 의미입니다. '손님을 맞을 준비를 하고 있었다'에서 '맞다'는 '오는 사람이나 물건을 예의 있게 받아들이다'의 뜻입니다. '화살이 과녁에 중간에 정확하게 맞았다'에서 '맞다'는 '쏘거나 던진 물체가 어떤 물체에 닿다'는 의미입니다.

27회 | 본문 116쪽

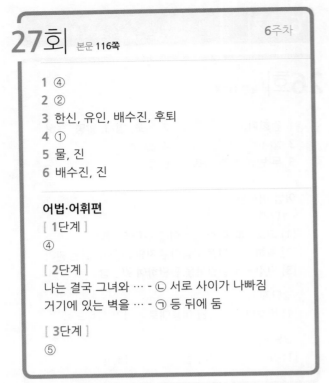

1 ④
2 ②
3 한신, 유인, 배수진, 후퇴
4 ①
5 물, 진
6 배수진, 진

어법·어휘편
[1단계]
④

[2단계]
나는 결국 그녀와 … - ⓒ 서로 사이가 나빠짐
거기에 있는 벽을 … - ① 등 뒤에 둠

[3단계]
⑤

28회 | 본문 120쪽

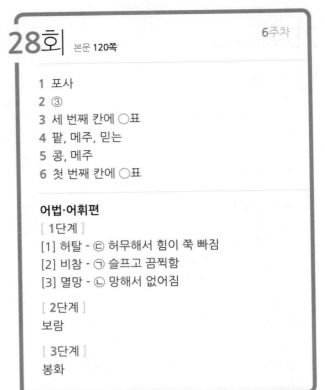

1 포사
2 ③
3 세 번째 칸에 ○표
4 팥, 메주, 믿는
5 콩, 메주
6 첫 번째 칸에 ○표

어법·어휘편
[1단계]
[1] 허탈 - ⓒ 허무해서 힘이 쭉 빠짐
[2] 비참 - ① 슬프고 끔찍함
[3] 멸망 - ⓒ 망해서 없어짐

[2단계]
보람

[3단계]
봉화

---

1. 한신은 강을 등 뒤에 두고 적들과 싸우면 더 이상 물러날 곳이 없어 죽을 각오로 싸울 거라 생각했습니다.

2. ①은 한신이 강을 등지고 싸우자고 하니 부하가 깜짝 놀라 의아해하는 상황이고, ⓒ은 군사들이 소리를 지르며 싸우자고 외치는 장면입니다. 문제에서 '지문'이란 괄호 안에 써 있는 글을 가리킵니다. 지문은 대본 또는 희곡을 구성하는 3요소인 '대사, 지문, 해설' 중 하나로, 인물의 심리나 행동을 설명하고 지시합니다.

3. '한신'은 전쟁에서 적군을 '유인'하여 '배수진'을 펼쳐 싸웠고, 여기에 놀란 적의 장군은 '후퇴'를 명하며 도망갔습니다.

4. '배수진'은 강물을 등지고 적들과 맞서 싸우는 형세를 말합니다.

5. '배수진'을 한자 뜻대로 풀이하면 '물을 등지고 진을 친다'이며, 이는 어떤 일을 할 때에 마지막이라는 각오로 최선을 다하는 경우를 나타냅니다.

6. '반드시 죽고자 하면 살고, 살려고만 하면 죽는다'는 어떤 일을 할 때에 죽을 각오로 최선을 다하라는 뜻입니다. 이와 비슷한 말로 '배수진'이 있습니다.

어법·어휘편 해설

[1단계] 예찬이가 주희를 이쪽으로 (유인)하면 너는 그때 도망가. / 희주는 (확신)에 찬 얼굴로 알겠다고 대답했다. / 더 이상 방법이 없으니 일단 (후퇴)해야겠어. / 뛰어난 (전략)가인 유철이의 말을 따랐더니 역시나 성공했어.

[2단계] '등지다'는 사람들이 서로 사이가 나빠진 경우나 무엇을 등 뒤에 두고 있는 상황을 나타낼 때 쓰는 말입니다.

[3단계] '점령하다'는 무력이나 힘을 이용하여 특정 지역을 차지한다는 뜻입니다.

---

1. 이 이야기의 중심인물은 포사와 그녀를 사랑한 왕입니다. 그리고 왕은 '포사'의 미소를 보기 위해 평소에도 봉화까지 피워 올렸습니다. 따라서 '포사'가 사건의 중심 인물이라고 할 수 있습니다.

2. (가)는 앞과 뒤의 이야기를 바꿉니다. 이에 '그러나', '하지만' 등이 적절합니다. (나)의 경우 앞 문장이 뒤 문장의 까닭이 됩니다. 따라서 '그래서' 등이 어울립니다.

3. 포사를 웃게 하고자 왕은 봉화를 자꾸 거짓으로 올렸습니다. 이에 신하들은 왕이 콩으로 메주를 쑨다 해도 안 믿게 되었습니다. 마치 양치기 소년과 같은 결말입니다.

4. '콩으로 메주를 쑨다 해도 믿지 않는다'의 일부 낱말을 바꾸면 의미가 바뀝니다. 즉 '팥으로 메주를 쑨다 해도 믿는다'는 '팥'으로 '메주를 만들 수 없음에도 그 말을 믿는다'는 것은 어떤 사람의 말을 굳게 '믿는다'는 뜻이 됩니다.

5. 태양이 지구의 주위를 돈다고 믿는 사람은 갈릴레오 갈릴레이가 무슨 말을 해도 믿지 않을 것입니다. 따라서 '콩으로 메주를 쑨다 해도 믿지 않을'이라는 말로 바꾸어 쓸 수 있습니다.

6. 갈릴레오 갈릴레이는 '지구가 태양을 중심으로 돌고 있다'고 주장했습니다. 즉 지구가 움직인다는 지동설입니다. 이에 반대되는 개념이 하늘이 움직인다는 천동설이며, 갈릴레이는 이것을 부정했습니다.

어법·어휘편 해설

[1단계] '허탈'은 '허무해서 힘이 쭉 빠짐'을 뜻합니다. '비참'은 '슬프고 끔찍함'을, '멸망'은 '망해서 없어짐'을 의미합니다.

[2단계] '헛걸음', '헛수고', '헛고생'의 '헛'은 보람이나 의미가 없다는 뜻입니다. 따라서 '헛고생'은 '보람 없는 고생'을 의미합니다.

[3단계] '봉화'란 불을 피워 올라가는 연기로 무슨 일이 벌어졌는지 알리는 통신수단이었습니다.

1 ⑤
2 첫 번째 칸에 ○표
3 [1]에 ○표
4 신하들이 예상한 상황 - 숙종의 화를 …
  실제 명령 - 이관명을 판서로 임명한다
5 두 번째 칸에 ○표

어법·어휘편
[1단계]
[1] 후기 - ⓒ 일정 기간을 둘이나 셋으로 나누었을 …
[2] 승려 - ⓐ 스님
[3] 서술 - ⓑ 어떤 주제에 대해 적음

[2단계]
[1] 자존심   [2] 자긍심

[3단계]
②

1 공생 관계
2 ④
3 첫 번째 칸에 ○표
4 첫 번째 칸에 ○표
5 ④
6 세 번째 칸에 ○표

어법·어휘편
[1단계]
[1] 생태계 - ⓒ 여러 생물들이 서로 영향을 …
[2] 면역 - ⓐ 독이나 병 따위에 걸리지 않음
[3] 촉수 - ⓑ 뼈가 없는 돌기 모양의 기관

[2단계]
[1] ②   [2] ①   [3] ②

[3단계]
[3]에 ○표

1. 삼국유사는 고려 시대 일연이 편찬한 역사책으로, 고조선의 건국 신화로부터 시작해 신화나 전설 등의 이야기도 다수 기록되어 있습니다. 백성들의 자긍심을 높이는 데 많은 기여를 했을 뿐만 아니라 우리 역사를 연구하는 데 많은 도움이 되고 있습니다. 따라서 '실제 역사를 담지 않아 현재에는 인정받지 못하는 책이다'가 틀린 말입니다.

2. '삼국유사'는 정확한 사실로 밝혀지지 않은 흥미로운 이야기도 기록하고 있습니다. 따라서 왼쪽이 삼국유사라고 할 수 있습니다. 하지만 삼국유사의 내용 중 일부가 틀리거나 밝혀지지 않았더라도 그 시대를 이해하고 우리 역사를 파악하는 데 없어서는 안 될 서적입니다.

3. 일연이 삼국유사를 쓸 때는 '밖으로는 몽골의 침입이 거세고, 안으로는 지배층의 권력다툼이 극심하여 백성들이 고려의 민족으로 태어난 것조차 원망하던 시기'였습니다. 따라서 [1]이 정답입니다. [2], [3]의 내용은 본문에서 확인되지 않습니다.

4. 신하들이 생각하기에 '임금인 숙종의 화를 샀으니, 이관명은 곧 죽임을 당할 것이다'라고 보았습니다. 하지만 숙종은 이관명을 판서로 임명합니다. 그리고 이관명은 숙종을 도와 나라를 잘 이끌어 나갔습니다.

5. '눈 뜨고 볼 수 없을 정도'는 차마 참고 보기 힘든 상황을 뜻합니다. 따라서 '목불인견(目不忍見)'이 적절한 답입니다.

어법·어휘편 해설

[1단계] '후기'는 '일정한 기간을 전기, (중기), 후기로 나누었을 때 맨 뒤 기간'입니다. '승려'는 '스님'이고, '서술'은 '어떤 주제에 대해 적음'을 뜻합니다.

[2단계] '자긍심'은 '스스로에게 긍지를 가지는 마음'이고, '자존심'은 '스스로를 존중하는 마음'입니다.

[3단계] ①에는 '기록', ③에는 '서술'이 적절하며, '편찬'은 책으로 만드는 것이므로 ②에 들어갈 수 없습니다.

1. 이 글의 글감은 생물들의 상부상조 즉, 공생 관계에 관한 이야기입니다.

2. 생태계에서 생물들은 경쟁 관계를 맺지만, 때에 따라 서로 도움을 주고 받기도 합니다. 예를 들어 흰동가리는 말미잘에게 보금자리를 얻어 말미잘의 촉수 사이에 머무릅니다. 흰동가리는 말미잘의 독에 면역을 가지고 있어 말미잘이 독을 뿜어도 괜찮습니다.

3. 진딧물과 개미, 말미잘과 흰동가리, 청소놀래기와 다른 물고기들은 상부상조를 하는 관계입니다. 그런데 진딧물과 무당벌레는 서로 천적 관계입니다.

4. 상부상조는 '서로 도움을 주고받을 때' 쓰는 말입니다. 따라서 '농사를 짓는 형과 생선을 잡는 동생이 서로 돕는 것'이 상부상조입니다.

5. 이 글은 상부상조에 대한 이야기이며, 상부상조는 함께 일을 해결하는 것이므로 '협동'을 의미합니다.

6. '상부상조'와 같은 뜻의 사자성어는 '상호부조'입니다. '상호부조' 역시 '서로 도움을 주고받는다'는 뜻입니다.

어법·어휘편 해설

[1단계] '생태계'는 '여러 생물이 서로 영향을 주고받으며 사는 세계'입니다. 그리고 '면역'이란 '독이나 병 따위에 걸리지 않음'을 의미하고 '촉수'는 '뼈가 없는 돌기 모양의 기관'입니다.

[2단계] '보금자리'는 '새가 알을 낳거나 깃들이는 곳'으로 비유적으로 '지내기에 매우 포근하고 아늑한 곳'을 말합니다. 따라서 ②번이 정답입니다. '일방적으로'는 '어느 한쪽으로 치우쳐진'의 의미이며, '끈끈합니다'의 '끈끈하다'는 본래 '끈기가 많아 끈적끈적하다'의 뜻입니다. 그런데 '공생관계는 꽤 끈끈합니다'에서는 '끈적끈적하다'보다 '친밀하다'의 뜻으로 쓰였습니다.

[3단계] '다양한 관계를 맺다'에서 '맺다'는 '관계나 인연 따위를 이루거나 만들다'는 뜻입니다. 따라서 [3]번이 정답입니다.

31회 본문 **134쪽**

1 ③	**2** 구두쇠, 검소한
3 아 다르고 어 다르다	**4** ⑤
5 부정, 긍정	

어법·어휘편

[1단계]
[1] 구두쇠 - ⓒ 돈이나 재물 따위를 쓰는 데에 …
[2] 검소한 - ⓒ 함부로 쓰지 아니하고 …
[3] 중점 - ⓐ 가장 중요하게 여겨야 할 점

[2단계]
[2]에 ○표

[3단계]
첫 번째 칸에 ○표

1. 반이 남아 있는 물을 보고, 없어진 부분을 보느냐 남아있는 부분을 보느냐에 따라 해석이 달라집니다. 따라서 정답은 '서로 다른 시각으로 상황을 바라보고 있어서'가 됩니다. 참조로 ④번의 '사람의 눈이 가지고 있는 초점'은 생각의 차이가 아니라 신체적 부분을 말한 것입니다.

2. 돈을 아끼는 사람을 부정적으로 보면 '구두쇠'라고 하고, 긍정적으로 바라본다면 '검소한 사람'이라고 말할 수 있습니다.

3. 프레이밍 효과는 어떤 시각으로 바라보느냐에 따라 해석이 다르다는 것입니다. '아 다르고 어 다르다' 역시 같은 말을 하더라도 어떻게 말하는가에 따라 달라진다는 내용으로, 프레이밍 효과와 유사합니다.

4. '엄마의 정성이 담긴 건강 오렌지 주스!'라고 광고하고 있습니다. 따라서 정성과 건강을 강조한 ⑤번이 정답으로 적절합니다. ①, ②, ③번은 건강과 관계 없으며, ④의 '귤'은 오렌지 주스와 어울리지 않습니다.

5. 공감하는 말을 하기 위해서는 상대방의 감정을 생각해야 합니다. 부정적인 측면보다 긍정적인 측면을 생각하여 "10문제 중에서 5개나 맞혔구나!"라고 말하는 것이 상대방을 배려하는 것입니다.

어법·어휘편 해설

[1단계] '구두쇠'은 '써야 할 돈이나 재물 따위를 쓰지 않고 인색하게 구는 사람'을 뜻하며, '검소한'은 '함부로 쓰지 아니하고 꼭 필요한 데에만 써서 아끼는'을 뜻합니다. '중점'은 '가장 중요하게 여겨야 할 점'을 말합니다.

[2단계] '시각'은 다양한 뜻을 갖고 있습니다. [보기]의 '시각(時角: 보는 각도)'은 '시각(時刻: 시간의 한 점)'과 '시각(視覺: 눈의 감각)'과 동음이의어입니다.

[3단계] '찰나'는 어떤 일이 일어나는 바로 그 순간을 뜻합니다. 그리고 '잔뜩'은 '더할 수 없게 심하게'의 뜻을, '고작'은 '별거 아닌 기껏'이라는 뜻입니다. 따라서 시간에 관련된 낱말은 '찰나'입니다.

32회 본문 **138쪽**

1 ⑤
2 비만, 간, 기별, 건강, 운동
3 ⑤
4 ②
5 ②
6 난희에 ○표

어법·어휘편

[1단계]
[1] ② 　　　　[2] ①

[2단계]
[1] 체질 　　[2] 습관 　　[3] 목적

[3단계]
[1] 어마어마한 　[2] 골고루 　　[3] 면역력

1. 우리 몸을 관리할 때는 무엇보다도 건강을 우선적으로 생각해야 합니다. 그러므로 식사량을 급격하게 줄이는 것보다는 몸에 좋은 음식을 골고루 적당히 먹으며 규칙적인 운동을 함께 하는 것이 좋습니다. 따라서 ⑤번이 잘못된 말입니다.

2. '비만'인 사람들은 살을 빼기 위해 극단적으로 먹는 양을 줄이기도 합니다. 이렇게 '간에 기별도 안 가게' 먹는 습관은 우리 몸에 좋지 않습니다. 다이어트 즉 음식을 조절하는 목적은 우리 '건강'을 지키기 위함입니다. 따라서 몸에 좋은 음식을 고루 적당히 먹으며 '운동'을 병행하는 것이 좋습니다.

3. '간에 기별도 안 가다'를 과학적으로 해석한 내용입니다. 음식을 먹어야 영양소가 간으로 가는데 '먹은 것이 너무 적으면' 간에 아무런 영양소가 가지 않습니다. 따라서 정답은 ⑤번입니다.

4. '급격하다'는 '변화가 빠르게 일어나다'라는 뜻이므로 '급격하게'는 '갑자기'와 바꾸어 쓸 수 있습니다.

5. 간에 기별도 가지 않는다는 먹은 것 같지도 않다는 뜻과 같습니다. 따라서 정답으로 ②번이 적절합니다.

6. 세종의 아버지인 태종이 말한 "왕께서는 몸이 무거우시니 가끔 나와 사냥을 하여..."라는 말에서 세종이 몸이 무겁다는 것을 알 수 있습니다. 또 태종은 운동을 싫어하는 세종을 걱정하였습니다. 따라서 난희가 옳게 이야기했습니다. 지인의 말을 "태종은 자신의 장례를 치르는 동안 아들인 세종이 음식을 너무 적게 먹을까 봐 걱정했구나."로 바꾸면 글의 내용에 맞는 말이 됩니다.

어법·어휘편 해설

[1단계] '극단적'이란 '한쪽으로 심하게 치우쳐 더 나아갈 데가 없을 만큼'이라는 뜻이고, '큰 긴장이나 감동을 불러일으킬 만큼'은 '극적'이라고 표현합니다.

[2단계] 빈칸 채우기의 경우 보기를 문제에 넣어 읽어보면서 의미가 통하는지 확인하면 됩니다.

[3단계] '굉장한'은 '어마어마한'과 같은 뜻이며, '빠짐없이'는 '골고루'를 의미합니다. 몸이 병에 저항하는 힘을 우리는 '면역력'이라고 부릅니다.

1 ④
2 하지만, 침묵, 주름, 이윽고, 결심
3 탈영, 용서, 훈련, 전투
4 ④
5 사치, 방탕, 반성

어법·어휘편

[1단계]
[1] 호령 - ㉠ 지휘하고 명령함
[2] 징계 - ㉢ 잘못 따위를 뉘우치도록 주의를 …
[3] 처벌 - ㉡ 죄에 대하여 벌을 줌

[2단계]
첫 번째 칸에 ○표

[3단계]
골칫거리

1. 이 글은 아서 웰즐리가 탈영한 병사를 벌하기 위해 시도했던 여러 방법 중 '용서'의 힘을 느낄 수 있는 이야기입니다.

2. '하지만'은 지금까지의 내용과 반대되는 내용이 올 때 쓰이는 말이며, '이윽고'는 '얼마쯤 시간이 흐른 뒤에'라는 뜻입니다. 아서 웰즐리는 고민에 빠졌으므로 '침묵'하면서 이마에 '주름'이 패였을 것이고, 고민이 끝나자 탈영한 병사를 용서하기로 '결심'했습니다.

3. 병사는 자꾸 '탈영'을 시도했지만 아서 웰즐리는 고민 끝에 그를 '용서'해 줍니다. 그러자 그 병사는 '훈련'에 열심히 참여하고 '전투'에서도 용맹하게 나섰습니다.

4. 레프 톨스토이는 전쟁에 참가한 뒤로 과거의 삶을 반성하고 새로운 삶을 살기로 결심했습니다.

5. '개과천선'은 나쁜 짓을 일삼던 사람이 과거의 잘못을 뉘우치고 착해졌다는 뜻으로, 레프 톨스토이는 젊은 시절 사치와 방탕을 즐기던 삶을 반성하고 작가로서 새로운 삶을 살았습니다.

어법·어휘편 해설

[1단계] '호령'은 지휘하여 명령한다는 뜻이고, '징계'는 잘못이나 허물을 나무라서 벌을 내린다는 뜻입니다. '처벌'은 죄에 대해 벌을 준다는 뜻입니다.

[2단계] '호적수'는 '겨루기에 좋은 상대'라는 뜻입니다.

[3단계] '골칫거리'는 '처리하기 귀찮고 어려운 일이나 사람'을 뜻하는 말입니다.

1 ③
2 손으로 만든 동그라미 - 네모난 손 모양 - 하늘과 땅의 모양
손가락 세 개 - 손가락 다섯 개 - 삼강오륜
3 네모, 떡
4 ①
5 떡, 지혜, 재주
6 정윤에 ○표

어법·어휘편

[1단계]
[1] ①   [2] ①

[2단계]
소원, 사신, 유교

[3단계]
사신은, 학자들은

1. 떡보가 사신과의 지혜 겨루기에 참가한 이유는, 떡을 실컷 먹을 수 있다고 생각했기 때문입니다. 따라서 '재주를 알리기 위해 지혜 겨루기에 참석했다'는 설명은 맞지 않습니다.

2. 중국말을 모르는 떡보에게 중국 사신은 손가락으로 문제를 내었습니다. 먼저 '하늘은 둥근데 땅은 어떤 모양인가?'의 의미로 손가락으로 동그라미를 만들어 보였습니다. 떡보는 다르게 이해했지만 정답인 '네모'를 만들었습니다. 다음으로 사신은 '삼강을 아는가?'의 질문을 했는데, 이 역시 잘못 이해했지만 '손가락 다섯 개'를 펼쳐 보였고 중국 사신은 이를 삼강오륜의 오륜으로 오해했습니다.

3. 떡보는 배가 고프면 머리도 안 돌아간다고 생각해서 네모난 떡 다섯 개를 먹고 갔습니다.

4. ㉠, ㉡, ㉢에서 '아니'라는 표현이 나옵니다. 즉 '놀랍고 믿기 어렵다'는 의미입니다. 또한 ㉣의 '중국 사신을 이기다니'에서도 믿기 어렵다는 의미를 포함하고 있습니다. 따라서 '예상치 못한 말이나 결과에 놀란 모습'이 정답이 됩니다.

5. 떡보는 '떡'을 먹는 것 외에 할 수 있는 것이 없었지만 그가 중국 사신과의 '지혜' 겨루기에서 승리하는 것을 보고 사람들은 놀라며 모든 사람은 알게 모르게 놀라운 '재주'가 있다고 생각하게 되었습니다.

6. '굼벵이도 구르는 재주가 있다'는 말은 '아무리 능력이 없는 사람으로 보여도 한두 가지 놀라운 재주를 가지고 있다'는 말입니다. 따라서 정윤의 말이 정답입니다.

어법·어휘편 해설

[1단계] '별다른 재료 없이'는 '특별한 재료 없이'와 같은 말입니다. 또한 '무엇을 고치는 데 재주가 있다'는 '무엇을 고칠 수 있는 소질'이 있다는 뜻입니다.

[2단계] '네 소원이 무엇이냐?', '이웃나라의 사신이 도착하였습니다', '조선은 유교를 중히 여기는 나라였다'가 적절합니다.

[3단계] 주어는 행동을 하는 사람입니다. 따라서 [1]의 '사신은', [2]의 '학자들은'입니다.

35회 | 본문 150쪽

1 ③
2 명, 이성계, 진군, 조선
3 첫 번째 칸에 ○표
4 ⑤
5 ⑤

어법·어휘편

[1단계]
[1] 정벌 - ㉢ 적을 쳐서 무찌름
[2] 진군 - ㉠ 군대를 나아가게 함
[3] 사기 - ㉡ 의욕이나 자신감 따위가 가득 찬 기세

[2단계]
[1] ②   [2] ①

[3단계]
처음 초 - 끝 말, 낮을 저 - 높을 고, 앞 전 - 뒤 후

1. 이성계는 명나라와 전쟁을 할 수 없는 이유로 네 가지를 들었습니다. 그중에서 '여름에 군사들을 동원하면 안 됩니다'라는 말을 통해 당시가 여름이라는 것을 알 수 있습니다. 또한 '장마철'이라는 말에서도 알 수 있습니다. 따라서 겨울을 말한 ③번이 옳지 않습니다.

2. 고려는 명나라의 무리한 요구에 분노하여 요동 정벌을 추진하였습니다. 이에 '명'나라와 전쟁하기 위한 군사를 모았지만, '이성계'는 네 가지 이유를 들어 전쟁을 반대하였습니다. 그러나 고려의 왕과 최영은 요동 '진군'의 뜻을 굽히지 않았습니다. 결국 이성계는 명령을 어기고 위화도에서 군사를 돌렸습니다. 이 사건으로 '조선'의 건국이 시작되었습니다.

3. '불 보듯 뻔하다'는 '앞으로 일어날 일이 의심할 여지가 없이 아주 명백하다'는 뜻으로 사자성어인 '명약관화'와 같습니다. '명약관화'의 글자를 하나씩 풀어보면 '밝다 - 같다 - 보다 - 불'입니다. 뒤에서부터 해석하면 '불을 보는 것과 같이 밝다'는 뜻이 됩니다.

4. "저들에게 패배하고 말 것은 불 보듯 뻔한 일이오."를 다른 말로 바꾸어 보면 "저들에게 패배하고 말 것은 의심할 여지가 없는 일이오."가 됩니다.

5. 스위스 용병들은 충성스럽고 용맹하기로 유명하였습니다. 그리고 1792년 프랑스는 백성이 주인이 되는 나라에 대한 열망으로 가득 차 있었고 그 결과 왕의 자리는 위태로웠습니다. 또한 '빈사의 사자상'은 스위스 루체른에 있습니다. 스위스 사람들이 용병이 된 이유는 먹고살기 힘들었기 때문입니다.

어법·어휘편 해설

[1단계] '정벌'은 '적을 쳐서 무찌름', '진군'은 '군대를 나아가게 함', '사기'는 '의욕이나 자신감 따위가 가득 찬 기세'를 의미합니다.

[2단계] '의견이 주를 이루었다'는 '의견이 대부분이었다'가 되고, '본때를 보여주다'는 '크게 혼쭐을 내 주다'라는 말입니다.

[3단계] 반대말을 이어보면, 初 - 末, 低 - 高, 前 - 後가 됩니다

36회 | 본문 156쪽

1 차윤 - 첫 번째 그림 - 반딧불이 형
  손강 - 두 번째 그림 - 눈 설
2 ⑤
3 세 번째 칸에 ○표
4 ②
5 ④
6 성훈에 ○표

어법·어휘편

[1단계]
②

[2단계]
반딧불의 빛을 … - ㉡ 어떤 일을 … 해 나감
겨우 도착했지만 … - ㉠ 하나도 남지 …

[3단계]
[3]에 ○표

1. 차윤은 '반딧불(螢)'을 주머니에 담아 그 빛에 책을 비춰 보며 공부를 하였습니다. 손강은 '눈(雪)'에 비친 빛에 대고 책을 읽었습니다. 참고로 하늘에서 내리는 눈은 길게 읽고, '눈 깜짝할 사이'의 눈은 짧게 발음합니다.

2. 차윤은 "저는 반드시 벼슬길에 올라 어머니께 효도를 다할 것입니다."라고 말했지만, 손강의 경우, 어머니께 효도하기 위해 관직에 오르려고 했다는 내용은 없습니다.

3. 형설지공과 주경야독은 모두 어려운 상황 속에서도 공부를 게을리 하지 않는 모습에 대한 사자성어입니다.

4. 헬렌 켈러는 시력과 청력을 잃었음에도 포기하지 않고 열심히 공부하였습니다. 이는 형설지공과 같이 어려운 환경임에도 포기하지 않고 꿈을 위해 노력한 것입니다. 따라서 정답은 ㉡입니다.

5. 헬렌 켈러가 '자유의 메달'을 받았다는 것을 알 수 있어도, 그녀가 '자유의 메달 재단'을 설립했는지는 알 수 없습니다. 참고로 '대학 학사 학위'는 헬렌 켈러 이전에는 장애인이 취득하기 어려웠습니다. 따라서 학위 취득 역시 그녀의 업적으로 볼 수 있습니다.

6. 형설지공은 포기하지 않고 노력한다는 의미입니다. 따라서 성훈이 형설지공의 의미를 옳게 말했습니다.

어법·어휘편 해설

[1단계] 과거는 '급제'와 자주 사용됩니다. 그리고 죽도 먹기 힘들 정도로 가계가 좋지 않을 경우 '형편이 좋지 않다'고 합니다. 걱정을 나타내는 말로 '근심'이 있고, 고집스럽게 거절하는 경우 '완고하다'라고 합니다.

[2단계] 공부에 매진한다는 공부에 '전심전력을 다한다'는 뜻입니다. 또 영화표 등이 매진된다는 것은 '다 팔려 동이 났다'는 의미입니다.

[3단계] [보기]의 '무겁다'는 마음의 상태와 관련이 있습니다. 따라서 마음과 관련된 [3]번이 정답이 됩니다.

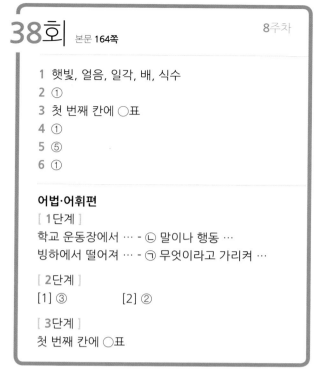

37회 본문 160쪽

1 X, ○, X
2 두 번째 칸에 ○표
3 ④
4 첫 번째 칸에 ○표
5 ②
6 ②

어법·어휘편
[1단계]
[1] 낭비   [2] 습관   [3] 사정

[2단계]
[1] ②   [2] ①

[3단계]
[1] 낙천적   [2] 비관적

---

1. 마트로나는 처음에 베푼 호의로 언짢아했지만 곧 마음이 밝아졌습니다. 그리고 젊은이는 하나님의 벌을 받아 이곳에 있다고 말했지만 자세한 이유는 말할 수 없다고 하였습니다.

2. 가난한 형편에 옷과 마지막 빵을 주었기에 마트로나는 마음이 언짢아졌지만, 젊은이의 '미소'를 떠올리자 마음이 밝아지는 기분이 들었습니다.

3. "산 입에 거미줄이야 치겠소?"는 넉넉하지는 않지만 어떻게든 먹고살 방법이 생긴다는 뜻입니다. 따라서 ④번이 정답입니다.

4. '산 입에 거미줄 치랴'는 어려운 상황에서의 먹고사는 문제입니다. 따라서 풍년에 쌀을 가득 수확한 상황과는 어울리지 않습니다.

5. '산 입에 거미줄 치랴'는 어떻게든 먹고산다는 의미이기에 '사람이 굶어 죽으란 법은 없다'가 적절합니다.

6. 젊은이는 자신을 도와 준 세묜과 마트로나에게 "하나님께서 두 분을 꼭 도우실 거예요."라고 말했습니다. 즉, 없는 형편에 남을 도와주는 것은 어리석은 짓이 아니라는 말입니다.

어법·어휘편 해설

[1단계] 고쳐야 하는 버릇에는 '낭비'가 적당하고, 매일 꾸준히 하는 것은 '습관'과 밀접합니다. 또한 남의 이야기를 듣는 것은 '사정을 듣다' 등의 표현을 사용합니다. 참고로 '낭비'란 시간 또는 물건 따위를 헤프게 쓰는 것입니다.

[2단계] '밝다'는 불빛 따위가 환하다는 뜻입니다. 그런데 '마음이 밝아졌다'는 마음이 환해진 것이므로 ②번이 정답입니다. '독이 되다'는 말 그대로 나쁜 결과, 위험한 결과가 된다는 뜻입니다.

[3단계] 힘든 일이 생겨도 절망에 빠지지 않거나 포기하지 않는 것은 '낙천적' 태도입니다. 반대로 앞으로 일이 잘 되지 않을거라 믿는 태도는 '비관적'입니다.

38회 본문 164쪽

1 햇빛, 얼음, 일각, 배, 식수
2 ①
3 첫 번째 칸에 ○표
4 ①
5 ⑤
6 ①

어법·어휘편
[1단계]
학교 운동장에서 … - ⓒ 말이나 행동 …
빙하에서 떨어져 … - ㉠ 무엇이라고 가리켜 …

[2단계]
[1] ③   [2] ②

[3단계]
첫 번째 칸에 ○표

---

1. 1문단은 빙하에 대한 설명으로, 압력과 '햇빛'으로 빙하에서 떨어져 나온 거대한 '얼음' 덩어리를 빙산이라고 합니다. 2문단에서는 보이는 빙산보다 보이지 않는 부분이 더 크기에 '빙산의 일각'이라는 관용어가 나왔음을 설명합니다. 3문단에서는 과거 빙산으로 인해 '배'가 빙산과 부딪치는 사고가 잦았음을 이야기하고, 마지막 문단에서는 빙산을 '식수' 등으로 사용하는 방안이 강구되고 있음을 소개하고 있습니다.

2. 빙산을 끌어와 식수로 활용하면 좋지만, 아직 기술이 부족하고 비용이 많이 들어 실행되고 있지 않습니다.

3. 빙산의 일각은 '보이는 것이 전부가 아니다'라는 뜻입니다. 따라서 '사진에는 보이는 사람이 없지만 모두가 보이는 것이 아니다'라고 말한 첫 번째가 정답이 됩니다.

4. '주목'이란 '관심을 가지고 주의 깊게 살핀다'는 뜻입니다. 따라서 ①이 정답이 됩니다.

5. 사랑니는 맨 안쪽에서 자라고 잇몸 속에 숨어 있는 경우가 많습니다. 따라서 보이지 않는 부분이 더 클 수 있기 때문에 ⑤번이 정답입니다.

6. 정아의 말을 보면 '18살에서 20살 사이'라는 기간이 나옵니다. 따라서 시기를 이야기한 ①번이 정답입니다.

어법·어휘편 해설

[1단계] '부르다'는 말 따위로 다른 사람의 주의를 끄는 행위를 말합니다. 그리고 '-을, -으로' 등과 함께 '부르다'가 있으면 무엇을 가리켜 이름을 붙인다는 뜻입니다. 예를 들어 '호랑이가 그를 형님으로 부르며 극진히 모셨다' 등이 있습니다.

[2단계] '대안'은 무엇인가를 대신할 생각이나 계획입니다. 따라서 일의 까닭을 뜻하는 '사유'는 답이 될 수 없습니다. 다음으로 '발생'은 '어떤 일이 일어났다'는 뜻입니다. 한편 '초래'는 '어떤 결과를 가져오게 함'이라는 뜻입니다.

[3단계] [보기]는 비슷한 의미의 말입니다. 따라서 '크다 - 거대하다'가 정답으로 적절합니다.

1 천상열차분야지도
2 천상 - 별과 별자리
  열차 - 하늘을 적도를 따라 12차로 …
  분야 - 북극성으로 하늘의 구역을 28수로 나눔
3 ③
4 이름, 실제, 인정
5 ④
6 추곤에 ○표

어법·어휘편
[1단계]
[1] 기록   [2] 정밀   [3] 권위

[2단계]
[1] ①   [2] ①

[3단계]
②

1. 이 글은 조선 시대에 만들어진 '천상열차분야지도'에 대해 설명하고 있습니다.

2. 천상열차분야지도에서 '천상'은 '별과 별자리'를 뜻하고, '열차'는 '하늘을 12차로 나누어 차례로 배열한 것'을 의미하며, '분야'는 '북극성을 기준으로 하늘의 구역'을 28수(영역)로 나눈 것'을 뜻합니다.

3. 천문도는 별들의 위치와 움직임을 기록하고 있습니다. 이런 천문도는 하늘의 뜻을 행하는 왕에게 권위를 세워 주었고, 그 역사는 고구려 시대까지 거슬러 올라갑니다. 또한 우리의 천문도는 세계적으로 인정받고 있습니다.

4. '명실상부'란 '이름과 실상이 서로 들어맞다'라는 뜻으로, 천상열차분야지도는 이름에 걸맞게 실제로도 인정을 받고 있기 때문에 그와 같이 표현하였습니다.

5. '직지심체요절'이 세계 최초의 금속활자 인쇄본이라는 사실과 우리의 인쇄 기술이 뛰어났음이 맞아떨어지기에 ㉣에 '명실상부'라는 말을 사용할 수 있습니다.

6. '직지심체요절'은 두 권으로 구성되어 있는데, 아쉽게도 한 권은 없어지고 한 권만 프랑스 국립도서관에서 보관하고 있습니다.

어법·어휘편 해설

[1단계] '기록'은 적는다는 뜻이며, '정밀'은 치밀하고 빈틈없음을 의미합니다. 또 '권위'란 사회적 영향력을 뜻합니다. 따라서 '책을 읽고 기록하다', '시계가 정밀하다', '지도자의 권위 혹은 권위를 세우는 지도자' 등으로 사용될 수 있습니다.

[2단계] '마치'는 '처럼, 듯'과 함께 쓰여 거의 비슷하다는 의미로 사용됩니다. 예를 들어 '그는 마치 선생님인 듯 우리에게 청소를 시켰다'와 같이 사용됩니다.

[3단계] 아주머니의 주장에는 '근거'가 없었다, 할아버지의 '유산'은 오래된 책 한 권이었다, 틀린 글자를 전부 '수정'하느라 하루를 다 썼다, 모두의 '인정'을 받기 위해서는 그만큼의 노력이 필요했다가 적절합니다.

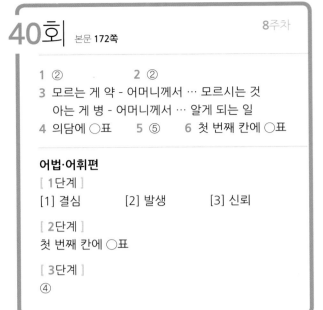

1 ②   2 ②
3 모르는 게 약 - 어머니께서 … 모르시는 것
  아는 게 병 - 어머니께서 … 알게 되는 일
4 의담에 ○표   5 ⑤   6 첫 번째 칸에 ○표

어법·어휘편
[1단계]
[1] 결심   [2] 발생   [3] 신뢰

[2단계]
첫 번째 칸에 ○표

[3단계]
④

1. 어머니는 지은의 지친 모습을 보고, 쌀밥을 먹어도 칼날로 찌르는 듯 마음이 아프다고 말했습니다. '쌀을 구해 오는 지은의 모습이 전보다 더 지쳐 보였기 때문'에 걱정이 되어서입니다.

2. '부족'은 필요한 양이나 기준에 미치지 못한 상태입니다. 따라서 '만족(모자람 없이 충분하고 넉넉함)'과는 반대되는 의미입니다.

3. 모르면 마음이 편하지만, 알면 마음이 불편해지는 경우가 있습니다. 먹을 것을 얻기 위해 남의 집 일을 한다는 사실을 어머니가 모른다면 마음이 편하겠지만, 그 사실을 알면 매일 힘들게 일한다는 것을 알아 마음이 불편해지고 '아는 게 병'이 될 수 있습니다.

4. 이미 산 옷인데 다른 곳에서 더 싸게 판다는 사실을 안다면 어떨까요? 속상하지만 돌이킬 수도 없는 일입니다. 때에 따라서는 '모르는 게 약이고 아는 게 병'입니다.

5. '괜찮아질 수 있지만'이라는 표현에서 '있지만'을 기준으로 뒤에서는 앞의 내용에 대한 반대가 나옵니다. 또 '모르는 게 약, 아는 게 병'이라는 표현에서 ⑤번이 정답임을 알 수 있습니다.

6. ㉠은 긍정적인 믿음의 가치에 대해 말하고 있습니다. 따라서 믿음을 갖고 공부하여 합격한 상황이 알맞은 예시입니다.

어법·어휘편 해설

[1단계] '결심'은 마음을 굳게 정한다는 뜻이고, '발생'은 어떤 일이 일어나다는 의미입니다. 그리고 '신뢰'는 굳게 믿고 의지함을 뜻합니다. 따라서 '아침 운동을 하기로 결심했어', '화재가 발생', '신뢰하는 사람' 등으로 사용됩니다.

[2단계] '모르다 - 알다'는 반의어입니다. 따라서 '쉽다 - 어렵다'가 정답이 됩니다. '달리다 - 걷다'는 반의어가 아닙니다. 달리는 경우도 있고 걷는 경우도 있고 멈추는 경우도 있기 때문입니다.

[3단계] '입을 모으다'는 여러 사람이 같은 의견을 말할 때 사용되는 관용어입니다. 따라서 입을 모은 사람들은 다른 의견을 내지 않습니다. 그러므로 ④번이 정답이 됩니다.

스스로 붙임딱지 활용법

공부를 마치면 아래 보기를 참고해 알맞는 붙임딱지를 '학습결과 점검표'에 붙이세요. ※붙임딱지는 마지막 장에 있습니다.

다 풀고 나서 스스로 대단하다는 생각이 들었을 때	열심히 풀었지만 어려운 문제가 있었을 때	오늘 읽은 글이 재미있었을 때	스스로 공부를 시작하고 끝까지 마쳤을 때
• 정답 수 : 3개 이상 • 걸린 시간 : 10분 이하	• 정답 수 : 2개 이하 • 걸린 시간 : 20분 이상	• 내용이 어려웠지만 점수와 상관없이 학생이 재미있게 학습했다면	• 학생이 스스로 먼저 오늘 할 공부를 시작하고 끝까지 했다면

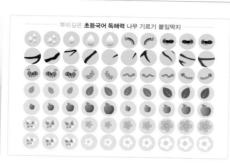

독해력 나무 기르기 붙임딱지 활용법

공부를 마치면 아래 설명을 참고해 알맞는 붙임딱지를 '독해력 나무 기르기'에 붙이세요. 나무를 완성해 가면서 끝까지 공부를 했다는 성취감을 느껴 보세요.
※독해력 나무 기르기는 뒤쪽에 있습니다.

❶ 그날 학습을 마쳤을 때, 학습을 한 회차 칸에 어울리는 붙임딱지를 자유롭게 붙이세요.
❷ 첫째~셋째 줄까지는 뿌리 부분(1~20일차)에 붙이는 붙임딱지입니다. 뿌리 모양 붙임딱지는 뿌리 끝의 모양에 맞춰서 붙여 보세요.
❸ 넷째~일곱째 줄까지는 나무 부분(21~40일차)에 붙이는 붙임딱지입니다.

2024 The 4th Mothertongue Scholarship for TOP Elementary School Students

2024 마더텅 제4기 초등학교 성적 우수 장학생 모집

🎓 2024년 저희 교재로 열심히 공부해 주신 분들께 장학금을 드립니다! 🎓

🏆 지원 자격 및 장학금

초1 ~ 초6

지 원 과 목 국어 / 영어 / 한자 중 최소 1과목 이상 지원 가능 ※여러 과목 지원 시 가산점이 부여됩니다.

대상	금상	은상
30만 원	10만 원	3만 원

제 출 서 류 아래 2가지 항목 중 최소 1개 이상 서류 제출
① 2023년 2학기 혹은 2024년 1학기 초등학교 생활통지표 등 학교에서 배부한 학업성취도를 확인할 수 있는 서류
② 2023년 7월~2024년 6월 시행 초등학생 대상 국어/영어/한자 해당 인증시험 성적표
책과함께 KBS한국어능력시험, J-ToKL, 전국영어학력경시대회, G-TELP Jr., TOEFL Jr., TOEIC Bridge, TOSEL, 한자능력검정시험(한국어문회, 대한검정회, 한자교육진흥회 주관)

📢 위 조건에 해당한다면 마더텅 초등교재로 공부하면서 느낀 점과 공부 방법, 학업 성취, 성적 변화 등에 관한 자신만의 수기를 작성해서 마더텅으로 보내 주세요. 우수한 글을 보내 주신 분들께 수기 공모 장학금을 드립니다!

응모대상 마더텅 초등 교재들로 공부한 초1~초6

뿌리깊은 초등국어 독해력, 뿌리깊은 초등국어 독해력 어휘편, 뿌리깊은 초등국어 독해력 한국사, 뿌리깊은 초등국어 한자, 초등영문법 3800제, 초등영문법 777, 초등영어 받아쓰기·듣기 10회 모의고사, 초등교과서 영단어 2400, 비주얼파닉스 Visual Phonics, 중학영문법 3800제 스타터 중 최소 1권 이상으로 신청 가능

응모방법
① 마더텅 홈페이지(www.toptutor.co.kr)의 [고객센터-이벤트] 게시판에 접속
② [2024 마더텅 초등학교 장학생 선발] 클릭 후 지원하는 분야의 [2024 마더텅 초등학교 장학생 지원서 양식]을 다운
③ [2024 마더텅 초등학교 장학생 지원서 양식] 작성 후 메일(mothert.marketing@gmail.com)로 발송

선발일정 접수기한 2024년 7월 31일 수상자 발표일 2024년 8월 12일 장학금 수여일 2024년 9월 11일

※유의 사항
1. 마더텅 장학생 선발에 응모하며 제출한 자료(이름, 학교명, 성적 인증 자료, 후기 등)는 장학생 선발을 위해 사용되며, 마더텅 장학생에 선발될 경우 위의 자료가 출판사의 교재 개발 및 홍보에 사용될 수 있습니다. 마더텅 장학생으로 선발된 것을 승인하고 장학금을 수령한 경우 위의 사항에 동의한 것으로 간주합니다. 2. 위와 같이 개인 정보를 수집하고 이용하는 것에 대해 동의를 거부할 수 있으며, 동의를 거부할 경우 참여가 불가능합니다. 만 14세 미만은 부모님께서 신청해 주셔야 합니다. 3. 제출한 자료는 반환되지 않으며, 제출한 자료의 내용과 관련하여 확인이 필요한 경우 관련 자료의 우편 제출을 요구할 수 있습니다. 4. 장학금 지급 방법은 선발된 분께 개별적으로 통지합니다. 5. 마더텅 장학생 선발 후에도 소정의 활동(심층 소비자 조사, 교재 후기 작성 등)이 있을 예정입니다. 6. 제출한 자료의 내용이 사실과 다를 경우 장학생 선발은 취소될 수 있으며, 장학금을 수령한 경우 반환하여야 합니다. 7. 10만원 이상의 장학금(수기 공모 당선금) 수령 시 관계법령에 따라 제세공과금(22%)은 당첨자 본인 부담이며, 제세공과금 처리 및 장학금 발송을 위해 장학금 수기 공모 당선자의 개인정보를 요청할 수 있습니다. 8. 위 상금은 제세공과금을 제외하고 수상자에게 실제 지급되는 금액입니다.

뿌리깊은 초등국어 독해력 나무 기르기

*하루 공부를 마칠 때마다 붙임딱지를 붙여서 독해력 나무를 길러보세요!

이름		공부 시작한 날	년	월	일	공부 끝난 날	년	월	일

● 가장 좋았던 글은 무엇이었나요? 제목

이유

독해력 나무 기르기 완성하고, 선물 받으세요! 참여자 전원 증정! 🎁